外国语言文学知名学者讲座系列·**语言学十讲**

主编 束定芳 **策划** 庄智象

语用学十讲

◎ 冉永平 等 著

TEN LECTURES ON PRAGMATICS

上海外语教育出版社
SHANGHAI FOREIGN LANGUAGE EDUCATION PRESS

图书在版编目（CIP）数据

语用学十讲 / 冉永平等著. -- 上海：上海外语教育出版社，2021 (2025重印)
（外国语言文学知名学者讲座系列. 语言学十讲）
ISBN 978-7-5446-6591-9

Ⅰ. ①语… Ⅱ. ①冉… Ⅲ. ①语用学－文集 Ⅳ. ①H030-53

中国版本图书馆CIP数据核字（2020）第230972号

出版发行：**上海外语教育出版社**
　　　　　（上海外国语大学内）　邮编：200083
电　　话：021-65425300（总机）
电子邮箱：bookinfo@sflep.com.cn
网　　址：http://www.sflep.com
责任编辑：许进兴

印　　刷：上海新华印刷有限公司
开　　本：635×965　1/16　印张 15.5　字数 251千字
版　　次：2021年 4月第 1版　2025年 3月第 3次印刷

书　　号：ISBN 978-7-5446-6591-9
定　　价：53.00 元

本版图书如有印装质量问题，可向本社调换
质量服务热线：4008-213-263

"外国语言文学知名学者讲座系列·语言学十讲"
编 委 会

主编：束定芳　　　　　　策划：庄智象

编委：（按姓氏首字母排序）

蔡永良	陈　桦	戴炜栋	何兆熊
胡建华	胡壮麟	黄国文	李荣宝
梁茂成	刘正光	马秋武	冉永平
施　旭	束定芳	王立非	王文斌
徐盛桓	许余龙	张　辉	庄智象

总 序

根据《国家中长期教育改革与发展规划纲要（2010-2020年）》和教育部有关文件要求，高等学校应培养"具有国际视野"、"懂国际规则"、"能参与国际事务"的大学生。《高等学校英语类专业国家标准》（征求意见稿）提出，高校英语专业课程应培养学生的基本学科素养和基本的研究能力；同时，随着计算机和网络技术的发展，大学课程应该适应最新的网络、多媒体和移动通讯方面的发展趋势，借鉴国外网络公开课程的模式，引导学生自主学习。

本系列的目标读者是英语专业、大学英语高年级学生、研究生和英语教师，其主要目的是普及语言学基础知识和基本理论，引导学生关注语言与人类生活和人类发展的密切关系，为他们学好语言课程、从事基本的语言研究或语言对比研究，或今后更好地适应与语言相关的工作打下良好的基础。

本系列涉及语言学最重要的分支领域或流派。每一领域或流派各为一册，包括语言学的各个主要分支学科和流派。

丛书每册以十个讲座的形式，勾勒出所涉及的领域或流派的概况和历史发展过程，介绍基本概念和基础理论，体现最新研究成果，指出需要进一步研究的问题和发展趋势。讲座突出重点，提纲挈领，语言简洁，举例丰富，说理易懂，既可作为语言学初学者的学术参考书，又可作为课堂教材使用。各分册部分内容配有相关的视频讲座，与纸质书配套出版，供教师和学生参考学习。

本套书的策划和编辑得到了广大专家和外教社领导、学术部工作人员的大力支持。时任外教社社长和总编辑庄智象先生最初提出该丛书的设想并协调了组稿及丛书编辑原则制定等过程。外教社孙静主任和蔡一鸣编辑具体负责了联系作者、协调编写原则和要求、审稿、修订等工作。在此一并致谢。

束定芳
2017年10月

前　言

语用学研究交际语境下的语言使用与信息理解，涉及特定的话语选择、话语理解、交际策略、交际目的、交际效果、人际关系等，有的内容与交际参与者个体有关，有的内容则牵涉参与者多方。语用学研究随语境变化而发展，从语言使用的微观语境到时代变迁、社会发展等宏观语境，从单语言与单文化的母语语境到多语言与多文化相互交融的国际化语境，从面对面的传统交际语境到非面对面、匿名性或虚拟性特征更为显著的新媒体语境等，都会对语用学视角下的语言使用与信息理解产生重要影响。可以说，语用学是一门语境学，也是语境变化的产物。

语用学研究要与时俱进。一方面，我们需要利用多渠道的文献资源，及时了解语用学发展的前沿信息与主要态势，从研究范围、研究议题到研究方法、理论范式等方面，把握国际语用学的热点信息、新思想、新观点等，才能推进语用学研究。十多年来，我多次参加了国际语用学研究会主办的学术盛会，比如第 10 届（2007 年，瑞典哥德堡）、第 12 届（2011 年，英国曼彻斯特）、第 14 届（2015 年，比利时安特卫普）、第 15 届（2017 年，英国贝尔法斯特）和第 16 届（2019 年，中国香港）国际语用学会议，以及第二届（2014 年）和第三届（2016 年）美国语用学研究会年会，目的在于与国际同行学者一起交流研究成果的同时，让自己亲临语用学研究的"前沿高地"，了解语用学研究的发展现状和未来趋势。就早期的研究议题而言，如何在新形势及不同语境下得到延续与新生，比如（不）礼貌、身份、人际关系等问题，结合冲突性、和谐性等交际语境，就出现了人际语用学视角下的较多新解（参阅第五到第八讲），以及基于人际关系建构、人际关系管理等动态视角下的研究路径与方法，如话语过程分析法（discursive approach）（参阅第一讲）。另一方面，我们要有语境的敏感性，时刻关注交际语境变化所引发的语言使用与信息变化。比如，近年来交际方式、传播媒介等的不断革新促进了基于网络语境、网络互动的新媒体话语研究，为此交际中的话语研究出现了参与者对象、互动过程、回应方式、序列特征、时空限制等的诸多变化及语用特征，这些都是科技发展和社会进步所带来的交际语境变化，拓展了语用学研究的新领域，如网络语用学。

此外，随着政治、经济、外交、文化、商务等交流的日益全球化和国际化，出现了多语言、多文化等相互交融和相互抵触的复合性语境，比如英语、汉语等作为通用语的情况，为此语言交际衍生出了不同于母语或本族语背景下的交际现象和语用特征，进而诞生了不同于跨文化语用学的交互文化语用学（参阅第十讲）。这些都是语境变化给语用学研究带来的必然结果，也对基于本族语交际的语用学理论、语用原则等的适宜性和普遍性提出了新问题，甚至挑战。很显然，自20世纪70—80年代语用学确立以来，传统视角下的研究议题、理论模式、研究方法、交际范围、语境因素、问题聚焦等都发生了不少变化。越来越多的成果显示，语用学不仅关注语言符号、语言结构、语言行为或言语行为、策略及话语选择、交际效果等，而且重视其赖以依存的社会现实，以及现实语境下的言语事件、交际主体之间的互动、语言使用的社会语用功能等，这些表明语用学研究不仅要关注个人语境、私人语境，还应重视公共语境。为此，语用学视角下的公共话语研究得到了体现（参阅第九讲），这也是语用学研究范围的延展。

总之，作为实用性和实践性很强的语言学分支，语用学与现实世界、社会发展、人际交往等密切联系。近些年的成果表明，语用学研究越来越重视结合影响语言使用的社会语境，力图揭示语言、社会、人类等之间的动态关系，以体现语用是一个以交际主体（即人类）为核心，牵涉多层面及多维度因素的复杂系统。语用学研究正在不断深化，从关注话语结构、话语选择、话语信息等到重视人际交往、生活实践和人类社会，说明语用学研究需要"扎根"现实。为此，我们要充分认识并能把握当代语用学的发展态势，理解基于交际实践和社会现实的语言使用，包括对话语选择、策略选择、交际互动、交际效果等的影响，才能突破话题限制和视阈禁锢，运用创新思维，产出富有前沿性和本土特色的语用学研究成果。

在编写由上海外语教育出版社计划出版的系列丛书之一《语用学十讲》书稿过程中，我特意邀请了我曾指导的多位博士和博士后参加，一方面，希望借此机会发挥他们在语用学研究方面的特长，通过对相关内容的梳理与写作进一步展现他们的学术能力；另一方面，多人参与著作的撰写工作，有助于更全面地呈现语用学的研究内容，为读者提供更丰富的信息。具体分工包括：第三讲赖小玉博士；第四讲龚双萍博士；第五讲和第六讲宫丽丽博士；第七讲和第八讲李成团博士；

第九讲杨娜博士；第十讲刘平博士。在他们所完成的初稿内容基础上，我对内容进行了逐一修改、充实和完善，并最终定稿。赵林森博士阅读了部分章节内容，并提出了一些修改意见。在此，我要感谢他们的贡献。书中的不足与缺陷在所难免，概由我本人负责，敬请读者批评和指正。

借此机会，我要特别感谢教育部人文社科重点研究基地——广东外语外贸大学外国语言学及应用语言学研究中心——的支持与资助。上海外语教育出版社编辑许进兴为本书的出版付出了大量的辛勤劳动，在此一并致谢。

冉永平
广东外语外贸大学
2019 年 8 月 28 日

目 录

第一讲　当代语用学的发展概况 1
1. 引言 1
2. 语用学研究的过程分析法 2
   2.1　问题分析的过程化 2
   2.2　语用学研究的语料库方法 6
3. 人际语用学的发展 7
   3.1　人际语用学的缘起 7
   3.2　人际语用学中的关系问题 8
   3.3　人际语用学的探究范围 11
4. 网络语用学的发展 13
   4.1　网络交际的主要特征 14
   4.2　网络交际中的人际语用问题 15
5. 结语 18
思考题 19
推荐阅读 20

第二讲　指示语的语用学研究 21
1. 引言 21
2. 人称指示语 22
3. 地点或空间指示语 26
4. 时间指示语 28
5. 社交指示语 29
6. 话语指示语 32
7. 结语 33
思考题 34
推荐阅读 34

第三讲　言语行为的语用学研究 35
1. 引言 35
2. Austin 的言语行为理论 36
   2.1　陈述句和施为句 36

2.2 适切性条件 39
   2.3 言语行为三分说 40
   2.4 言语行为的分类 41
3. 言语行为理论的继承和发展 43
   3.1 言语行为实施的条件 43
   3.2 言语行为的重新分类 45
   3.3 间接言语行为理论 47
4. 言语行为理论的应用 51
   4.1 言语行为理论与话语分析 51
   4.2 言语行为理论与外语教学 53
   4.3 言语行为理论与翻译研究 54
5. 言语行为理论的不足 55
6. 言语行为与语言顺应论 57
   6.1 顺应论的基本主张 57
   6.2 言语行为的顺应性 59
7. 结语 62
思考题 63
推荐阅读 64

第四讲　会话含意的语用学研究 65
1. 引言 65
2. 自然意义与非自然意义 66
3. Grice 合作原则与违反 67
4. 含意的主要类型 72
5. 会话含意的特点 75
6. 会话含意理论的主要评述 77
   6.1 会话含意理论的主要贡献 77
   6.2 会话含意理论的相关争议 78
7. 新格赖斯语用学思想 80
   7.1 Horn 会话含意两原则 80
   7.2 Levinson 会话含意三原则 82
   7.3 关联理论 85
8. 结语 92
思考题 92
推荐阅读 93

第五讲　面子与礼貌的语用学研究 94
1. 引言 94
2. 面子和礼貌的联系与区别 94
3. 面子的语用学研究 97
　　3.1　Goffman 的面子观 97
　　3.2　Brown 和 Levinson 的面子理论 97
　　3.3　Spencer-Oatey 的面子观 101
　　3.4　Arundale 的面子共建理论 104
4. 礼貌的语用学研究 106
　　4.1　Lakoff 的礼貌观 106
　　4.2　Leech 的礼貌原则 108
　　4.3　Watts 与 Locher 的交际礼貌观 112
　　4.4　Archer 等的互动礼貌观 113
5. 结语 114
思考题 115
推荐阅读 115

第六讲　不礼貌的语用学研究 116
1. 引言 116
2. 不礼貌的主要研究 117
　　2.1　Culpeper 的不礼貌观 117
　　2.2　Bousfield 的不礼貌观 120
3. 人际交往中的不礼貌 122
4. 社会实践中的不礼貌 125
5. 结语 128
思考题 129
推荐阅读 130

第七讲　虚假礼貌的语用学研究 131
1. 引言 131
2. 虚假礼貌的体现方式 132
　　2.1　先礼后兵 133
　　2.2　象征性移情 135
　　2.3　指桑骂槐 137
3. 虚假礼貌的语用理据 140

  3.1 人际交往中的自我身份建构 140
  3.2 人际交往中的和谐取向 142
 4. 人际交往中的（不）礼貌观重塑 143
 5. 结语 145
 思考题 146
 推荐阅读 146

第八讲 身份建构的语用学研究 147
 1. 引言 147
 2. 身份建构的人际语用目的 148
  2.1 人际关系的多维因素 148
  2.2 身份建构的语用特征 150
 3. 身份建构的分析原则 152
  3.1 社会建构主义原则 152
  3.2 交互原则 153
  3.3 站位原则 155
  3.4 指示原则 157
 4. 人际语用视角下的身份建构 159
  4.1 人际关系维度下的身份建构 159
  4.2 人际情态维度下的身份建构 159
  4.3 人际评价维度下的身份建构 160
 5. 结语 162
 思考题 162
 推荐阅读 163

第九讲 公共话语的语用学研究 164
 1. 引言 164
 2. 公共话语研究的语用学视角 165
  2.1 什么是公共话语 165
  2.2 公共话语的社交语用 167
  2.3 公共话语的语用问题 168
 3. 媒体话语的语用问题 172
  3.1 媒体话语的语用特征 172
  3.2 媒体话语的语用分析 174
  3.3 媒体话语中的立场表现 181

3.4　媒体话语中的人际语用功能 184
　4. 结语 187
　思考题 188
　推荐阅读 188

第十讲　跨文化语用学与交互文化语用学 189
　1. 引言 189
　2. 跨文化语用学 190
　　2.1　跨文化语用学的发展 190
　　2.2　跨文化语用学研究 192
　3. 交互文化语用学 196
　　3.1　交互文化语用学的发展 196
　　3.2　社会—认知视角下的交互文化语用学 197
　　3.3　交互文化语用学研究 205
　4. 结语 210
　思考题 210
　推荐阅读 211

参考文献 212

第一讲 当代语用学的发展概况

1. 引言

语用学（pragmatics）是20世纪80年代初才逐渐成为语言学领域中的一个独立分支的。经过40年左右的发展，语用学的研究范围得到了很大改变。一方面，针对指示语、前提、言语行为、会话含意、会话结构等传统议题的探究不断延展，并出现了语用学与语法或句法学（Ariel 2008; Couper-Kuhlen 2014）、语用学与语义学（Hackl 2013）、语用学与会话分析（Drew 2018）等相关领域之间的界面问题研究；另一方面，语用学出现了一些新兴的研究议题与范畴，比如网络语境、新媒体语境、交互文化语境等交际条件下的语用问题研究，所涉及的交际语境已从日常的面对面交际扩大到非面对面的交际，分析对象也从单话语转变为交际语境下的多话语或系列话语。为此，就研究范围而言，语用学不再仅仅关注日常人际交往，越来越多的研究转向关注语言使用的社会现实性，尤其是各种社会实践中语言使用的语用问题，比如出现了针对媒体话语、法庭话语、商务话语、医患话语、课堂话语、外交话语、政治话语等的语用问题探究。同时，在研究的理论视角、问题导向等方面，语用学与其他学科之间的交叉与融合趋势更加明显，为此出现了历史语用学（historical pragmatics）、社会语用学（societal pragmatics）、话语语用学（discourse pragmatics）、认知语用学（cognitive pragmatics）、中介语语用学（interlanguage pragmatics）、二语语用学（second language pragmatics）、跨文化语用学（cross-cultural pragmatics）、交互文化语用学（intercultural pragmatics）、差异语用学（variational pragmatics）、临床语用学（clinical pragmatics）、人际语用学（interpersonal pragmatics）、语料库语用学（corpus pragmatics）、网络语用学（internet pragmatics/cyberpragmatics）等的专题化研究，这表明当代语用学已不同于早期的研究议题与理论视角。

就语料收集方法而言，语用学研究主要有话语补全法（discourse

completion）、问卷调查法（questionnaire）、访谈法（interview）、角色扮演法（role play）、音频/视频记录法（audio/video recording）等，以及多模态的语料收集方法。语料的分析方法主要以会话分析（conversation analysis）和话语分析（discourse analysis）为主。针对研究问题，早期的语用学研究主要以交际语境下的单话语或单语步为分析对象，然而难以体现交际的动态性以及交际过程中语境的涌现特征，也无法揭示交际的复杂性以及话语选择的动态适应性。随着交际语境的不断变化（如科技创新与发展引发的网络交际等），多语言、多文化的国际化交际（如英语或汉语作为通用语的交际、国际商务语境下的交际等），以及机构性语境下的交际（如法庭语境下的交际、外交语境下的交际、新闻媒体语境下的交际）等的出现，交际方式、互动过程等都出现了不同特征及新的话语现象。传统的语用学研究路径和理论视角对新交际语境下的较多语用问题缺乏解释力，为此早期的语用学研究方法必然会受到诸多挑战。例如，以单话语为分析对象的方法无法诠释语言使用的动态性，尤其是动态语言交际过程中的语用现象；同时，传统研究工具在很大程度上限制了大数据的语料采集及其语用信息的处理。鉴于此，当代语用学研究体现出了话语分析方法的一些新趋势，其中包括科技手段与语用学研究的结合和创新。

本讲结合新时代背景下科技发展与创新所带来的交际方式、交际语境等变化，从研究方法、研究议题等角度出发，结合语用学研究的新兴成果（如人际语用法和网络语用法），总结与梳理当代语用学研究的前沿趋势和新特点，以期对我国语用学的研究（包括如何选择恰当的研究议题、分析视角等）提供有价值的参考与启示。

2. 语用学研究的过程分析法

2.1 问题分析的过程化

与传统的话语分析和语篇分析方法相比，当代语用学研究注重问题分析的过程化，尤其重视呈现相关语用现象的语境化过程。这样的方法被称为"话语过程分析法"（discursive approach）（Group 2011; Mills 2011）。比如，就人际关系的语用问题来说，话语过程分析法摒弃了先验性的、普遍性的礼貌理论等对话语使用的解释（Haugh 2007b），更加注重语境化的交际过程及其交际双方之间的话语互动,重视通过人际交互理论来解释语境化的(不)礼貌表现等人际语用现象。正如 van der Bom & Mills(2015)所言,根据话语过程分析法及其特点,我们可以寻找并解释交际者可能采取的表达方式是什么,并明确交际者如何体现自己与他人或其所在群体之间的关系、权力对关系的影响等。此外,话语过程分析法凸显了两个主要倾向:一方面,重视交际参与者对话语互动的理解与评价,不仅注重说话人的话语选择及信息建构,也重视听话人的话语回应、信息理解与评价;另一方面,不再局限于单话语的分析,而是从交际信息呈现与建构的目的出发,这拓宽了交际语境下话语使用的分析范畴,真正体现了交际语境下的动态性和相互制约性,以及该过程中听话人对交际信息的动态理解与评价。

通过比较话语过程分析法与会话分析、话语分析或语篇分析的区别性特征,我们不难发现,话语过程分析法强调话语分析的过程化和语境化。过程化分析主要体现为动态的、相互影响与制约,能够显示交际的语境过程化、话语使用与理解的过程化以及相互理解与评价的互动过程化。

(1)语境过程化

会话言谈等互动交际受到多种语境因素的制约,包括交际意图、参与者的身份与地位、权势关系、人际关系等。针对人际语用问题,话语过程分析法的倡导者 Haugh(2007b)、Mills(2011)、van der Bom & Mills(2015)等认为,人际交往中的(不)礼貌、冒犯等人际语用问题并不直接体现于话语之中,话语所表达的(不)礼貌、冒犯等人际语用信息往往是通过特定语境中交际双方或多方之间的信息理解与评价表现的。过程分析法强调语境对话语使用的制约作用,以及交际参与者之间对话语信息的理解与评价,因此该分析过程聚焦于交际参与者之间的话语互动及其效果。

针对会话言谈互动中话语使用的语境制约,尤其是动态的过程化因素,以往的语用学理论分析视角存在缺陷,难以呈现和阐释交际过程的诸多语用问题。例如,Grice(1991)的会话含意理论强调交际参与者传递的交际意图,但无法很好地反映话语如何受制于动态的语境因素。同理,Brown & Levinson(1987)的面子理论及其礼貌策略论重视说话人的人际管理意图(比如对参与者双方的面子管理),并关注影响语言选择的语境因素(比如社会距离、权势关系、行为的驱使程度等),却不能说明局部的、临时的、涌现的语境因素如何制约交际中话语或策略的选择。另外，虽然 Sperber & Wilson（1986/1995）的关联理论（relevance theory）提出了交际所涉及的语境假设，并试图从认知语用的角度诠释交际信息的语用推理，但因其分析对象仍独立于动态的语境变化，即只关注信息理解，这样就无法体现语境对话语选择的过程性，也难以真正体现语言信息理解过程的动态性。

对交际语境进行过程化分析的好处之一是将分析重点转移到话语使用的具体语境及其表现上。正如 Kecskes（2015）所言，说话人有时无法依赖已有的交际范式、使用标准用语或习俗进行交际，比如，在涉及多语言与多文化的交互文化语境（intercultural context）中，说话人难以依照本族语或第一语言的交际范式或标准进行交际，因而话语使用与理解在很大程度上取决于交际者基于局部性语境或临时性语境的判断和选择。话语过程分析法重视互动交际中涌现出的临时性语境因素对话语使用与理解的制约，这有利于弥补语用学研究中传统方法对语境过程分析的缺陷，更加重视对动态语境及其对交际过程的影响。

（2）话语过程化

话语过程分析法不以单话语或单语句为分析对象，而是强调研究交际过程的延展性或扩展性，比如话语的序列性、言语行为的说话人发起与听话人回应、特定过程中话语的功能与其评价等特征，都体现交际发生的过程及其话语之间的相关性与制约性。因此，话语过程分析法能够更加凸显话语产出的上下文等语境因素的影响与作用。具体地说，研究对象不只是上一轮话语的发起与回应，也包括所延展的下一轮话语以及不同话轮之间的连接关系。同时，上下文语境既能限制研究对象的产出和理解，又为其分析提供了话语表现的证据和语境线索。类似基于交际过程的话语动态信息能够让我们从交际参与者的视角，去诠释话语使用的互动关系，更加准确地把握交际参与者在语境化过程中的话语选择与理解。

早期的语用学研究强调话语传递的隐含信息或交际意图，经常关注话语的施为用意以及交际结果，而不够重视基于交际语境及其过程的话语动态，也就难以体现交际的动态性。要体现交际的语境过程化及话语使用的过程化，需要恰当的语料收集与转写方法。目前，话语转写的方式是以会话分析（conversation analysis）和话语分析（discourse analysis）的范式为主，涉及语言信息和非语言信息的呈现（Du Bois, et al. 1993）。此类转写方式虽然费时费力，却能够为交际中的话语分析提供详细的语境与互动信息。另外，Egbert、Yufu &

Hirataka（2016）在研究了语用学国际期刊中的英语语料和其他话语语料后指出，不同的分析方法并未形成一个完整的、系统的、原则性的语料分析范式，语料的呈现方式也不统一。他们认为，语料呈现既要有科学的精准性和可获取性，又要兼顾语料的可读性和实用性。不同研究需要根据交际对象的特征，选择恰当的语料呈现方式。如前所述，从交际过程化的角度重新审视研究对象，有利于延展话语信息并分析其中的语用现象，避免对语料的主观化阐释，凸显交际参与者之间的话语使用与理解，尤其能够帮助我们认识交际中话语之间的互动性。

（3）互动过程化

话语过程分析针对的是交际的互动性问题。与以往研究不同的是，话语过程分析法不单独探究说话人的话语产出和交际意图，而是重视所有参与者对交际的贡献。交际的互动性主要表现为两方面：话语分析的视角选择和对听话人评价的重视。

首先，话语过程分析法从交际参与者的角度出发，重视参与者在言谈互动中如何阐释其他参与者的话语产出与回应，以及影响互动的因素。这样做的主要目的在于降低研究者在话语分析中的主观性，参照互动证据（比如听话人的评价等线索），进而避免误读语料，反映真实的交互过程。其次，话语过程分析法强调交际互动中动态意义的共建性，特别重视听话人对话语产出的评价与理解（van der Bom & Mills 2015）。基于人际语用现象，Mitchell & Haugh（2015）探究了交际参与者的不礼貌评价，认为听话人对不礼貌话语的评价可以建构说话人的社会行为，这有助于解释特定交际行为所涉及的社会制约（比如道德秩序等）对交际行为及其评价的影响。因此，探究交际参与者在交际互动过程中的主动性，不仅能够体现说话人实施交际行为的语境限定，包括各种社会制约，还能够为判定该行为的礼貌等人际语用问题提供可靠依据。

当然，基于交际过程的研究方法也存在争议。比如，van der Bom & Mills（2015）指出，语用学研究中，话语分析方法是一种理论驱动的方法（Terkourafi 2005），却缺乏统一的理论指导，因此很多研究只能使用已有的理论架构或术语（Kádár & Haugh 2013）阐释交际过程中出现的新现象和新问题。针对此类不足，一些语用学研究者主张采用交叉的学科视角，结合多种理论和研究路径进行探讨，比如 Locher（2015）指出，针对不同类型语境下的（不）礼貌现象，可采用混合式的研究方法，包括编撰案例、收集实验数据、建立语料库、开展田野调查以及访谈等语料收集的方法，收集特有的语用现象，进而从不同的视角观察交际的动态过程以及其中凸显的语用问题。

2.2 语用学研究的语料库方法

科学技术的发展与交际方式的变化影响着语用学研究，不但带来了研究方法的变化，还拓宽了语用学的研究视域。比如，在科技发展的背景下，出现了以计算机为媒介，借助不同的软件工具来进行语用研究的语料库语用学（corpus pragmatics）。该手段的运用丰富了语用学的研究方法，也有助于拓展语用学的研究议题和探究范围。作为语料库语言学与语用学之间交叉结合的产物，语料库语用学就是采用语料库语言学的研究方法，探究语用现象与问题的语用学分支（Aijmer & Rühlemann 2015）。通过该方法，我们可以对特定的交际对象进行计算机取样和大规模的语料处理，建构一定的交际模型。因此，与传统的研究方法和研究路径相比，语料库语用学为语用学研究带来了研究方法、研究议题等方面的变化。

（1）语料库方法的采用

与语用学研究的其他方法相比，语料库语用学依赖计算机平台及语料检索工具（如Concordance、WordSmith、AntConc等）或自编程序，能够较为直接地呈现并简便地处理大量数据，为语用现象的分析提供量化数据和语料依据。首先，语料库建设往往基于大量的文本数据，能够为研究对象的语用分析提供更大规模的文本支持。当代语用学研究越来越重视基于真实情景下的交互话语，呈现语言使用的动态性、交互性等语用特点。其次，语料库可提供多种类型的文本，如口语的言谈互动、书面语的产出或其他的多模态语料，这在传统语用学研究视域下是难以实现的。比如，针对言语行为，以往大多数研究只能讨论某一言语行为的共时性特征，而借助语料库则可以进行历时研究。Kohnen（2015）从历时的角度研究了承诺类和命令类言语行为的演化，从更加广泛的角度探讨了社会文化因素对延续或弱化特定言语行为的影响过程。

不过，由于语言使用具有动态性以及交际语境的过程化等语用特征，以语言形式或结构为主要检索对象的语料库语用学研究也会面临诸多挑战。比如，言语行为的形式与功能并非完全对等，其不同语用功能的识别与理解不能依靠静态的或形式化的检索手段。针对学术语境中的命令类言语行为，McAllister（2015）从历时的角度发现，情景或语境类型会影响所使用的言语行为的类别。尽管如此,语料库的研究方法还是给当代语用学研究带来了方法上的补充,并有助于加深对某些传统语用现象的认识与探究。

(2)研究内容的变化

就研究对象与议题而言,语料库语用学不同于语料库语言学针对句法、词汇等用法问题的研究,主要探讨指称关系、言语行为、会话组织结构、语用标记语、话轮转换标记、立场/站位(stance)标记等。虽然以往的语用学研究也涉及这些议题,但采用语料库的研究方法有助于获取更多的语料支撑,发现新的使用范式、语用特征等。比如,采用对比语料库的研究方法,可以发现不同语言之间特定礼貌现象的表现及其语用差异,可据此考察礼貌原则的适用性。Diani(2015)以意大利语和英语中的书评为语料,对比分析了弱化批评语的缓和性策略,发现了该策略在不同语言中的使用差异和相同之处。类似发现只能借助大规模的语料事实,这凸显了语料库研究方法在语用学研究中的价值。借助语料库研究语用标记语等现象,能够发现它们更多的用途与功能。再如,Gray & Biber(2015)研究了学术写作中作者如何通过隐含意义表达立场,对比分析了学术文章、报纸和对话三个语料库,发现了表达态度、评价或命题确信度的词汇—语法新模式。

简言之,借助语料库研究方法,不但可以为语用学研究提供大规模的语料支撑,为特定语用现象提供统计学方面的信息,如使用频次、搭配方式、模型特征等,进而加深人们对特定语用现象的认识,进一步辅助对该现象的语用学阐释;同时,不同种类的语料库也为讨论不同时期及不同类别的语用现象提供了可能,尤其是相关议题的研究。因此,语料库研究方法拓宽了语用学的研究路径。

3. 人际语用学的发展

3.1 人际语用学的缘起

著名语用学者 Leech(1983)在专著《语用学原则》中提出了人际语用问题及其人际修饰,并率先使用了"人际语用学"(interpersonal pragmatics)这一术语。该专著"第 1 章、第 2 章和第 3 章的内容构想很宏大,看似一本鸿篇巨著,但实际上本书主要探究人际语用学的相关问题"（Leech 1983: 229）。可见，人际语用问题很早就进入了人们的研究视野，并与面子、礼貌等概念糅合在一起。从社会学家 Goffman（1967）提出的面子理论到语用学的（不）礼貌研究（Culpeper 2011; Kádár & Haugh 2013; Locher 2015; Terkourafi 2011）、身份研究（Haugh 2007a; Spencer-Oatey 2007）等，在本质上都触及了交际参与者之间关系的相关问题。比如，Leech（1983）提出人际修辞论，探究维持社会平衡和人际友好关系需遵循的礼貌原则，进而阐释会话含意产生的语用理据；Brown & Levinson（1987）借助 Goffman 的面子概念，即"个人拥有的、被他人所承认的积极社会形象"，指出交际参与者应该避免潜在的面子威胁行为，以消解人际冲突；Lakoff（1989）也提出礼貌规则，说明如何减少人际对峙的风险等。这些都体现了交际参与者对双方之间关系的关照，从而避免不必要的关系纠纷、冲突、恶化等问题。大多数研究主要强调特定言语行为所引发的面子、礼貌等问题（如 Brown & Levinson 1987; Skewis 2003; Walkinshaw & Kirkpatrick 2014），主要目的与基本出发点仍停留在面子维护和礼貌评价方面，所聚焦的主要问题不是社交实践中人际关系的建构与维护（冉永平、黄旭 2019）。

在交际互动中，人际关系行为（doing relating）体现为人际关系的建构与维持（Arundale 2010），贯穿于各种社会行为及社会实践中。然而，传统的语用学很少关注这些，也没有对人际关系提出清晰的概念界定和进行单独分析，很少直接探究语言使用所实现的人际关系目的及其相关行为（Arundale 2010）。直到近年来，一些学者才注意到人际关系在语用学研究中的重要性，提出了语用学的研究分支"人际语用学"（interpersonal pragmatics）（Locher 2013, 2015; Locher & Graham 2010），以彰显其独特的研究范畴和学术价值。

3.2 人际语用学中的关系问题

（1）人际关系的概念化

在人际语用学研究中，"人际关系"（interpersonal relationship）的概念是一个颇具争议的问题。Arundale（2010）从个体—社会辩证关系的角度，剖析了关系的本质。"relationship"（关系）或更动态的"relating"（建构/维持关系）被定义为两个分离的交际者个体之间建立与维持某种联系。因此，人际语用学视角下的关系是一个动态概念。

人类关系（human relationship）是一种社会现象，但它必然会涉个体现象。因此，我们首先要厘清个体与社会之间的关系。个体与社会可看作一种阴阳关系，两者相生相克，又相互融合，形成一个统一整体（Arundale 2010; Baxter & Montgomery 1996）。简言之，个体与社会之间相互对立，但是由于两者以某种持续动态的互动形式实现相互之间的依赖，所以又彼此统一。关系是两个个体在相互联系的基础上形成的，所以关系具有社会性特征。同时，具有社会性的关系在疏离过程中又会形成独立的个体，所以它又具有个体性。据此，Arundale（2010:139-140）提出了涉及关系的两种概念。一种是弱义关系，偏重于个体—社会辩证关系中的个体方面。由于关系是一个独立个体构成的集合，而社会集合的属性是所有个体属性的总和，因而是累积性的，即关系具有累积性特征。另一种是强义关系，不偏重于个体—社会辩证关系中的任何一端，关系就由相互依赖的个体形成的一个整合系统，而社会系统的属性产生于系统自身，因而是非累积性的。

Haugh 等学者从关系的交际功能视角去解释其概念意义（Haugh & Mill 2013）。一种观点是将关系看作语境因素，这也是很多传统语用学研究（如 Brown & Levinson 1987; Culpeper 2011; Spencer-Oatey 2007）所体现的观点，强调个体和个体属性对关系建立的重要作用，比如个人需求、认知等，类似关系就是 Arundale 提出的弱义关系。另一种观点是将关系看作一种交际过程，认为关系是在交际互动中相互协商和管理的（如 Locher 2013; Locher & Watts 2008），强调个体与社会的统一性，也就是说，关系是个体之间互动产生的结果，即 Arundale 提出的强义关系。

在人际语用学中，以上两种观点并不相互排斥，而是同时服务于人际关系的研究。首先，交际参与者之间的交往史、社交距离、权势地位等可以作为交际的语境因素，为分析交际中参与者之间关系的动态性提供基本参照。基于对交际双方关系基础的了解，我们才能更好地把握关系的变化过程，分析参与者如何利用各种语言或非语言资源，去建构、协调与管理相互之间的关系。

（2）人际关系的研究议题

作为语用学的一个研究分支，人际语用学将人际关系作为单独的研究对象。然而，Lakoff、Leech、Brown & Levinson 等学者所探究的面子和礼貌依然是人际语用学关注的重点问题之一，因为它们直接或间接地作用于交际参与者之间的关系。Arundale（2013）认为，面子产生于两个或两个以上交际参与者在特定语境下共同建构的关系，或者说，面子就是交际参与者对彼此即时关系的一种解读。当个体与他人在交际中共建一种关系时,面子也因此得以产生、维持或改变。从关系的角度来看,面子体现为联结或疏远他人的一种辩证关系。因此,人际关系与面子之间是难以分离、相互补充的。

Haugh(2013b)认为,(不)礼貌现象的本质是听话人对说话人行为的一种评价。(不)礼貌本身体现为一种社会实践(Kádár & Haugh 2013)。一方面,作为实践的社会行为与意义,会引发交际参与者的(不)礼貌评价,这些评价又可能反过来形成新的社会行为与意义(如图1),换句话说,社会行为与意义本身可能产生于(不)礼貌评价;另一方面,(不)礼貌评价会涉及一定的道德秩序(moral order)或道德规范(moral norm),而道德秩序形成于社会行为和意义所构成的日常行为实践。同时,鉴于(不)礼貌评价可能对人际关系产生积极的或消极的作用,Haugh(2013b)呼吁,应该重视人际评价如何在隐含层面上推进人际关系的建构与解构。

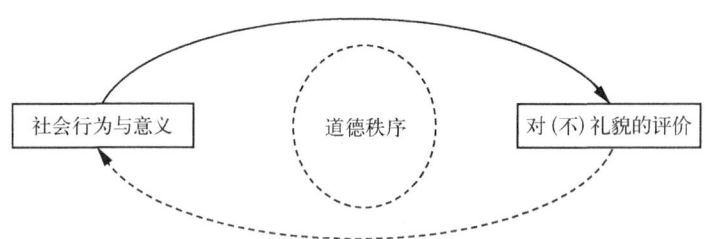

图1 (不)礼貌作为社会实践(Kádár & Haugh 2013)

除了面子和礼貌的人际评价研究以外,人际语用学也应该关注交际互动中人的情绪,因为它是人际关系研究所涉及的重要语境线索(O'Driscoll 2013)。比如,Spencer-Oatey(2011)通过采访工程项目的四个参与者,根据他们的情绪表现和礼貌的元语用评价,来探究人际关系,并提出了三个相互关联的关系:(1)策略关系,主要涉及参与者的权势关系和亲疏关系;(2)社会性关系,主要指关系的人际本质,包括闲聊、寒暄等社会交际所体现的人际关系;(3)和谐关系,主要指关系的情感属性,包括积极/消极、温和/对峙等关系。Spencer-Oatey研究了情绪和礼貌的元语用评价,丰富了关系的概念意义,但她没有对前两种关系的视角作进一步的语用探究,也未解释三种关系之间的相互联系。Langlotz & Locher(2013)指出了人际语用学中情绪对关系研究的重要意义,认为研究者应该结合多模态框架,去分析互动中的人际关系,比如表情和手势等所表达的情绪意义和人际意义。

3.3 人际语用学的探究范围

在《人际语用学》的研究专辑中，Locher & Graham（2010）系统阐释了人际语用学及其相关问题研究的人际语用关系制约，包括语言使用的人际维度、人际语用学的理论视角、实现人际效果的语言策略以及不同交际语境下的人际问题。为此，人际语用学这一概念被专门用来指对人际关系的研究，具体就是，研究特定交际语境下交际参与者如何使用语言去建构和处理人际关系（Locher & Graham 2010）。其研究重心不同于传统的语用学，人际语用学不只是把人际关系看成一种语境因素，而是更注重语言使用对人际关系的动态影响，强调语境因素对交际过程中人际关系建构与处理的作用，包括人际关系制约下的各种语言策略选择、人际资源的利用及其所产生的人际效果，涉及日常交际语境、特殊交际语境，以及本土化语境下的人际语用问题及其关系制约。可以说，人际关系是人际语用学的核心。

人际语用问题一直是语用学研究的主要议题，包括大家熟悉的礼貌、面子等问题（Leech 1983, 2014）。在人际语用学看来，语言使用就是社会语境下的一种语言实践和语言生活。因此，语用学研究需要密切关注语言信息传递以外的社会实践功能及其中的人际关系表现（如人际关系的建构与维护、人际关系的破裂与破坏、人际关系中的身份建构等），包括制约人际关系表现的各种语境因素（如交际参与者的权势、地位、利益等的利用与表现）。从人际语用学的视角出发，语用学研究更加重视研究人际交往过程中针对人际关系建构与维护的语用方式和语用策略，以及所实现的人际语用效果和人际交往语用功能（如如何建构社会生态环境下的人际和谐关系）。这些都是人际语用学的探究范围，体现了语言研究与人际交往、社会实践等之间的内在联系与统一。为此，人际语用能力研究也应该引起我们的高度重视。

作为使用语言处理人际关系的学问，人际语用学是社会语用学的一个分支（何自然 2018）。针对社交语境下人际关系的建立与处理，何自然（2018：1-6）讨论了处理人际关系的五大语用策略：（1）变化称谓促进人际和谐。从人际语用的角度看，人际交往过程中的称谓变化是密切人际关系的一种表征方式和常用手段，社交称谓——无论是称呼语（addresses）还是呼唤语（calls 或 summonses）——会因不同语境而做出相应选择，而称谓的使用与变化并不单是出于礼貌，其中存在比礼貌层次更深的语用意图。（2）转换语码拉近人际距离。作为一种语用策略，恰当的转换语码可以拉近人际距离，促进人际交往，而且语码转换反映交际者之间不同层次的人际关系，以及交际者之间在转换不同语码时所处的社会生态条件。（3）人际语用顺应语言生态。语言使用受制于情景语境、社会生态环境等交际语境，人际语用关系的建构及相关的信息表达需要顺应交际语境，为此需要选择能够适应语境变化的语用方式。（4）语用移情助力人际认同。语用移情就是交际双方的情感相通，能够揣摩和理解对方用意，涉及说话人如何移情到听话人的角度，比如向对方吐露心声、表达用意等，这有助于增加对方对说话人的好感，类似的人际身份认同可以密切交际双方之间的人际关系。（5）人际交往使用虚言应酬。虚言应酬是为了应酬，以虚言敷衍应对，往往出自于交际双方之间的礼貌等人际关系需要，比如自贬就是一种虚言应酬行为，是汉文化等东方文化语境中为了人际和谐而常用的语用策略。

为处理好人际关系，实现社会和谐，我们必须讲究语用策略，不但要关注语言生活中正面的人际语用关系，也要研究负面的人际语用关系，即研究语言生活在什么样的生态环境下我们的语用方式会产生负面的人际语用关系，以及如何改善这些关系。我们要考虑如何处理人际关系中出现的语用难题，以求达到社会的人际和谐。人际语用学的发展表明，语用学研究与社会现实、人文交往、关系网络等密切联系，且更加关注如何实现语言实践与社会实践之间的有效结合，日益体现出"现实世界中的语用学研究"（2017年第十五届国际语用学大会主题）的特点，表明语用学已超越针对语言使用的语用语言研究，不再仅关注语言信息的产出、传递、理解等方面的语用能力，越来越多的研究开始关注并探究语言使用的社会性与人文性特征（冉永平、宫丽丽、杨青2018）。

作为语用学发展的重要分支与新兴研究领域，人际语用学研究涉及语言交际实践中语言选择的人际因素、人际修辞、人际效果和人际管理等诸多方面，需要我们紧密结合新时期语境下语用学研究的新趋势和新理论，围绕汉语、英语等多种文化语境下人际互动的语用策略、语言选择的语用特征、语境限定与人际语用制约、人际语用效果等议题，包括面子、（不）礼貌、身份、性别差异等传统的人际语用表现、不同人际关系建构及其话语体系、人际语用问题的历时演化、跨语言及跨文化语境下的差异化表现、人际语用学的理论建设、人际语用学的研究方法等，进行相关问题的系统研究。同时，人际语用学研究需要结合语言使用的不同语境类型或交际类型，比如英语、汉语等语境下的跨文化交际、国际通用语背景下的交互文化交际、面对面的日常交际、非面对面的网络交际、目标驱动下的商务交际、特殊职场语境下的人际互动等语境类型，类似不同语境类型下话语选择、策略使用、话语建构、交际效果等的人际语用表现和人际语用制约，都需要我们继续展开深入的研究，寻找人际语用问题研究的新路径，从而推动语用学研究的发展。

近年来，国际语用学期刊 *Journal of Pragmatics* 等推出了越来越多的人际语用学专题研究。比如，2013 年以 Michael Haugh 等为代表的学者就在该刊的"人际语用学专刊"中，深入探讨了人际语用学的研究范围、对象和方法。此外，也相继出版了一些有关人际语用学研究的专著。

4. 网络语用学的发展

科学技术的创新和发展使人类交际超越了时间与空间的物理限制，引发了交际方式与手段的变化。其中，以计算机为媒介的交际（computer-mediated communication，简称 CMC）或网络语境下的交际已成为一种主要的交际方式，并影响着人们的日常生活，同时也影响着人际交往、人际关系等。对语用学研究而言，交际方式与手段的改变不仅会带来新的研究问题，引发新的研究热点，还会挑战基于面对面交际所提出的理论模式，包括涉及人际语用问题的面子理论、礼貌理论等，涉及话语信息理解与推导的会话含意理论、关联理论等，以及话语选择、交际策略选择等的语言顺应理论。为此，网络语用学（cyberpragmatics 或 internet pragmatics）为语用学带来了新的研究议题，同时也出现了传统语用学针对面对面交际未能遇到的诸多问题，如交际参与者的匿名性、时间与空间的异步性等语境变化所带来的语用问题。因此，面对网络交际的新语境，原有理论模式的解释力、研究方法的适用性等都面临考量与挑战，同时新的交际语境会对语言使用产生新的制约，并出现新的语用现象及其研究议题。在此语境下，作为语用学的研究分支，网络语用学诞生了（Yus 2011/2019；冉永平 2019）。

4.1 网络交际的主要特征

网络交际的一个显著特征就是交际参与者之间的非面对面，即匿名性（Bolander 2012）。在网络语境下，交际参与者在互不知晓对方真实身份的前提下进行互动言谈或书面语的交流，可能出现借助虚假身份进行的互动交际。不同程度的匿名性为参与者提供了免于责难的可能性，也可能出现一系列不恰当的在线行为（Hardaker 2010）。为此，在交际模式与内容方面可能体现出不同于面对面交际的语用特征和语用现象。比如，在很多情况下，交际参与者之间互不知晓彼此的身份、地位、偏好等，为此交际互动中可能出现批评、詈骂、质问、谴责、冒犯、责备等直接的不礼貌或威胁对方面子的话语，这些都是不和谐的人际语用现象，容易导致或加剧人际冲突。Bou-Franch & Garcés-Conejos Blitvich（2014）通过对 YouTube 的多人视频会话研究，发现与面对面交际相比，网络交际的匿名性加剧了该语境下的人际矛盾与冲突，呈现出更多的不友好现象，甚至敌意。

由于网络交际者之间存在身份信息的匿名性与不确定性，往往会出现所需社交信息的缺失或不对称，也就是说，网络交际者之间往往缺少必要的共知语境信息，因而容易导致交际不畅，甚至交际失败；或出现不同于面对面交际、熟人之间交际的话语表达方式。同时，网络交际往往是多人之间的互动，所以会出现不同于面对面或双人之间的话语序列。因此，网络语境中交际参与者需要付出更多的努力，才能获取相关的语境信息（Yus 2011/2019）。不仅如此，交际参与者也会设法使其他参与者更好地获取信息，这是一种网络交际语境下的他者协同，是实现交际成功的一种表现。

网络交际的另一个特征是参与者人数的不确定性。类似的交际特征会引发更加复杂的语用现象，与面对面交际相比，网络语境下的交际参与者背景更加复杂，原因在于网络语境下的交际参与者可以不受时空的限制，也可以不受其他参与者的限制来进行交际互动。同时，交际参与者的数量具有不可预测性。为此，Bou-Franch & Garcés-Conejos Blitvich（2014）将网络交际视为一种大规模的多人会话现象（massive polylogues），其交际参与框架可以是一对一、一对多或多对多的动态互动框架（Haugh, Chang & Kádár 2015）。此外，网络交际互动也会出现新的参与角色，比如 Draucker（2015）研究发现了 Twitter 用户的参与结构，提出了涉及话语产出的播发者或发文者（broadcaster）角色。

基于对 Facebook 中的用户研究，Locher & Bolander（2015）指出，发文者可以将自己建构成信息的产出者、传递者、旁听者、偷听者等多种角色。这些概念的提出均丰富了 Goffman（1981）对参与框架中有关参与者角色的讨论。另外，根据网络在线的体育评论话语，Chovanec（2015）指出，听话人或观众不单是受话方及信息的接收者，还可以是媒体话语的共建者（co-producer）。可见，由于交际参与者具有多种角色，话语的产出方和接收方的界限在网络交际语境下变得越来越模糊，难以对其进行界定。这些都是不同于面对面互动言谈的语用特征。

4.2　网络交际中的人际语用问题

如前所言，网络交际具有区别于面对面交际的诸多特征，从而引发较多的人际语用问题，比如出现了较为常见的直接冲突、冒犯、詈骂、威胁等不礼貌和不和谐的话语。可以说，网络交际引发了有别于面对面交际的人际语用表现。在此背景下，网络交际对人际关系的影响、人际冲突的表现过程、人际关系管理的语用机制、网络语境下的身份建构等，以及网络语境下的礼貌与面子问题，都是当代人际语用学所涉及的新议题。

（1）网络交际中的人际关系

人际关系一直是语用学研究的话题。人们可以通过不同的网络交际方式进行人际互动，通过话语表达（包括多样化的表情符号等）建构或破坏人际关系。比如，Twitter、Facebook、微博、微信、在线论坛等网络语境不受时空限制，参与者可根据交际需要选择特定的参与对象进行互动与回应。同时，交际可以是实时的，也可能是延后的，话语之间的序列性特征（sequential features）也不同于面对面交际语境下的话语表现。这为网络语境下人际语用现象及其相关问题的语用学研究提供了必要性和现实性。

在网络交际中，通过话语信息或文字信息、图片信息，或结合图文信息、网址等（Farina 2015），信息发布者可以呈现自我形象，或向读者或其他网络用户发出交际互动的请求。信息接收者也可以进行不受时空限制的回应，从而构建不同类型的人际关系。比如，基于网络论坛中异议、不满意等烦恼性话题的言谈（troubles talk），Haugh、Chang & Kádár（2015）对此类话题言谈的参与秩序以及其中出现的友好与不友好的回应序列进行了分析。烦恼性话题及其言谈还会引起参与者的同情或移情，进而建构网络语境下参与者之间友好的人际关系。当然，烦恼性话题也可能引起参与者的消极回应，如批评、指责、詈骂、负面评价等，从而导致网络语境下不友好的人际关系。因此，网络交际方式的变化会使某些语用现象更加凸显。

（2）网络交际中的冲突与不礼貌

由于网络交际的匿名性特征，参与者之间存在身份、地位、权势等信息的不可知性，为此很容易出现交际参与者之间话语的对撞、威胁、冒犯、异议等不同程度的冲突与不礼貌现象。这些都是威胁面子的行为表现（Brown & Levinson 1987），也是威胁人际关系和谐的语用现象（Spencer-Oatey 2000, 2008）。近年来，针对人际关系的话语冲突或其他冲突现象，人们很重视探究冲突产生的人际语用、社会语用等因素，同时也注意从人际语用学的角度探究网络语境下的人际冲突、人际关系评价（如对参与者话语的礼貌或不礼貌评价）及其相关的情感问题，并寻求理论阐释（Ferenčik 2017）。

引发人际话语冲突或其他负面行为的语用因素较多。Bou-Franch & Garcés-Conejos Blitvich（2014）指出，网络交际中参与者之间的社交信息不足、参与者人数的不确定性、参与者身份的隐蔽性、网络交际的去个性化现象（deindividuation）等都可能是引发冲突的主要因素。由于缺少交际所需的社交线索（Sproull & Kiesler 1986），很容易导致网络交际中的不友好现象，甚至出现话语及情感方面的对立状态，类似情况多于面对面的人际交往。此外，网络交际的匿名性和多人互动等语用特征，增加了交际中出现人际冲突和冒犯的可能性。去个性化现象主要是由网络交际的匿名性特征引起的，参与者倾向于将自己视为某个群体的一员，并体现该群体的立场，同时在言谈或行事中体现该群组的行为规范（Lea & Spears 1991）。由于存在群体内外的身份认同问题，如果参与者的身份不能被认同或被拒绝，就会出现排他现象，进而导致人际冲突（Lee 2007）。

针对网络交际中的冲突、不礼貌等现象，人们主要从面子威胁理论（如 Brown & Levinson 1987）、面子关系理论或面子建构理论（Face-Constituting Theory）（Arundale 2006, 2010）、（不）礼貌理论（如 Culpeper 1996, 2011; Leech 1983）、人际关系（不）和谐管理理论（Spencer-Oatey 2000, 2008）等视角进行理论阐释。一方面，网络交际中的不礼貌表现有其独特性，比如不礼貌的直接表现。根据 YouTube 中网络用户的互动反应，Lorenzo-Dus 等（2011）对其中出现的不礼貌表现方式进行了分析，发现网络语境下交际参与者倾向于直接表达不礼貌，如通过负面性评价，攻击参与者用户的积极面子等。另外，Dynel（2012）研究了 YouTube 评论区的咒骂语（swear words），发现此类话语既能表示不礼貌或负面的人际语用功能（如直接攻击他人、侮辱他人等），也能表示正面的人际语用功能（如表示友善、表达共同背景等）。另一方面，网络交际中冲突的产生与发展可能出现不同的话语特征。Bou-Franch & Garcés-Conejos Blitvich（2014）分析了 YouTube 评论中的冲突发起、冲突发展和冲突结束等多个阶段的人际冲突现象，发现多人的话语互动中引发冲突的原因可能不是某行为本身，而是该行为引起的回应，比如某推文信息本身没有引发冲突，而参与者的回应引发了冲突。因此，在探究冲突性话语时，我们需要结合交际参与者的不同站位与视角，才能更好地阐释网络语境下人际关系的（不）礼貌问题。

如前所述，网络交际有别于面对面交际，交际者身份的匿名性特征会使言谈互动更加直接，如出现较多的不良称呼语、詈骂语、负面评价语、威胁性话语等，容易引发人与人之间的相互冒犯，从而破坏和谐的交际环境，导致不友好的人际关系。为此，网络交际中的冲突性话语、冒犯性话语、不礼貌性话语等为当代人际语用学提出了重要的研究议题，拓宽了研究视域。

（3）网络交际中的身份问题

依照 Cocking（2008）所言，交际情景具有的语境特征会在很大程度上影响交际的内容和性质。网络交际中特有的语境特征（如匿名性）对表达自我，以及自我与他人之间的关系等具有不同的塑造与重塑作用。可以说，交际中参与者的身份信息与建构和维护人际关系密不可分。同时，网络交际中存在大量的冒犯性、不礼貌性等体现人际关系不和谐的话语，而交际参与者的身份信息往往显现于人际关系的建构与管理过程。因此，人际语用问题不可避免地会涉及交际参与者的身份问题。

鉴于网络交际的复杂性，动态的身份建构、身份体现、身份维护等在很大程度上依赖于特定的网络语境，其分析过程也受制于网络交际平台及其特有的语境因素。比如，Weber（2011）以在线互动论坛为基础，研究分析了网络交际参与者从被否认到得到认可的动态身份建构过程。与面对面交际相比，网络在线互动论坛的交际方式增加了参与者之间争端与冲突的可能性，这体现了交际过程及其参与者的身份体现与身份建构、话语互动引发的人际效果等都受制于语境特征。另外,Haugh、Chang & Kádár（2015）研究后指出,网络交际中的人际关系表现还涉及建构网络新手和网络熟手的参与者动态身份。这为进一步探究网络语境下与人际关系紧密相关的身份体现、身份建构、身份维护等问题,提供了人际语用学视角下的分析与思考。

综上所述,网络语用学是近年来出现的热点研究领域（Yus 2011/2019）。网络交际中的人际语用问题研究具有其语境的特殊性与制约性,存在较多不同于面对面人际交往的问题。然而,针对网络交际的较多语用学研究仍借鉴现有的理论框架或理论模式,用来解释网络交际中的话语选择、话语序列关系、面子威胁与维护、（不）礼貌表现、身份建构等与人际语用学相关的问题,其适宜性需要得到进一步考证。随着网络交际的普及和交际范围的扩大以及语言学研究的深入,我们应该思考如何基于新的交际语境和交际方式,提出有别于面对面交际的人际语用学理论模式,用以解释网络语境下的人际语用表现及其语用理据。总之,作为一种新型的交际方式,网络交际已成为当今媒体研究、（公共）话语研究、语篇研究、语用学研究等多学科关注的热点领域之一。网络交际提供了新的交际媒介和交际语境,呈现出了很多不同于面对面日常交际的语境特征,尤其是面对面交际所不具有的语用特征、语用表现等（冉永平 2019）。除了网络语境下的（不）礼貌、虚拟面子、话语序列等研究议题外,网络语用学还出现了涉及跨国的多媒体交际、网络语境下的跨文化交际、网络互动对二语语用能力发展的影响等方面的新议题,充分体现了语用学研究与全球化、信息化、网络化等时代背景相伴而生。为此,我们需要与时俱进,密切注意网络交际语境的多元化、共享性与开放性等特征。可以说,网络语用学既是对传统研究议题的继承,也是对以往研究范围及所涉问题的拓展与创新。

5. 结语

总之,新时代的科技发展与创新带来了交际方式、交际语境等的多方面变化,为语用学研究提出了新挑战和新议题,拓展了研究范围与视域（如出现了网络语用学等）,也推动了语用学研究方法上的变化及与之相关的研究领域（如出现了语料库语用学、实验语用学等）的出现。在此背景下,新出现的话语过程分析法为探究语言使用的语境动态性、语境制约性、话语序列性、交际互动性、信息连贯性等提供了更为真实、更具涌现性的分析路径。基于大数据的语料库研究方法，语料呈现方式也给传统的语用学带来了研究交际方式与范式的变化，有利于我们重新认识语用现象的表现方式与所体现的语用模式、语用理据、语用效果等。因受非面对面、超越时空、参与者身份信息的匿名性与不确定性等特征的限制，日益普遍的网络交际及其信息传递必然引发新的语用问题，将会出现不同于面对面交际的众多语用现象，这些都是科技发展与创新背景下语用学研究需要面对的新挑战和新变化。

此外，国际化与全球化的交际语境也带来了语言使用与语言交际的诸多变化，出现了交际参与者构成的多元化及其语言文化背景的多样性，比如出现了英语通用语（English as a lingua franca，简称 ELF）或汉语通用语（Chinese as a lingua franca，简称 CLF）的交际语境和语用现象（参阅第十讲）。无论是英语作为一种国际通用语还是其他语言成为一种通用语，都会出现不同于英语或汉语作为本族语及外语的语用特征，交际主体的他者化与语境因素的多元化融汇更加突出。为此，通用语交际中会出现具有交互文化语用特征的语言语用与人际语用表现，它们是类似交际语境中的语用能力问题，为不同语境下语用能力思想与重构带来了新思考，也给新时期环境下的语用学研究提出了新问题（冉永平、杨青 2015，2016）（参见第十讲）。

为此，语用学研究必须做到与时俱进，交际方式和交际语境的变化会带来研究议题的不断拓展和研究方法的更新，这能够为语用学研究开辟新的发展空间。未来的语用学研究具有广阔的发展前景，一方面，我们要充分重视先进的科技手段和社会发展所带来的多方面变革，进而审视现有语用学理论的解释力和普适性，要能够在新的交际语境下实现理论创新；另一方面，我们要勇于面对新平台、新媒体等为语用学研究带来的新变化和新问题，通过语用学研究的深化与创新，及时解决人际交往与社会现实所涉及的语用问题。

思考题

1. 当代语用学研究的主要变化表现在哪些方面？
2. 分析科技发展对语用学研究的主要影响。

3. 分析人际语用学视角下的人际关系动态建构。
4. 举例说明语境变化可能给语用学研究带来的主要变化。
5. 面对面交际与网络交际之间的差异主要有哪些？语用学研究有何主要区别？

推荐阅读

1. Levinson, S. C. 1983/2001. *Pragmatics*. Cambridge: Cambridge University Press; Beijing: Foreign Language Teaching and Research Press.
2. Yule, G. 1996/2000. *Pragmatics*. Oxford: Oxford University Press; Shanghai: Shanghai Foreign Language Education Press.
3. Yus, F. 2011/2019. *Cyberpragmatics: Internet-Mediated Communication in Context*. Amsterdam: John Benjamins; Shanghai: Shanghai Foreign Language Education Press.
4. 何自然、冉永平，2009/2013，《新编语用学概论》，北京：北京大学出版社。
5. 冉永平，2006/2009.《语用学：现象与分析》，北京：北京大学出版社。

第二讲 指示语的语用学研究

1. 引言

"deixis"（指示语）源于希腊语，意思是"指示"（point out）、"显示"（show），也称"deictics"或"indexicals"或"deictic expressions"，包括语法范畴里的指示代词、人称代词、时态标记（tense markers）、时间副词、空间副词、移动动词等（Huang 2009）。类似词语或结构是语言使用中的一种普遍现象，存在于所有的人类语言之中。指示语所表达的信息与所在语境密切联系，即指示信息就是指示语的语境化信息。在语言使用与理解中，指示语表达的指示信息是语用学研究的重要议题，在语言交际中起着重要作用（Grundy 2008; Levinson 1983/2001），也是修辞学、语法学、篇章分析等诸多学科的研究对象。传统的语法研究、话语或语篇研究等把指示现象视为语言结构或篇章的一种内部关系，但实际上指示语的使用和理解都离不开交际语境，指示语所表达的信息往往并非语言单位之间的内部关系。指示语将话语和世界联系起来，将话语定位在周围的现实之中（Verschueren 1999/2000）。语言交际通过语言选择，指向一定的语境变量及其相关信息，实现所指信息在现实世界中的定位，类似现象就是指示问题。

请看以下例子：

（1）（语境：著名演员章某、莫某代言 Tiffany & CO 的现场）
　　记者：你怎么看锋菲恋？
　　莫某："反正我希望<u>所有人</u>都开心，开心就好了。"
　　记者："你祝福他们吗？"
　　莫某："我祝福<u>所有人</u>都要开心。"

（2）老王下班后顺便买了些菜，回家后妻子还夸了<u>他</u>。

（3）*Mary* wishes that *she* could visit the Great Wall in China.

（4）a. If *you* travel on a train without a valid ticket, *you* will be liable

to pay a penalty fee.
b. If *one* travels on a train without a valid ticket, *he/she* will be liable to pay a penalty fee.

例（1）中的第三人称指示语"所有人"指示谁？它并没有先行词出现，且在该交际语境中，它不是指向所有的人，而是交际双方都知道的特定人群。说话人为什么使用该指示语？"所有人"与该语境下的人物主角存在什么关系？该指示语的使用具有什么样的作用？这就是与指示语有关的交际现象，是语用学探究的指示用法（deictic use）。例（2）中的第三人称代词"他"指"老王"，例（3）中的 she 指 Mary，它们都存在先行词，类似的指代关系是一种语篇回指（anaphora），是非指示用法（non-deictic use）。另外，例（4）中的人称代词 you 和 one 都表示泛指，根据所在的语法关系就能确定其用法，也是非指示用法。

下面介绍指示语的五种类型：人称指示语（person deixis）、空间或地点指示语（space/place deixis）、时间指示语（time deixis）、社交指示语（social deixis）和话语指示语（discourse deixis）。前三种是指示语的基本类型，后两种是指示语的延展类型。

2. 人称指示语

人称指示语表示言语事件中交际者的角色信息，包括说话人、听话人、第三方参与者等的人称指示词语和结构，其表达方式涉及两类：第一类是传统的人称语法类属，包括第一人称代词、第二人称代词、第三人称代词或与人称指示相关的结构；第二类是称呼语，用来表示亲属关系、头衔、专有名词或与人称指示相关的称呼语结构。称呼语通常用来指示听话人一方的名词短语，不构成所在述谓结构的一部分。称呼语包括两类：一是召唤语，如例（5）-（7）；二是听话人，如例（8）-（10）。

(5) Hey, *Daddy*, look, a spider in the corner!
(6) *John*, if we don't leave now, we'll be late for our next appointment.
(7) *Doctor Williams*, do you think I need a blood test?
(8) I'm afraid, *Sir*, we are closing.
(9) Do you fancy going to a concert of African music, *Lucy*?

(10) My view, *Dean*, is that we should set up a new department of linguistics.

人称指示语表示言语事件或言语行为的直接或间接参与者，主要包括：（1）第一人称指示语，主要指说话人，可单指，也可复指；（2）第二人称指示语，主要指听话人，可单指，也可复指；（3）第三人称指示语，主要指说话人和听话人以外的第三或其他人，同样有单指和复指，在言语活动中它一般不是谈话的直接参与者，但在特定语境中也可用来指说话人或听话人。因此，使用不同的人称指示语或变换人称指示语具有不同的交际目的，或体现交际语境下不同的人际语用关系。

不仅如此，人称指示语的使用与理解需要进行说话人和听话人之间的视角（positioning）或站位（stance）转化，否则容易出现指示信息的解读错误。著名语用学者 Levinson（1983/2001：68）曾列举过如下故事：

(11) 一位希伯来语教师发现自己把一双舒适的拖鞋忘记在家里了，于是就派一位学生带着他给妻子的便条去取。他在便条上写道："Send me your slippers with this boy"。当学生问老师为什么写 "*your* slippers" 时，他说："哎，笨蛋！如果我写 '*my* slippers'，她就会读成 '*my* slippers'，就会把她的拖鞋送来，我拿她的拖鞋有啥用？所以我就写成 '*your* slippers'。她读到 '*your* slippers' 时，自然就会把我的拖鞋送来。"

这位教书先生因为担心妻子不懂人称指示语的视角转化，于是在给妻子的便条中将第一人称指示语 "my" 改成了 "your"，即改以妻子（听话人）为基础，代替听话人进行了转换。结果不但没有达到交际目的，反而成了一则笑话。这说明了人称指示语在交际中的重要作用。

下面扼要介绍人称指示语的类型，然后分析它们的社交语用功能。

A. 第一人称指示

第一人称指示语指向说话人或发话一方，比如英语中的 "we" "I" "us" "me" 及汉语中的 "我们" "我" "咱们" "咱" 等。通常有两种用法：第一，包括言谈对方在内（we-inclusive-of-addressee）的第一人称指示，对方可以是在场的、不在场的或根本不存在的人称指示对象；第二，不包括言谈对方在内（we-exclusive-of-addressee）的第一人称指示。有的语言中存在不同的语言形式，分别表示这两种用法，这说明第一人称复指代词"we"存在指示的不确定性，其指示信息取决于具体语境。英语和汉语中的第一人称复指代词"we"与"我们""咱们"等也经常用于单指，例如：

（12）咱们（=我）是学文科的，不大懂得函数问题。

在特定语境中，第一人称指示语的用法是比较丰富的，具有不同语境下的语用功能。比如，第一人称复指代词"we""我们"和"咱们"都可用来指示听话人一方。例如：

（13）a. 我们/咱们（=你/你们）是研究生，就要做研究。
b. *We* (=You) are postgraduates, *we* (=you) should do some hard thinking.

B. 第二人称指示

第二人称指示语指向听话人或听话一方，比如英语中的"you"及汉语中的"你/您""你们/您们"等。听话人可以在场，可以不在场，也不一定存在。听话人可以是一个或多个。"you"既可以单指也可以复指，在没有语言提示的情况下它的指称具有不确定性。例如：

（14）It's very kind of *you* to help me.

第二人称指示语在汉语和许多欧洲语言中存在一些不同用法，比如汉语中的"你"——"您"、法语中的"tu"——"vous"、德语中的"du"——"Sie"等，分别用于不同语境和表达不同的情感，主要取决于社交场合等语境条件和交际者之间的关系，我们也将之归入"社交指示"（何自然、冉永平 2009/2013）。

第二人称指示信息有时可以通过第一人称指示语表达。汉语的"我们"和"咱们"都可以用来借指"你"或"你们"。例如：

（15）咱们（=你）这里有电话卡卖吗？

第二人称指示还可以用来指代第一人称。例如：

（16）这个人太内向了，你（=我）问他十句，他才回答你（=我）一句。

（17）*You* never know what *you* can do until you try.

有的第二人称指示语可以是呼语（vocatives），在不同的语境中分别用作呼唤语（calls 或 summons）和称呼语（addressees）。例如：

(18) Hey *you*, you just stepped on my shoes.
(19) I'd be very grateful, *sir*, for your advice.

第二人称指示还可以泛指任何人，用作单数，但泛指不是一种指示用法。例如：

(20) 你要想取得成功，你就得好好努力。
(21) a. *You* cannot lose what *you* never had in life.
　　　b. *One* cannot lose what *one* never had in life.
　　　c. *One* cannot lose what *he* never had in life.
(22) a. 要想有幸福生活，（你）就得努力工作。
　　　b. 要想有幸福生活，（他）就得努力工作。
　　　c. 要想有幸福生活，（大家）就得努力工作。

C. 第三人称指示

第三人称指示指向说话人和听话人以外的第三者或第三方，比如英语中的"they""them""these""those""others""he""she""him""her""it"及汉语中的"他""她""它""他们""她们""它们"等人称代词。它们是常见的第三人称指示语，但在有些语境下，第三人称指示语可指示说话人，比如电话交际中的"Hi, this is *John Smith*"；同时，第三人称指示语还可指向听话人，但不一定只限于代词，专有名词和称谓名词可以作为第三人称指示语指向听话人。例如：

(23) 咱们（＝你）不哭，妈妈出去就回来。
(24) 谁欺负宝宝（＝你）了？妈妈找他说理去。

这体现了人称指示语的人际语用功能，具有人际关系管理的作用，交际者利用人称指示语进行不同的身份建构与人际关系管理，是值得深入探究的语用学议题。

与第二人称代词一样，第三人称代词或代词结构不一定都是指示用法。例如：

(25) Tom said that *he* almost lost *his* life to cancer.

这里的"he"和"his"回指该语句中的 Tom，其中代词"he"和"his"

的理解依靠于先行词语"Tom"。这是一种前指用法（anaphoric use），表示所在语言语境中两个语言单位之间的相互指称关系。这不同于以上的第三人称词语的指示用法，指示信息的理解与识别所依赖的相关信息往往不是所在的语言语境。

3. 地点或空间指示语

地点或空间指示语表示言语事件中说话人发话或言语行为实施的所处、空间位置，比如英语中的"here""there""nearby""away""in that place""at the spot"等以及汉语中的"这里/这儿/这边/此处""那里/那儿/那边/那处""在附近""在远方""在里面""在上面""在老地方"等，表示地点与空间的副词或短语结构。在语境条件不明确的情况下，类似地点指示语所表达的地点或空间信息具有不确定性，其中有的表示近指，有的表示远指，且具有范围的不确定性等。例如：

（26）We're *here*.
（27）Put the book *there*.
（28）Beijing is two thousand miles *away*.

对以上"here""there""away"等地点指示信息的理解，需要获知说话人的所在位置或所言对象（如北京）的参照点。

语言使用的地点指示往往存在空间参照，需要确定言语事件中所指物体（包括交际者）之间的位置或方位，即参照物和背景之间的距离或空间关系，交际中存在大致三种类似关系：(i) 固有的；(ii) 相对的；(iii) 绝对的（Huang 2009）。第一种是基于某物体为中心的参照，取决于该物体的固有特征，如作为背景使用的物体的边、面、上或下，如例（29）中，狗是参照物，汽车是背景；第二种参考大体上是以自我为中心，体现视角、参照物和背景之间的三元空间关系，它以视角为坐标分配方位给参照物和背景，如例（30）中的视角是说话人选定的，说话人可以选择不同的视角来表达参照物和背景之间的方位关系；第三种基于某种绝对的参照关系，如东南西北坐标，如例（31）中的固定方位（如东方）成了所指物体的空间参考。

（29）The dog is *behind the car*.
（30）The dog is *to the left of the car*.
（31）The dog is (*to the*) *east of the car*.

在交际中，类似"介词+物体""介词+方位名词"等地点或空间指示结构体现了说话人的视角选择，有时它们的地点或空间指示信息是以说话人为基准进行参照的，有时则以听话人或所指物体为基准。

另外，英语和汉语中的移动动词或方位动词，如"come""go""take""bring""arrive""leave"等，以及汉语中的"来""去""过来""过去""带来""带走"，都涉及言语事件中交际者使用它们时的视角选择，存在方位指示信息。对类似动词，我们应该注意交际中言语事件的动作方向是以说话人为出发点，还是以听话人为视角。比如，"come"表示说话时刻向说话人所在的方位移动，以说话人为视角中心，当甲说"Come here"时，要求听话人向说话人所在的方位移来。反之，当甲说"Let's go over"时，要求听话人由说话人所在的方位移开。可见，"come"强调方位移动的终点，"go"强调方位移动的起点。交际中，说话人和听话人都要根据视角变化来选择不同的指示语，表达恰当的方位或空间信息。例如：

（32）他隔着墙和她开玩笑："我们过去了？"
　　　她在那边回答："好啊，过来吧？"
　　　"我们真的过去了？"
　　　"你们就真的过来吧。"

又如，"take""bring""arrive""leave"等动词的使用也具有明显的方位指示问题（何自然、冉永平 2009/2013）。另外，从语言认知、语言习得等多学科角度关注"come"和"go"等方位动词的指示用法，以及与汉语中的移动动词"来"与"去"、"到达"与"离开"等进行对比分析，是重要的研究议题。在不同语言体系中这些指示语是否存在语用差异，也是值得深入探究的研究话题。

与人称指示语、时间指示语等一样，表示地点或空间信息的词语或结构也存在非指示用法。比如，例（33）中的"there"回指"London"、例（34）中的"这里"回指"北京"，它们都是一种回指用法。

（33）I went to London last year and visited some friends *there*.
（34）小王出生于北京，自小就在这里上学，就没有离开过（这里）。

4. 时间指示语

时间指示语表示言语事件中说话人发话或与所指对象相关的时间信息，以说话时刻为参照推算时间或理解时间信息。时间指示信息通常以说话人的说话时间为参照依据，不同语境下说话人使用时间指示语表达的指示信息也不一样，我们需要清楚说话人使用哪一类时间指示语以及交际场合等。时间指示语既可指过去，如英语中的"yesterday""in the past""at that time"等以及汉语中的"在过去""在那时""在往日""当时""很久以前"等；也可指现在，比如英语中的"now""at this moment""today"等以及汉语中的"现在""如今""现阶段"等；还可指今后或未来，如英语中的"tomorrow""in the future""the coming week""next year"以及汉语中的"后天""不久的将来""很快""后年"等。此外，人际交往中的某些程式性话语，如"Good morning!""Good evening!""Happy New Year!""Merry Christmas!"或汉语中"早上好！""晚上好！""新年好！"等的使用总是指向特定的时间范围，因此同样具有时间指示功能。

在离开具体的交际语境时，以上时间表达式指示的时间信息具有不确定性。就算同一个时间副词也可能指示不同的时间信息，需要结合交际语境，才能确定其具体的信息所指（冉永平 2006）。例如：

（35）今天的事不要放到明天做。（指说话时的这一天）
（36）今天的中国已经不是以前的中国了。（指现在或目前）
（37）今天的生活很幽静。（指现阶段）
（38）今天我们有四节精读课。（指说话时的那天上午）
（39）今天你是最活跃的一天。（指说话当天的课堂）
（40）Now I'm free.（指说话时的暑期）
（41）Now it's summer.（指说话时的季节）
（42）Now it's 5 p.m. by my watch.（指说话的时刻）
（43）Now it's time to work for the joint project.（指说话时的现阶段）

时间分为历法时间（calendric time）和非历法时间（non-calendric time），以上的时间信息都是非历法时间，它们的理解需要结合特定的语境条件才能明确其所指示的时间信息，属于指示用法。而有的时间单位体现的是一种历法时间，如例（44）中的时间信息"December

1，2009"就是非指示用法。历法时间依赖于国际通行的历法——公历，有历法年、历法月等，存在固有的起点和终点，如历法年的起点是 1 月 1 日，终点是 12 月 31 日；而有的历法时间的起点和终点不是十分严格，如季度。非历法时间就不存在固有的起点和终点，需要根据特定的语境条件或时间参照点，才能确定具体的时间指示信息，如例（45）的"in an hour"就是非历法时间信息，属于指示用法。

（44）He was born on *December 1, 2009.*
（45）The man will be back *in an hour.*

与英语相比，汉语中的时间指示用法要复杂得多，除了时间副词、时间短语结构、时间修饰语等之外，"了""过"等常见助词也具有时间指示的作用。比如，"了"用在动词后，表示动作的完成，指示过去的时间信息，如例（46）；或与时间副词"已经"和助词"过"一同出现，表示某一行为在过去的某个时候已经发生或完成，如例（47）。

（46）他问了老师。
（47）这本书我已经看过了。

总的来说，时间指示信息的理解需要依赖语境条件，有的可能是语言语境信息，可从上下文中寻找时间线索；有时需结合非语言语境条件，比如社会语境信息、特定的背景信息等。

5. 社交指示语

作为指示语的一种延展类型，社交指示语其实是从人称指示语中分离出来的一种延展用法。社交指示语主要表示交际者的社会身份（social identity）或参与者角色（participant role），或交际者之间社交关系的词语及结构（Levinson 1983）。作为表现说话人、听话人或第三方以及他们之间社交关系的语言手段，鉴于交际目的的需要，社交指示语往往具有丰富的人际语用功能。因此，有学者主张，我们不能脱离社交指示语去研究人称指示语（Marmaridou 2000）。人称指示语的使用不仅有助于表达与识别参与者的人称类型，包括参与者角色、社会身份等，其选择与信息指示往往受制于说话人在特定语境下的语用目的，这是一种有关指示语的交际观。

语言使用中存在两种基本的社交指示信息（Huang 2009; Levinson 1983/2001）：绝对（absolute）类社交指示信息和关系（relational）类社交指示信息。绝对类社交指示信息表示具有特定的权势、地位、身份等的人称信息，比如在中国古代，皇帝或君主的专用词语是"朕"，君主、诸侯王使用的自谦语是"寡人"，可见类似人称指示语表达了说话人所具有的社交指示信息；再如英语中的"Your Majesty""Your Honour""Mr President""Professor"等，表示具有特定头衔、特权和地位的听话人。这些人称指示语的使用受制于一定的社会规约或人际关系，它们不只是单纯地区分说话人、听话人或第三者的参与者角色，而是凸显了社交场合下社会文化因素等对语言使用的影响与制约，也是人际关系在语言使用中的实际体现。即"朕""寡人""Your Majesty""Your Honour"等类似社交指示语对于使用对象具有严格限定，可称绝对类社交指示语，但同时也能表达关系类社交指示信息。

汉语中的"你"和"您"都是第二人称指示语，但后者是"你"的尊称或敬称，更能表示尊重和礼貌。类似信息就是一种社交指示信息，是语言使用中的人际关系制约与体现。在欧洲语言中也存在单数第二人称指示语的普通用法和尊称或敬称用法之分，即 T/V 体系（Huang 2009）。

	法语	德语	俄语	希腊语	挪威语
普通用法（T）:	tu	du	ty	esi	du
	丹麦语	荷兰语	西班牙语	意大利语	
	du/I	jij	tu'	tu	
	法语	德语	俄语	希腊语	挪威语
尊称/敬称（V）:	vous	Sie	vy	esis	De
	丹麦语	荷兰语	西班牙语	意大利语	
	De	u	usted	lei	

交际语境下的词汇及结构选择反映社交关系或人际关系。多数语言中都存在一套体现尊称、谦称等的术语，如汉语中的"令尊""贵姓""家父""贵府""寒舍""敝姓"等。正如 Brown & Levinson（1987）所说，类似用语的选用有两面性：一方面贬低自己，另一方面抬高他人。这表明了语言使用中的人际语用限定和所体现的社交指示

信息。

另外，很多语言中都存在使用规约化的术语去称呼陌生人的情况，如汉语中的"叔叔""阿姨""伯伯""爷爷"以及英语中的先生"sir"等。此外，作为一种称呼语，还有不同的表达形式来体现说话人和听话人之间的某种群内关系，如汉语中的"朋友""伙计""哥们儿""老兄""小弟"等，不熟悉或不认识的交际者之间也经常使用类似具有社交功能的第三人称指示语。例如：

（48）朋友，请问北京路的新华书店怎么去？

不同语言中的社交指示语是值得研究的语用学话题。基于交际目的和交际者之间的社交关系，相同的人称指示语可表示不同语境中的社交指示信息。例如：

（49）a. 你们是研究生，你们应学会如何写学术论文。（老师对学生）
　　　b. 我们是研究生，我们应学会如何写学术论文。（老师对学生）

上例是老师对学生进行的一种劝告。从语用取效的角度而言，（49b）比（49a）更容易被听话人所接受。说话人从听话人的视角出发，将自己移位到听话人一方，即站位到听话人一方。这是一种人称指示语的移情用法，目的在于实现交际双方，甚至多方之间的情感趋同或情感相通，缩短彼此间的心理距离，建构和谐的人际关系或缓和人际关系。再如：

（50）崔永元：李老师，您看您自己是一个聋哑人，也在教这样的聋哑人学生，这些人和健全人有什么不同？他们思考问题的方式、看问题的方法有什么不同？
　　　李冬雨：我们聋哑人朋友们，看事情，看表面比较多。我们比较相信自己的眼睛，凡是什么事，亲眼看完了，别人再说，不相信。虽然我们看到的是表面的现象，但是对表面现象，比如说两人打架了，我们看到的两个人就是打架，你说没打，我们不相信，解释不通。

（中央电视台节目《实话实说》，1996-05-16）

此互动言谈中，说话人（李冬雨）在回应时将自己和其他的聋哑人学生站到一起，人称指示语"我们聋哑人朋友们"和"我们"的选择是心理及情感的一种移情，这体现了说话人和指示对象之间的情感趋同，以及说话人和指示对象之间的群体特征（冉永平 2007）。这是人称指示语的语用移情功能，属于社交指示用法。

与以上情况相反，交际中有的人称指示语使用意在表达交际双方或多方之间的情感趋异或关系分离。"拉大双方的心理距离，凸显心理趋异；或体现说话人对所指对象的反感，制造心理空间。这是一种'语用离情'（pragmatic de-empathy）支配下的人际关系适应与顺应。也就是说，语用移情和语用离情是人称指示语等选择的重要制约因素，也是人际交往涉及的两类基本语用功能。"（冉永平 2007：333）例如：

(51) 记者：您认为您的三个女儿又到法院上告的目的是什么？
　　　老李：她们三个女儿告我是为了 504 和 604（两套）房子的继承权，还是为了钱。

（中央电视台节目《共同关注》，2006-02-27）

以上是年逾七旬的受访者老李与记者之间的对话。老李的三个亲生女儿为了争夺他的两套房产两次到法院状告自己，他对此非常不理解。其中，人称指示语"她们三个女儿"的选择体现了他的不满和气愤。按常规，作为父亲，老李应该使用"我的三个女儿"或"三个女儿"，以表达亲情关系，但他却使用了"她们三个女儿"。从人际关系的角度看，这显然表现了说话人和指示对象之间的情感趋异和关系分离。这也是人称指示语的社交指示用法。从以上人称指示语的语用移情和语用离情来看，说话人从自己的角度出发或从听话人的角度出发去选择人称指示语等，以表达不同的情感、立场或态度，就是语言交际中所涉及的语用视点或视角站位选择问题。这些是社交指示语研究的重要课题。

6. 话语指示语

话语指示语（discourse dexis）或语篇指示语（text discourse）指在某话语或语篇中指示其中某一信息的词语、结构等，并表示该结构与相关语境之间的信息联系。话语指示语不等同于前指（anaphora）所表示的语法替代关系，不等于某个语法结构，它表示的内容与前述语境或后续语境中的某个信息相关，包括前述话语中的特定信息或后续话语将会涉及的特定信息，比如英语的"the preceding""the following""the next""the former""the latter""above""what comes next""what is mentioned""that""this"等,以及汉语中的"上文""另文""上次""下次""如前所述""下面要讲的""原来的情况""还是老问题""诸如此类""我要讲的内容如下"等。对它们所指示的信息,需要结合特定的交际语境或交际双方的共知背景,才能正确识别与理解。例如:

(52)"为了安全起见,不许随便单独行动",<u>这就是规定</u>。
(53)<u>综上所述</u>,代词有指示用法和非指示用法。
(54) *That* is the most interesting story I've ever heard since I came here.
(55) If someone had reminded me of the rules *at the beginning*, I would not have behaved so.

例(52)中的"这"就指前面的整个话语信息,例(53)中的"综上所述"指本书前面所区分过的有关内容,例(54)中的"that"指前面交际中所提及的特定内容,例(55)中的"at the beginning"指与某事件有关的起始阶段。可见,话语指示语或语篇指示语所表达的信息不是话语或语篇中的句法关系或前后结构的语义关系,是对特定交际语境中或交际双方共知背景中的一种信息所指。

7. 结语

本讲简单介绍了传统语用学研究对象指示语的定义及其人称指示语、地点指示语、时间或空间指示语、社交指示语和话语或语篇指示语五大类型,列举了英语和汉语中的指示语现象,结合例子分析了指示语使用在不同交际语境下的语用功能,意在让读者明确指示语的语用分析与类似词语或结构的语法分析之间的不同。需要读者注意的是,对语言交际中指示语信息的识别与理解,需要以语言语境或交际双方的共知背景为基础。

作为语用学研究的传统议题,指示语不只是一种单纯的语法现象或语义关系限制,在很多情况下还涉及人际关系制约及其语用问题。比如,说话人可借助指示语,尤其是人称指示语的选择体现特定的视角站位,实现人际的语用移情或语用离情,最终进行有效的人际关系建构与管理,如拉近与听话人或第三者之间的心理距离、社交距离,或疏远与听话人或第三者之间的心理距离、社交距离。可见，指示语的类似作用已非简单的语法作用和字面上的语义信息表达，而是具有影响交际成功与失败的语用功能。总之，对指示语及其指示信息进行语用分析有助于帮助读者从更广阔的视野去认识某些语法现象、词汇结构等语言形式的使用理据和交际功能，改变对语言使用及其用法的传统认识，从而进一步探索与交际语境、人际关系等密切联系的语言学研究议题。

思考题

1. 什么是指示语？有哪些主要类型？举例说明。
2. 语境在指示语的语法分析和语用分析中有何区别？
3. 举例分析汉语中"咱/咱们"与英语中"I/we"的语用差异。
4. 举例说明人称指示语的人际语用功能及其对人际关系的建构作用。
5. 举例说明不同语言文化中指示语及其使用的主要差异。

推荐阅读

1. Grundy, Peter. 2008. *Doing Pragmatics*. London: Hodder Education.
2. Huang, Yan. 2007/2009. *Pragmatics*. Oxford: Oxford University Press; Beijing: Foreign Language Teaching and Research Press.
3. Levinson, S.1983/2001. *Pragmatics*. Cambridge: Cambridge University Press; Beijing: Foreign Language Teaching and Research Press.
4. 陈辉、陈国华，2001，人称指示视点的选择及其语用原则，《当代语言学》(3)：175-186。
5. 何自然、冉永平，2009/2013，《新编语用学概论》，北京：北京大学出版社。
6. 冉永平，2007，指示语选择的语用视点、语用移情与离情，《外语教学与研究》(5)：331-337。

第三讲 言语行为的语用学研究

1. 引言

行为是人类交际的基本单位。这是言语行为理论产生的缘起和基本假设。

早期的语言哲学关注"语句"（sentence）的真假值，即语句是否是对现实世界的真实反映。然而，人们逐渐发现，语句不只能够描述世界，还可以用来做事或行事。此时语句就不再是脱离语境的语法单位，而是语境下使用中的"话语"（utterance）或交际语境下的一种"言语行为"（speech act）。说话就是一种行为，"说话就是做事"（Austin 1962），这是言语行为理论的基本思想。

说话人如何以言行事，而听话人又如何判断说话人意在实施的言语行为呢？例如：

（1）It's cold in the hall.
（2）院子里有狗。

例（1）的说话人是想陈述"天气冷"的事实，还是间接地提醒听话人关上门窗、抱怨开会的地方太冷、建议到别的地方开会，还是反对听话人认为暖和的观点？换句话说，是否同时实施了两种或以上的言语行为？同样，例（2）的说话人是想告诉对方"院子里有狗"的事实，还是在提醒对方小心？或者说，是否警告对方别进院子里去？Austin（1962）等通过言语行为理论，首次探讨了类似问题。

本讲首先介绍 Austin 的言语行为理论，包括陈述句（constatives）和施为句（performatives）的划分、适切性条件、言语行为三分说和言语行为的分类；其次，讨论 Searle 对言语行为理论的发展，包括他对适切性条件的补充与发展、对言语行为的重新分类及所提出的间接言语行为理论；再次，讨论言语行为理论的应用，同时结合语言顺应论分析交际中的言语行为选择；最后，对言语行为的未来研究进行展望。

2. Austin的言语行为理论

2.1 陈述句和施为句

针对语言使用及其功能，Jane Langshaw Austin（1911-1960）、Herbert Paul Grice（1913-1988）、John Searle（1932- ）等日常语言哲学家进行过专题研究。他们十分关注日常生活中人们如何通过语言进行有效交际，尤其是如何以言行事。1955年，Austin在美国哈佛大学举办了关于William James的系列讲座，首次提出了言语行为理论。在1962年，体现该理论思想的专著《如何以言行事》(*How to Do Things with Words*)出版。Austin等人反对当时盛行的逻辑实证主义的基本观点，即具有真值的语句才是有意义的。当时的哲学家们持有这样的普遍假设：陈述的作用在于表述事实、描述事物状态，且描述或陈述存在真与假之分，即具有真假值。逻辑实证主义者历来关心陈述的可验证性（verifiability），即如何验证某一陈述是真实的或是错误的，以及如何规定真实陈述所需满足的条件等。对于类似的传统观点，Austin从日常语言哲学的角度提出了质疑。在该专著中，Austin不仅首次探讨了语言使用问题，还系统地探究了一个关键问题：说话本身为何是一种行为？人们不仅通过语言描述真实世界中的各种现象，还可利用语言做事。

Austin认为，很多陈述只不过是一种假陈述（pseudo-statement）。也就是说，人们所说的许多话语貌似一种陈述，但其根本目的不在于叙述或传递有关的事实或信息。有时我们没有必要，也不能确定某些语句的真与假，因为这些语句的使用本身就是一种行为，而行为只有适当与不适当之分，没有真假之别。

Austin进而区分了陈述句和施为句。具有真假之分的语句为陈述句（constatives），其功能在于表示断言、陈述事实、描述状态、报道事态等，所表述的内容可以验证为真或为假；存在适当和不适当之分的语句为施为句（performatives），它们的使用就是在实施某种行为，即施事，而不是在进行描述、报道、表述等。例如：

（3）I go to the park every Sunday.
（4）I hereby bet you 100 yuan if Tom wins.

例（3）的真假取决于它的描述是否符合事实；例（4）不是描述该事件，而是实施了打赌的言语行为。Austin 将类似于例（4）的语句定义为施为句，并由此区分了与例（3）这样的陈述句之间的不同。陈述句具有真假值，而施为句没有真假值，却存在适切性（felicity）与非适切性（infelicity）之分（参见 2.2 节）。

施为句具有这样的特征：主语为第一人称单数，其动词为一般现在时、陈述语气、主动语态，这也是施为句的判定标准。例如：

（5）I *promise* that ...
（6）I *promised* that ...
（7）He *promises* that ...

上述三个结构都有"承诺"（promise）的施为动词（performative verb），但有不同的时态和人称。然而，只有例（5）是一个承诺类施为句（参见 2.4 节），但例（6）和例（7）描述的是行为的某种状态而不是在实施承诺行为，它们分别陈述说话人自己已经完成的行为和转述他人将要实施的行为。

对于施为句的判定，Austin 还提出了"hereby 检验方法"（hereby test）。他认为，"hereby"可用来检验某个语句是否为施为句，即：如果在主语和谓语之间插入"hereby"，语句仍然成立的话，就是施为句。此时"hereby"的意思指"通过这个话语，我实施了一个谓语动词指示的行为"。比如在以下不同语境中，具有恰当身份或地位的说话人使用的语句例（8–10）就是施为句，但语句例（11）表述一种常态，不是施为句。

（8）I [hereby] name this ship Elizabeth II.（命名）
（9）I [hereby] give and bequeath my watch to my brother.（遗赠）
（10）I [hereby] bet you six pence it will rain tomorrow.（打赌）
（11）* I [hereby] like apples.

可见，言语行为的实施涉及特定的语境条件。只要具备语境条件，特定的说话人使用这些话语就不是在进行描述，而是在以言行事，如命名、遗赠、打赌等。

不过，针对附加"hereby"的检验方法，Culpeper & Haugh（2014）认为，该方法有两个缺陷：其一，"hereby"形式不适用于交际中的道歉、承诺等日常行为。借助英国牛津英语语料库（OEC），Culpeper 与 Haugh 检索了带有"hereby"的搭配，发现其中排在前 25 位的高频结构显示"hereby"常出现于机构性话语中,与之一起出现的动词包括declare、agree、give、grant、offer、find、sentence 等,即与政府、法庭等机构性语境有关。其二,某个语句插入"hereby"后虽然能够成立,但该语句并不是施为句,如下例中"hereby"表示第一个语句中电影重新上映的缘由。

(12) The fetish value of films like Human Lanterns is proportional to the inflated wistfulness with which we desire them, and surpluses of pristine DVDs make us wistful no longer, deflating our infantile fantasies of cult-film deviance and transgression into a hesitant sigh of belated self-examination. Two such "deflationary films" by Shaw Brothers workhorse Ho Meng-hua have *hereby* resurfaced.(Culpeper & Haugh 2014: 158)

随着研究的深入,Austin 发现,虽然有些语句不具备施为句的形式特征,但同样可用来实施行为。比如,"Keep quiet!"没有施为动词"order"(命令),但同样可以实施"命令"的言语行为。为此,他区分了显性施为句和隐性施为句:显性施为句包含有特定的显性指示语,即施为动词,如"I *warn* you ..." "I *sentence* you ..."等;而有些语句中没有出现这样的施为动词但也同样能够施事,就被称为"隐性施为句"。例如:

(13) a. I *promise* to buy you a ring.(显性施为句)
b. I'll buy you a ring.(隐性施为句)
(14) a. I *request* you to do as I told you.(显性施为句)
b. Do what I told you.(隐性施为句)
(15) a. I *warn* you, this gun is loaded.(显性施为句)
b. This gun is loaded.(隐性施为句)
(16) a. I *apologize*.(显性施为句)
b. I'm sorry.(隐性施为句)

在交际中使用显性施为句可以避免听话人的误解,或强调说话人的权威与地位,一般多出现在仪式性的语境中,较少出现在随意言谈中。交际中的隐性施为句有时会引发听话人的误解,当出现"Is that an order?" "Is that a promise?" "Is that a threat or a promise?"等问句时,表明听话人希望求证信息,以免产生误解。

2.2 适切性条件

除了上述形式上的特征外，施为句的实施还需满足一定的语境因素。为此，Austin 提出了施为句的适切性条件（felicity conditions），即恰当性（appropriateness）问题：

（1）必须有约定或常规程序，其步骤有约定效果。
（2）环境和人必须是恰当的。
（3）步骤或程序必须被正确、完全地执行。
（4）交际参与者必须具备一定的思想、情感和意图。如果随后的行为实施了，相关的人员必须执行。

前三个条件是实施言语行为的外在条件，任何一条的违反都将导致实施行为的无效（misfire）；最后一条是内在条件，违反则会导致言语行为的滥用（abuse）。比如，如果一个醉汉跑到教堂里，对正在进行祈祷的一对青年男女说"I pronounce you husband and wife"，此时的言语行为就是无效的。又如，婚礼上新郎宣誓说"I promise to remain faithful to you until death do us part"，但如果他的内心根本就没有要忠于妻子的意图，该言语行为就属于被滥用。再以道歉为例，如果说话人的所言或所行对听话人有利，并没有伤害听话人，此时使用"I'm sorry"就不恰当了，该道歉行为就是无效的。如果说话人的行为给听话人带来了伤害，但他并不感到抱歉或内疚，此时说"I'm sorry"也是对道歉话语的滥用。

同样，Levinson（1983/2001：230）也指出，有些施为句具有仪式性特征。仪式性的施为句与具体机构，如法庭、教堂等的相关约定或规定密切联系，特定的言语行为要由具有一定身份地位的人按照该机构的约定方式进行，才能有效实施。例如：

（17）I *sentence* you to 10 years' imprisonment.
（18）I *pronounce* you husband and wife.

例（17）是法庭中法官对已被证明有罪的罪犯所进行的宣判；例（18）是婚姻登记机构工作人员在登记处或牧师在教堂且有证人的情况下对一对男女所说的话语。类似话语就是具有仪式性特征的施为句，是具备一定条件的、有效的言语行为。如果不满足这样的条件，即没有适当的程序、适当的场合、适当的角色等，那么言语行为就是无效的，或只是戏言等。例如：

（19）I hereby *divorce* you.

2.3　言语行为三分说

在随后的研究中，Austin 本人发现陈述句和施为句的二分法并不科学，主要原因包括：

（1）有些施为句与陈述句一样，也具有真假值。

（2）有些陈述句与施为句一样，也具有适切性或恰当性的问题。

（3）话语或语句没有施为动词同样能够以言行事，即陈述句在某种意义上也可以看作施为句。

（4）施为动词的出现不一定能保证某一行为的实施，比如仪式性施为句受制于必要的合适性条件，条件不适切或不恰当就不能以言行事。

于是，Austin 放弃了施为句假设，不再区分施为句和陈述句，而是选择"言语行为"这一更具概括性的说法。在他看来，包括陈述句在内的所有话语都能做事，说话就在以言行事，并提出了用言语行为去解释语言使用的理论框架。他认为，言语行为的特点是说话人通过某一话语或若干话语来实施一个或若干个行为，比如陈述、请求、命令、提问、道歉、祝贺等；同时，类似行为的实施可能给听话人带来一定的后果。为此，他提出了言语行为三分说，即说话人在说出一个话语的时候，同时实施了三个次行为：以言指事行为（locutionary act）、以言行事行为（illocutionary act）和以言成事行为（perlocutionary act）。

以言指事行为就是"言之发"的说话行为，即说话人讲出有一定意义或指称关系，且能让听话人理解的话语的行为，包括发声、组词成句、表达完整的命题内容等。如果 A 对 B 说 "I cannot go home now"，A 就是在通过该话语告诉对方自己不能开车回家的命题内容。可见，以言指事行为是一个陈述行为或表述行为。

以言行事行为就是"示言外之力"的行为，即说话人通过话语传递某种交际意图的行为。借用 Austin 的公式，可表示为：In saying X, I was doing Y。但以言行事行为的实施需要依赖特定的语境条件。如果 A 对 B 说 "I cannot go home now"，A 就是通过该话语请求 B 开车送自己回家，或建议朋友一起再聊一会儿。类似话语的"请求"或"建议"用意就是该话语的一种施事用意（illocutionary force）或说话人的交际意图。简言之，以言行事（示言外之力）言语行为表示特定语境中说话人通过话语表达的施为用意或交际目的，包括建议、请求、提议、命令、允诺、威胁、警告、邀请、劝告、询问、提供、断言等。

以言成事行为就是"收言后之果"，即说话人的话语对听话人产生的某种效果或结果。借用 Austin 的公式，可表示为：By saying X and doing Y, I did Z。如果 A 对 B 说 "I cannot go home now" 并希望 B 开车送他回家，B 理解 A 的用意之后，于是主动提出开车送 A 回家；或告诉 A 自己的车坏了，不能开车送他回家。这就是该言语行为所产生的一种效果，包括说服、鼓舞、恐吓、激怒、满意、感动、欺骗、害怕、警惕、感到窘迫等。

需要注意的是，以言指事行为、以言行事行为和以言成事行为不是独立的三种不同行为，而是在特定交际语境下说话人说出某一话语之后所实施的三个次行为。Austin 重点讨论了以言行事行为或施事行为，他之后的言语行为理论也完全侧重于以言行事行为，以至于在一定程度上，以言行事行为成了言语行为的代名词（顾曰国 1989）。

2.4　言语行为的分类

针对言语行为，Austin 关注的焦点在于如何以言行事，强调说话人实施言语行为的施事用意。根据不同的施事用意，他把以言行事行为分成了如下五类（Austin 1962: 150-163）：

（1）裁决类（verdictives）/ 评价行为类：表达评价或裁决，如法官、裁判等的宣判或裁决，表示说话人对某事所作出的一种表态，且具有对所涉内容的真与假、对与错等判断。此类行为的英语动词包括 decree、convict、estimate、condemn、absolve、judge、appraise、characterize、rate、rank、diagnose 等，汉语动词包括宣告、宣称、判定、断言、评价、评判、告诫等。

（2）行使类（exercitives）/ 施权行为类：表达权力的实施。此类行为的英语动词包括 vote、appoint、order、nominate、bequeath、resign、advise、urge 等，汉语动词包括提名、任命、提议、建议、力荐、敦促、遗赠、屈从、辞职等。

（3）承诺类（commissives）/ 承诺行为类：表达承诺或宣告意图。此类行为的英语动词包括 promise、guarantee、pledge、commit、oppose、undertake、intend、plan、swear、vow 等，汉语动词包括许诺、

保证、发誓、承认、策划、企图等。

（4）阐述类（expositives）/论理行为类：用于解释、阐述、论证。此类行为的英语动词包括 affirm、state、deny、describe、refer to、urge、argue、illustrate、explain、define、agree 等，汉语动词包括证实、确认、陈述、记述、阐明、认同等。

（5）表态类（behabitives）/表态行为类：用于表明态度。这类动词与社交行为或社交行为的情绪反应有关。此类行为的英语动词包括 apologize、thank、complain、congratulate、compliment、condole、criticize、sympathize、deplore、bless、welcome 等，汉语动词包括道歉、感谢、抱怨、祝贺、表扬、批评、同情、慰问、哀叹、吊唁、悔恨、祝福、欢迎等。

Austin 对言语行为的以上分类遭到其他学者的批评。比如，Searle（1979）认为，Austin 把施事行为的分类等同于施为动词的分类，混淆了言语行为与言语行为动词。Leech（1983）也指出，Austin 将动词和言语行为混淆在一起，它们之间不存在必然的一一对应关系，只有施为动词才能实施言语行为的认识是不恰当的。另外，施事行为的分类存在重合，缺乏清晰的或一致的原则作为标准。比如，描述类言语行为既属于裁决类（verdicatives），也属于阐释类（expositives）。

为此，Thomas 认为 Austin 的施为假设存在三方面的不足（冉永平 1998）：（1）不存在能够将施为动词与其他动词区分开来的形式或语法手段；（2）施为动词的出现不一定能保证某一行为的实施，如具有仪式性特点的施为句等，受到合适条件的限制，否则不能以言行事；（3）没有施为动词的话语同样能够以言行事。同样，顾曰国（1989）也指出 Austin 分类的三个主要缺陷：（1）分类缺乏统一的标准，比如行使类/施权行为类以权力、社会地位、身份为准绳，而表态行为类却以说话人的态度为刻度，阐述类/论理行为类则再次变换角度，考虑的是话语在会话中的相互关系；（2）把对施事行为的分类等同于对施事动词的分类，施事动词与施事行为其实不存在一一对应的关系，比如英语动词是一个施事动词，但不代表一种施事行为，而只表明作出某一施事行为的方式；（3）分类的内部内容庞杂混乱，比如表态行为类是个"大杂烩"，包括感谢、道歉、赞扬、祝贺、吊唁、怜悯、憎恶、批评、抱怨、欢迎、诅咒、祝酒等。

当然，Austin 的以上分类揭示了一个有关语言使用的重要事实，那就是语言形式和语言功能之间不存在一一对应的关系。

3. 言语行为理论的继承和发展

Austin 言语行为理论的主要贡献在于改变了人们对语言使用及其功能的基本认识。然而，如同其他理论一样，言语行为理论也存在缺陷。美国著名的语言哲学家 John Searle 继承并发展了 Austin 的言语行为理论，他首先修正了适切性条件，并对言语行为进行了重新分类，而后又提出了间接言语行为理论。下面进行分别介绍。

3.1 言语行为实施的条件

基于 Austin 对言语行为的适切性条件或恰当性条件的讨论，Searle（1969，1979）以 "promise"（承诺/许诺）为例，提出了实施该言语行为所需具备的充分必要条件。如果说话人对听话人说出某话语，就是在真诚地向听话人作出许诺，当且仅当（何自然、冉永平 2009/2013：158-162）：

条件一：具备正常的语言输入与输出条件。说话人能够说出让人理解的话语，听话人能够理解说话人的话语，双方都知道自己在正常使用语言而不是在开玩笑，彼此之间也不存在交际障碍。

条件二：说话人通过话语表达了一定的命题内容。比如 "许诺" 行为所涉及的内容。

条件三：表达命题内容时，说话人就是在讲述他将要实施的行为。比如，"许诺" 行为就是说话人将要实施的行为，不可能是对已发生过的行为进行许诺，该行为也必须由说话人自己去实施。

条件四：听话人希望说话人完成自己要实施的某个行为，说话人也相信自己的行为符合听话人的愿望。比如，说话人许诺要实施某行为而听话人不想他去实施，或说话人不相信听话人希望自己去实施该行为，那么许诺就有问题。

条件五：说话人和听话人都知道，在正常情况下说话人不会去做某事。通常情况下，说话人不会许诺打算做某事或许诺正在做的某事，也不会许诺做自己经常做的某事。

条件六：说话人有实施某行为的意愿。就许诺行为来讲，说话人希望去实施该行为，且说话人相信实施该行为是可行的。

条件七：说话人有意通过话语来让自己承担实施某行为的责任。

就许诺行为来讲，如果说话人没有意愿去实施该行为，他就不会通过话语进行许诺，因此愿望是言语行为实施的一个基本条件。

条件八：说话人有意通过话语，让听话人相信以上条件六和条件七，且通过该话语去领会说话人的意图或愿望。这一条件可以说是"条件一"的部分内容。

条件九：当且仅当以上的八个条件得到满足时，言语行为才是正确的、真诚的。

在此基础上，Searle 归纳出了言语行为实施的以下四大条件：

（1）命题内容条件（propositional content condition）：主要指说话人所言话语的命题内容或语义内容，比如"承诺"就是指说话人将要实施的某个行为。

（2）预备条件（preparatory condition）：主要指实施某个言语行为需具备的前提，比如听话人希望说话人实施某行为，而在正常情况下说话人不一定会实施该行为。

（3）真诚条件（sincerity condition）：主要指说话人具有实施某行为的意愿或意图，否则他就不会通过话语讲出来。

（4）基本条件（essential condition）：说话人承担实施某行为的义务。

条件二和条件三是言语行为实施的"命题内容条件"；条件四和条件五是言语行为实施的"预备条件"，也是"许诺"言语行为的绝对必要条件；条件六是"真诚条件"；条件七是言语行为实施的"基本条件"。上述条件不是通常意义的语言规则，它们具有不同程度的重要性。正如 Searle 指出，只有命题内容条件得到了满足，预备条件、真诚条件和基本条件才能有效；只有预备条件和真诚条件满足了，基本条件才有效。

下面再以"感谢"为例进行分析。命题内容条件指某个话语的命题内容或语义意义，比如感谢的对象必须是听话人过去所实施过的行为，预备条件指必须有值得感谢或需要感谢的东西，真诚条件涉及说话人的意愿或愿望，基本条件使类似话语"Thank you"和实施感谢的行为联系起来。但是，Archer 等学者（2012）认为以上言语行为的实施条件存在问题。比如"Thank you for not smoking"，该感谢的言语行为可以不存在命题内容条件，即感谢的所涉内容并非必须发生——听话人没有吸烟。再如，你可以感谢听话人的许诺，如感谢邻居答应在你外出度假时帮照看花园、给花浇水等。此外，真诚条件不能解释虚假感谢的言语行为或心里没有感激之情的事情。比如，当乘务员递给你一张车票时，你礼节性地回应"Thank you"时，此时就不一定真正表示感激之意。还有，Searle 也没有分析听话人听到感谢后的反应，但这应该是感谢言语行为的一部分。

3.2 言语行为的重新分类

为识别不同的言语行为及其类型的划分，我们应该首先明确话语的命题内容和以言行事用意或施事用意之间的差别。Searle（1979）认为，Austin 的以言行事行为分类等同于施为动词或言语行为动词的分类，混淆了言语行为与言语行为动词之间的区别，为此他重新划分了言语行为。Searle（1979）列出了 20 个要素，从中选择了三个要素作为主要标准，加上命题内容，确立了以言行事行为（illocutionary acts）分类的四条标准：以言行事用意或施事目的（illucitionary point or purpose）、适从方向（direction of fit）、心理状态（psychological state）、命题内容（propositional content）。适从方向指话语和世界之间的关系，具体而言，就是话语内容与所涉事件或世界之间的适切关系；心理状态指说话人对以言行事行为所涉事件的某种态度，包括信任、希望、意愿等。在此基础上，Searle 将言语行为（即以言行事行为）划分为五类。

（1）断言类（assertives）/阐述类（representatives）言语行为：表示说话人对话语命题内容的真假判断，且对该判断具有一定的把握性。断言类行为的常见英语动词包括 state、suggest、boast、complain、claim、conclude、deduce 等，汉语中的类似动词有声称、宣称、断言、陈述、通告、否认等。可对比 Austin 的阐述类（expositives）言语行为。

（2）承诺类（commissives）言语行为：表示说话人对自己未来要实施的某个行为或要做的某事，做出不同程度的承诺。承诺类行为的常见英语动词包括 promise、pledge、vow、commit、guarantee、threaten、refuse、offer 等，汉语中的类似动词有许诺、发誓、保证、担保、拒绝、威胁等。可对比 Austin 的承诺类（commissives）言语行为。

（3）指令类（directives）言语行为：表示说话人对听话人发出的指使、命令、吩咐等驱使性行为，以让其做事。指令类行为的常见英语动词包括 ask、order、command、request、beg、plead、pray、entreat、invite、permit、advise 等，汉语中的类似动词有请求、邀请、要求、促使、建议、命令、指使、教唆、唆使等。可对比 Austin 的行使类（exercitives）言语行为。

（4）表达类（expressives）言语行为：表示说话人在表达话语的命题内容时，向听话人所表达的某种心理状态或感受。表达类行为的常见英语动词包括 thank、congratulate、apologize、condole、deplore、welcome 等，汉语中的类似动词有感谢、感激、道歉、欢迎、祝贺、夸耀、慰问、痛惜、悔恨等。可对比 Austin 的表态类（behabitives）言语行为。

（5）宣告类（declarations）言语行为：表示说话人通过话语改变某事状态或条件的行为，此类行为具有机构性特征，即该行为需要由某机构允准的、具有一定身份或地位的说话人实施。宣告类行为的常见英语动词包括 name、resign、declare、norminate 等，汉语中的类似动词有宣布、宣告、提拔、任命、命名、辞职等。可对比 Austin 的裁决类（verdictives）言语行为。

Mey（1993）认为，Searle 对于言语行为的分类基本上跟 Austin 的分类相似，其中的承诺类行为几乎完全一样。不过，Mey 认为 Searle 的分类具有一大优势：更趋向真实世界。Searle 的出发点是真正发生的行为，不管话语是否符合 Austin 提出的施为句和陈述句的区分标准，人们只要使用话语就是做事情。Mey（1993）还指出，Searle 的言语行为分类也有缺陷，即对言语的描述总是受制于用意或目的，而这一目标并非总是那么相关。此外，Searle 和 Austin 为了论证自己的理论，大多列举典型例子进行说明。但 Mey 认为，这种基于个案的分析视角或方法存在局限性，为此强调语境要素，因为言语行为是由语境驱动的。比如，一个未成年人向父母承诺 "I promise I will not smoke until 18"，这一施事行为的言外之力要看语境，要分析这个孩子与父母之间的关系及其言行是否一致等背景。Mey 以自身经历为实例，在他还是孩子时，他经常向父母承诺 "I will never leave her"，该承诺的前提是父母认为孩子能够履行自己的诺言。因此，Mey 认为应该考虑影响语言使用的社交因素等语境因素，进而分析语用行为（pragmatic acts），而言语行为并不存在。如果实现言语行为的语境因素得不到满足，该行为就不存在或根本不会发生，比如法庭中的"被迫承诺"（promise under duress）其实就不是承诺的言语行为。同样，Archer 等（2012）也认为，脱离语境对语句进行孤立的功能分类，会出现因为分类界限不明而重叠等问题，比如"The window is open"的施事用意具有不确定性，它既可以表示陈述也可以实施请求。

以言行事的言语行为理论考察说话人以言能做何事、如何做以及言语行为的成功与否。在 Austin 所提出的施为句（performatives）和施为假设（performative hypothesis）基础上，语用学家们对言语行为理论进行了继承与发展。除了 Searle 的以上发展之外，Thomas 把 Austin 的言语行为范畴进行了更系统、更简明的扩展，对施为句重新分类（Thomas 1995；何自然、冉永平 2009/2013；冉永平 1998）如下：

（1）元语言施为句（metalinguistic performatives）。比如，"I say ..."（我说……）、"I protest ..."（我抗议……）、"I plead ..."（我申明……）、"I object ..."（我反对……）、"I move ..."（我提议……）、"I predict ..."（我推测……）等。这些行为广泛存在于不同的语言文化中，且不受适切性条件或恰当性条件的限制。

（2）仪式性施为句（ritual performatives）。比如，"I sentence ..."（我宣判……）、"I absolve ..."（我宽恕……）、"I baptize ..."（我给……施洗礼）等。这些行为需要满足一定的适切性条件，具有很强的文化依赖性。

（3）协同性施为句（collaborative performatives）。协同即合作，类似言语行为需要交际双方或多方的相互配合才能成功实施，比如，"I bet ..."（我打赌……）、"I wager ..."（我打赌……）、"I challenge ..."（我挑战……）、"I bequeath ..."（我遗赠……）等。如"我向你挑战两盘国际象棋"，只有听话人接受了说话人的挑战，才能成功地实施挑战的言语行为，实施言语行为的前提是听话人同意下棋。

（4）群体性施为句（group performatives）。它与仪式性施为句和协作性施为句之间是彼此交叉重叠的。

此外，施为句还存在跨文化差异，如仪式性施为句就存在不同的文化依赖性，这在一定程度上完善了 Austin 所提出的实施言语行为的"恰当性条件"，使其更加具体。在有些社会文化中，施为句会受制于一定的恰当性条件，而在别的社会文化中，可能就不存在那样的限制条件。

3.3　间接言语行为理论

Searle 对言语行为理论的另一个贡献，就是提出了"间接言语行为理论"（Indirect Speech Act Theory），用于解释话语的言外之意（即语力、以言行事用意）与其语言形式、规约用法之间的关系。Searle（1975）指出，语句具有两种语力：字面之力（literal force）和言外之力（illocutionary force）。实施言语行为最简单的方式是说话人说出某个话语，确切地表达了该话语的字面意义。此时的字面之力（即字面意义）和言外之力相吻合，也就是话语结构和功能之间存在直接的一一对应关系，可称为"直接言语行为"（direct speech acts）。但是，他认为说话人更多是通过间接的方式，传递以言行事用意，实现交际目的，此时的字面意义和言外之力不匹配，也即话语结构和功能之间存在间接关系，这就是"间接言语行为"（indirect speech acts）。

一个言语行为通过另一个言语行为的实施而间接地实现的，就是间接言语行为（Searle 1975）。比如，"Can you pass the salt？"在形式上是一个疑问句，但在特定语境中其言外之力是请求行为。Searle 对间接言语行为的解释在一定程度上解决了话语的字面意义和说话人的言外之意的关系问题，同时强调了语境和交际者双方共有知识在话语理解时的重要性（朱慧敏 2009）。

Searle 对间接指令或请求言语行为进行了分类。从实施间接指令的各种方式（即"指令"这一言语行为所涉及的因素）考虑：说话人（发出指令者）、听话人（指令对象）和说话人想要听话人实施的行为。比如，在餐桌上请人递一下盐瓶，不同的言语行为出发点会导致不同的表现形式：

以说话人为出发点

（20）I would like you to pass me the salt.（陈述愿望）
（21）* Would I like you to pass me the salt?（询问愿望）

听话人为出发点

（22）You can pass me the salt.（陈述能力）
（23）Can you pass me the salt?（询问能力）
（24）You want to pass me the salt.（陈述意愿）
（25）Would you mind passing me the salt?（询问意愿）
（26）You will pass me the salt.（陈述将来的动作）
（27）Will you pass me the salt?（询问将来的动作）

以动作为出发点

（28）The soup is not salty enough.（陈述理由）
（29）Wouldn't it be a good idea if we add some salt to the soup?（询问理由）

在 Searle 看来，以上话语符合实施请求言语行为的合适性条件，因为听话人有能力实施该行为，因此它们都是指令或请求的间接实现方式，而不是表面的陈述或疑问。该间接的以言行事用意的获取需要双方具有共同的背景知识，且听话人需要进行一定的推理。Searle 进而分析了可以将以上话语理解为一种请求言语行为的推理步骤。推理是连接直接言语行为和间接言语行为的唯一路径，然而心理语言学的相关研究却发现，间接请求不需要推理就可以理解（Bach & Harnish 1979）。

然而，有的间接性话语已被常规化，体现为一种程式性的话语形式。为此，Searle 将间接言语行为划分为规约性间接言语行为（conventional indirect speech acts）和非规约性间接言语行为（nonconventional speech acts）。前者指言语行为的以言行事用意在某种程度上已经固化在语言形式中，其用法已被人们普遍接受；后者则比较复杂，具有不确定性，要结合某话语出现的语境条件，通过推理才能获得其言外之意。例如：

（30）Could you please send me a copy of the book?
（31）A: Let's go to the movie tonight.
　　　B: There's an exam tomorrow.

例（30）表面上是询问，但说话人的用意则表示请求，因为"Could you please ...?"是一种表示请求的规约形式，这就是规约性的间接言语行为；例（31）结合具体语境，可以推断出听话人 B 在拒绝说话人的提议，因此它就是一个非规约性的间接言语行为。

间接请求的言语行为十分常见，这是因为人们普遍认为间接言语行为比直接言语行为更礼貌。无论是直接的还是间接的请求、建议等言语行为，都涉及不同程度的礼貌问题（Leech 1983: 108）：

（32）Answer the phone.　　　　　　　　　间接性　　礼貌程度
（33）I want you to answer the phone.
（34）Will you answer the phone?
（35）Can you answer the phone?
（36）Would you mind answering the phone?
（37）Could you possibly answer the phone?

以上等级关系说明，间接言语行为（37）"Could you possibly answer the phone?"会比使用直接言语行为（33）"I want you to answer the phone." 更有礼貌。话语（32）没有给听话人留有任何选择余地，带有很强的驱使性，是最直接的请求言语行为；间接言语行为（34）-（37）中的情态动词（will, can, would, could）使所在话语具有更强的试探性，听话人有选择拒绝的余地，所以显得更有礼貌。但是，类似等级并不一定适用于其他的语言文化语境或相同语言文化中的不同历史阶段。同时，针对不同的交际语境，言语行为的礼貌程度和间接性也不一定成正比关系。比如，一位公司老板对办公室秘书客气地说"Would you like to type these letters?"，因为双方之间权势与地位的差异，该秘书没有拒绝的权力，类似常规的间接言语行为仍是特定语境下驱使性的言语行为。

除了受制于特定语境下的交际目的或以言行事用意之外，间接言语行为使用也受以下四方面因素的影响（Thomas 1995: 142-146；冉永平 1998: 74）：

（1）增加话语的趣味性，使互动言谈更加生动；或通过间接性话语，降低话语的趣味性或转移兴趣。

（2）增加话语的信息力度，它与前者密切相关，使用间接性话语以增加互动言谈内容的效度或影响。若听话人要理解该话语的隐含信息，需付出一定的努力。

（3）当两个或多个互动言谈中的目标相互抵触时，说话人常会使用间接性言语行为。

（4）出于礼貌或面子的考虑，说话人会使用间接性言语行为。互动言谈中礼貌问题比前三者更重要。

以上因素是语言交际中说话人选择直接言语行为、间接言语行为等的潜在动因。

另外，有些话语的隐含目的或其间接言语行为用意本身是模糊的，具有多重的交际功能。比如，在不同交际语境下，"If I were you, I'd leave the town straight away" 可以理解为一个建议或一种警告，所以我们难以给孤立的话语划定功能，或在缺少语境条件的情况下设定言语行为的施为用意。只有结合话语出现的交际语境和听话人的回应，才能确定言语行为的特定功能。

对于影响言语行为的语境因素，Archer 等学者（2012）指出，人际因素（如人际关系）和社交因素（如交际者的社会角色、活动类型等）都会影响请求、拒绝、建议等言语行为的选择和变化。另外，性别、阶层、年龄等社会因素也能影响请求等言语行为的实施方式。

Blum-Kulka 等（1985）发现，在以色列，当孩子向大人或有权势的人提出请求时，较少使用直接言语行为。心理语言学的相关实验也证明了社会因素对请求言语行为的重要影响，比如 Hoppe-Graff 等（1985）发现，在一些误解风险小、正式的、程式性的交际场合中说话人更多倾向使用间接言语行为，而在一些非正式的场合，因涉及交际目标、权势等语境因素，人们则会较少使用间接言语行为。

4. 言语行为理论的应用

Austin 和 Searle 对言语行为理论的提出与发展作出了重要贡献。说话就是做事，即以言行事。这是言语行为理论的基本思想。该理论的出现让语言研究从重视句法结构、语义真值等转向了对语言使用的关注，尤其是话语的施事用意、行为意图、交际目的等功能方面，从而突出了用语言做事、如何做事、做事效果等的交际功能。言语行为理论之所以在语言学界产生了巨大影响，存在以下四方面的主要原因（Thomas 1995；冉永平 1998）：

（1）在真值条件语义学研究处于困惑时，Austin 的专著《如何以言行事》具有启发性和引领性。

（2）Austin 的思想清楚易懂，便于人们接受。

（3）虽然 Austin 对自己的言语行为理论进行过修改，但始终保持一条连贯的思想主线。

（4）Austin 提出的很多问题至今仍是语用学研究的重要议题。

除了改变人们有关语言使用的基本认识之外，言语行为理论还具有广泛的应用价值，并影响语篇分析、话语分析、语言教学、翻译研究等方面的理论与实践。

4.1 言语行为理论与话语分析

Austin 和 Searle 等日常语言哲学家关注现实交际中的语言及其使用问题，但他们在阐释言语行为理论时的举例大多是脱离语境的孤立语句，并在缺少前后语境的情况下所实施的言语行为。然而，在交际过程中言语行为的实施和理解必须依赖语境，而且要能与上下文的其他话语或语篇形成话语连贯（discursive coherence）或语篇连贯（textual coherence），否则难以确定话语的施为用意或施事目的。因此，言语行为研究应该结合话语连贯或语篇连贯，考虑语言使用更广的语境范围。

根据 Halliday & Hasan（1976）的连贯理论，语篇或话语中的连贯主要是不同构成单位之间的意义联系关系。该联系关系存在于语句之间以及语句命题内容之间的相互联系，包括命题内容之间在时空关系、因果关系、转折关系、让步关系等方面的逻辑联系，还有主位（theme）和述位（rheme）的推进关系等，这类关系主要是通过语言形式表现出来的（陈海庆、张绍杰 2004）。其实，话语连贯或语篇连贯性在一定程度上也表现为言语行为的前后连接关系（Widdowson 1979），或不同言语行为之间的相互联系。例如：

（38）A: Can I meet you this afternoon?
   B: I have to catch the train to Liverpool.

此例的问与答是一个连贯的语篇。但从表面看，A 和 B 两个语句之间不存在任何语言形式上的衔接手段与连贯关系。实际上，连贯是通过 A 和 B 之间的以言行事用意形成的：A 是请求行为，B 是间接的拒绝行为，两者构成请求—拒绝的相邻对。这说明言语行为理论可为话语连贯或语篇连贯提供功能具有解释力的理论基础（苗兴伟 1999）。

交际中的话语连贯或语篇连贯是一个复杂的语言现象，涉及语言内部和语言外部的多种因素，不仅是语言形式和命题内容的问题，还是一个言外之意的表达和理解问题。因此，连贯问题也应该从不同的理论视角进行探究，包括言语行为理论。例如，陈海庆、张绍杰（2004）从言语行为理论的角度，分别从三个层面上举例分析了语篇连贯现象：（1）言内行为的有形连贯，指通过词汇、语法等衔接手段去实现篇章的连贯；（2）言外行为的隐形连贯，指说话人意图与听话人有效推理之间的连贯；（3）言后行为的无形连贯，指说话人意图和听话人认知与反应之间的连贯。用该理论框架去阐释语篇连贯现象，不但可以解决目前人们对语篇连贯存在的分歧，而且可以从语篇的内外关系、说话人的意图、受话人的认知和反应等方面完整地把握语篇连贯，使其更具解释力和可操作性。在言语行为理论视角下进行语篇分析，有助于我们从以言指事（言内行为）、以言行事（言外行为）、以言成事（言后行为）等层面全面把握语篇连贯。这不同于连贯理论所强调的语言内部结构关系、命题内容关系或语句之间的逻辑关系，为言语行为理论框架下的类似尝试提供了语篇研究的范式。

话语连贯或语篇连贯具有多维性,它既有语义关系层面的连贯,也有所指—行事—成事等语用层面的连贯。因此,我们主张将言语行为理论与话语或语篇研究结合起来,应用到话语或语篇分析中。一方面,这有助于检验言语行为理论的适用性和解释力,拓展其应用范围;另一方面,又可以为话语连贯或语篇连贯的阐释提供更多的理论支撑,丰富话语或语篇分析的研究理论。

4.2　言语行为理论与外语教学

　　传统的英语等外语教学重视传授词语、结构、语法等的相关用法及语言知识,忽略结合特定语境的交际能力培养与运用,尤其忽略运用外语的实践能力,包括语篇组织能力、跨文化交际能力、人际语用能力等。因此,在跨语言或跨文化交际中很容易出现各类语用失误、交际失败等现象,甚至会给信息传递、对外交流、商务谈判、外事沟通等带来交际上的严重后果。然而,如果我们知道如何恰当地使用语言,通过恰当的话语形式或交际策略,就能有效地传递交际意图或施为用意,就能达到所期待的交际效果,即以言成事效果。这就需要我们在外语学习和外语实践中具备言语行为意识,学习一门外语的最终目的在于使用,传递信息或管理信息。这表明,外语语言知识、语言技能等的学习不等于外语的语言能力和交际能力,更不等同于有效的施事能力,因此我们应该重视以言行事能力等语用能力的培养,并明白语用能力不足的缘由。

　　言语行为理论为交际教学法提供了理论基础,言语行为的施为用意或实施意图、言外之力、以言成事或言后效果、直接言语行为、间接言语行为等相关概念为语言教学实践提供了指引。在言语行为理论的指导下,教师不仅要传授语言知识和技能,更重要的是培养学生恰当地使用语言的语用能力。同时,学生还要能够根据交际者的所言或以言指事行为,并结合特定的语境去推断说话人的言外之意;还要学会结合语境,选择恰当的言语行为,才能有效地以言行事等,比如表达礼貌、维护面子、维护人际关系(辛斌 1995;陈成辉、刘绍忠 2002)。

　　请看 Grice(1975)的经典例子:一位学生想申请一份与哲学有关的工作,于是请他的哲学教授写推荐信。该教授的推荐信如下:

(39) Dear sir,

　　Mr. X's command of English is excellent and his attendance at tutorials has been regular.

Yours XX

这封信在表面上看来是对学生的肯定,但却没有提及任何与工作相关的内容,比如学生的做事能力、哲学课程的学习情况、责任心等,表明该教授不愿意给这位学生写推荐信,或认为该学生难以胜任所申请的工作。然而,如果该教授直接拒绝学生的请求,则会威胁到对方的面子,但学生的推荐请求则违背了教授的意愿,在这种两难的情况下于是就写了以上推荐信。此例给我们的教学启示有两个方面:第一,要善于解读交际对方的真实意图,并作出恰当的回应;第二,要学会将自己的言外之意巧妙地隐藏在字里行间,灵活应对难以抉择的情况,以便维护良好的人际关系。因此,在外语课堂教学中,教师应该参照言语行为理论,结合特定的交际语境,围绕施事、做事等具体的言语行为,引导学生进行语言练习,包括口语表达、阅读训练、听力练习、翻译实践等,正确识别言语行为的隐含之意,并鼓励学生根据语境需要,选择恰当的言语行为类型,表达自己的目的、用意、思想、情感等,全面提升交际能力。

4.3 言语行为理论与翻译研究

言语行为理论为翻译研究和翻译实践,甚至为翻译的理论建构提供了语用学的理论基础,也提供了有关语言使用的交际观和功能观。翻译研究包括翻译理论、翻译方法、翻译标准等方面,也涉及与其他学科理论之间的有效融合与利用问题。语用等效翻译观就是结合言语行为理论所出现的一个重要翻译思想。这方面的研究内容主要包括对翻译与言语行为理论的概述性讨论,以及借助言语行为理论框架所进行的翻译文本分析等(吴勇 1998;艾琳 2010;姜海清 2004;司显柱 2005,2007)。

言语行为理论对翻译实践具有指导意义。在某种程度上来说,翻译是一次再创造的过程,译者应以说话人或作者的意图和听话人或读者的预期效果作为翻译的根本依据(姜海清 2004:78),选择恰当的语言形式或言语行为恰当地表达原文的隐含信息,力求体现原文的交际效果。请看下例:

(40)请勿吸烟!
　　　译文:No smoking, please!

上述公示语的英译是不恰当的，因为原文表达的用意是禁止在此公共场所吸烟的祈使语气，而英文中"please"则表示请求而非祈使的语气，译文显然是为了追求语言形式的对等，而忽视了语用功能对等，然而语用功能对等则是翻译实践所追求的重要方面。再如：

(41) Daughter: Mom, I want the flowers.
Mother: Well, your room is full now.
译文一：
女儿：妈妈，我想要这些花儿。
妈妈：哦，你的房间已摆满花了。
译文二：
女儿：妈妈，我想要这些花儿。
妈妈：得了吧，你的房间已摆满花了。（吴勇 1998：76）

结合语境可以推断，上例中母亲说"your room is full now"的真实用意是表示反对，并拒绝女儿的请求。译文一将话语标记语"well"译成"哦"，并没有表达"拒绝"的言外之意，可以表示提醒的用意；译文二把话语标记语"well"译成"得了吧"，表示了拒绝的施为用意，这是一种追求语用等值的翻译效果（吴勇 1998）。

可见，利用言语行为理论指导翻译实践，译者在区分原文的字面意义和说话人或作者的真实意图的基础上，应该尽可能实现译文与原文在以言指事（言内行为）、以言行事（言外行为）和以言成事（言后效果）三个层面的对等，以实现语用等值的最大化。但在实际的翻译实践中，由于文化差异，译者可能无法在语言表达上完全忠实于原文，而选择变通的语言形式，目的是为了有效地以言行事，保留原文的言外之意，将原文中的隐含意义准确地传递给译文读者，使译文产生与原文相同或近似的交际效果。可见，从言语行为理论的角度看，翻译实践不仅应该追求译文的语法正确性、语义信息的准确性，还应更加重视语用上的恰当性或适切性。

5. 言语行为理论的不足

言语行为理论可以解释句法学、真实条件语义学等难以解释的语言现象。这说明言语行为理论的贡献是不可否认的。与很多理论一样，该理论也存在诸多不足,比如忽视语境因素对言语行为的使用以及对施为用意的影响。

在一定程度上,Austin 与 Searle 都坚持言语行为的规约性或常规性,但 Searle 同时强调言语行为的意向性(intentionality)。在 Searle 看来,礼貌是使用间接言语行为(比如"请求")最重要的动因,不过他忽略了影响言语行为的礼貌程度的社会文化特征。对此,Koyama(1997)提出了批评意见,指出言语行为的"说话人"和"听话人"等具有文化特征,来自不同文化背景的说话人和听话人在人际交往和语言使用中会表现出不同的特征。

Rosaldo(1982)认为,言语行为理论忽略了情景和文化因素对语言使用的制约作用。他反对 Searle 将言语行为划分为断言类、指令类、承诺类、表达类、宣告类等范畴,认为这样的分类不是语言使用中跨文化分类(cross-cultural typology)的基础。Wierzbicka(1985)分析了除英语以外的其他语料,认为许诺、命令、警告等言语行为在英语中通过常规方式实施,而在其他某些语言中则具有文化依附性,因而应该强调言语行为的文化特殊性。顾曰国(1994)也认为 Searle 忽视了言语行为不同于一般行为的一个重要特征,即言语行为的社会性。

Levinson(1983/2001)认为,有学者把言语行为理论视为固定或僵化的理论模式,而没有很好地利用该理论有关语言使用的思想认识去拓展有语言使用的相关研究。然而,作为语用学研究的重要课题,针对交际中的语言使用,包括语言行为、交际策略等的选择及其语境限制,有学者进行了新的尝试,提出了新的研究思路。例如,Verschuern(1999/2000)认为,交际中的言语行为就是语言顺应性(adaptability)问题,语言选择也是言语行为的选择,是受语境条件制约的顺应性行为。与其他的语用行为一样,言语行为受制于语境条件,语境包含社会习俗、文化、社会结构、适切条件等,言语行为等选择的语境顺应性涉及物理语境、社交语境和心理语境等三大语境世界。Mey(2001)也指出,有效的言语行为必然是发生于一定的语境条件,因此言语行为研究应该考虑话语发生的各种语境因素(比如说话人的教育背景、年龄、性别、职业等)才能观察交际的动态过程,否则言语行为理论难以阐释言语行为的社会基础。

总之,对言语行为的各种语言表现以及该理论的相关主张还存在争议。甚至还有学者认为,言语行为理论没有存在的必要(Sperber & Wilson 1986/1995),认为它所关注的问题并非属于语用学的研究领域。

6. 言语行为与语言顺应论

6.1 顺应论的基本主张

Verschueren（1999/2000）提出的语言顺应论（Linguistic Adaptation Theory）为诠释语言使用中的结构、话语、言语行为、交际策略等的选择及话语产出提供了重要的理论支撑。在 Verschueren 看来，语言使用是一个不断选择语言的过程，不管这种选择是有意识还是无意识的，也不管它是出于语言内部原因还是语言外部原因。其中，选择自然也包括对言语行为的选择问题。

语言顺应论认为，语言使用就是根据某种语境因素或条件，不断进行语言选择的过程。该过程不仅包括语言符号、言语行为等在内的语言形式选择，还包括策略的选择，可发生在语言的任何层面（如语调、词汇、句式结构等），这是一种有关语言使用的"综观论"。不同于将语用学定位于对某种语言使用现象的研究，Verschueren 主张在语言使用的各个层面研究语言选择和意义产出，因为语言交际是一个十分复杂的过程，受制于认知、社会、文化等多种语境因素的影响，所以他强调综合地研究语言使用、（话语、策略等）语言选择、意义产出等的复杂性。因此，他倡导语用学研究的综观论。

语言使用过程就是不断进行选择的过程，涉及如下方面的主要特征（Verschueren 1999/2000: 56-58）：

第一，选择可能发生在语言结构的任何层面。这包括从语音、语调到词汇、语法结构等的选择，也包括从语码到体裁、话语、篇章等的选择，而且不同层面的选择经常是同时进行的。

第二，选择不仅涉及语言形式方面，还包括交际策略方面。策略的选择也涉及语言或语码、文体方式、称呼语、词汇等语言形式及语言结构方面。这表明两方面的选择是相互联系的。

第三，选择体现交际者的意识（consciousness）。语言选择存在不同程度的顺应意识，有时交际者进行语言形式选择或策略选择时的意识程度会很高。

第四，选择存在于话语生成和话语理解两方面，对交际的推进和意义产生而言，这两方面的选择具有同等重要性。

第五，语言使用者必须进行选择。语言一旦被使用，随即进入选择过程；无论选择能否保证交际成功，都必须做出选择。因此语言使用总是存在风险的。

第六，选择不是平等的。语言使用者通常会选择自认为最合适的或需要的语言对象进行交际，即语言使用具有一定的倾向性，因此语言使用中存在优选结构（preference organization）、优先选择（preferred choice）等。

第七，语言使用者的选择会引发相关因素的变化。也就是说，选择会受到时间、地点、社会、文化等因素的影响与制约。

语言交际中选择的可能及选择的成功源于语言所具有的三大特征：可变性（variability）、商讨性（negotiability）和顺应性。语言的可变性是指语言具有一系列可供选择的可能性，换言之，语言使用的选择是多项的或多样的，且不是固定的或静止不变的。商讨性是指所有的语言选择都不是机械的或严格按照形式—功能的关系进行的，而是在高度灵活的原则和策略的基础上完成的。也就是说，语言使用中的选择不只是正确性问题，还涉及语境下的可接受性问题。顺应性是指能够让语言使用者从可供选择的各种语言项目中进行灵活选择，从而满足交际需要。需要注意的是，顺应性不是单方向的，一方面选择需要顺应已有的语境，即前语境；另一方面，选择还需要顺应已经变化的语境，即现实语境。这说明语言使用是一个不断选择与顺应的动态过程。

在对语言使用进行描述和解释时，我们还应该注意以下四方面的问题（Verschueren 1999/2000: 65-67）：（1）顺应性的语境要素（contextual correlates of adaptability），即语境关系的顺应性。这涉及语言选择的语境构成及其相互关系，选择就是根据一系列的语境要素进行的，包括交际者之间的物理距离对说话声音大小的影响及交际者之间社会关系对语言形式或策略的影响等，它们受制于互动交际中的变化和协商。（2）顺应性的结构（structural object of adaptability），即语言结构的顺应性。交际中的选择涉及语言结构的所有层面，从声音到词语、结构、话语、语篇等，不仅包括结构本身，还涉及不同层面的构成原则等。（3）顺应性的动态特征（dynamics of adaptability），即顺应过程的动态性。交际中的语言选择过程是一个协商过程，包括话语产出和话语理解中的选择与协商。（4）顺应过程的意识凸显（salience of the adaptation processes）。无论话语产出还是话语理解，交际者的任何选择存在不同的意识程度，即元语用意识（metapragmatic awareness）不同，如直接言语行为所表示的显性用意和间接言语行为所隐含的用意就体现交际者不同程度的语用意识。

根据语言顺应论,语境分为语言语境和交际语境。语言语境通常包括上下文关系,多强调语言内部关系,包括衔接(cohesion)关系(如转折、连词、前指、省略、对比、比较、重复、替代等),以及与话语或语篇结构有关的语法关系、语义关系等;语言语境还涉及话语或语篇中的逻辑—语义关系、前后序列关系,包括语对(adjacency pair)、话步(move)等出现的先后顺序。此外,语言语境还涉及语篇的互文性(intertextuality)特征,表示话语或语篇会受主题、文本类型等因素的影响与制约。

交际语境包括语言使用者(如说话人、听话人、第三者、旁观者)、物理世界(如时间、空间等)、心理世界(如交际双方的个性、情感、信仰、欲望、希望、动机、意向等)、社交世界(如交际双方的依存关系、权势、地位、身份等)等非语言因素。其中,说话人、听话人等交际主体是交际语境中的焦点,因为只有交际主体的存在和参与才能激活交际,形成出现思想的交流与互动,从而激活语境关系,进而导致顺应的必要性和可行性。以上交际语境因素会不同程度地影响使用与理解语言时所进行的选择和顺应。交际中的语言顺应包括四个核心概念:结构顺应、语境顺应、动态顺应和顺应过程的意识凸显。它们既是语言选择的过程,又是选择的结果。

6.2 言语行为的顺应性

语言顺应论为阐释言语行为、交际策略等的选择提供了语用学视角下的理论依据。据此,我们认为特定言语行为的使用是交际需要、语言选择、语境因素等之间动态顺应的产物。下面以人际冲突语境下的"反对"(opposing)言语行为为例,分析语言选择的语境顺应性。

反对是指交际双方因立场、视角、利益等不同所引发的对抗性话语或言语行为,表现为交际一方对另一方的异议、不满等(赖小玉 2014)。根据语言顺应论,作为一种语言形式和策略手段的选择,强势反对的使用有其语用理据,具有很强的语境动态性和语境顺应性,它体现了交际主体"以我为主"(self-oriented)的顺应过程。也就是说,不以对方为利益取向或不以维护双方之间的人际关系为目标,从交际者本人的角度或立场站位出发,结果往往是对和谐人际关系的破坏。

心理世界是语言选择的重要语境因素,包括交际双方的情感、愿望、信仰、意图、个性等多方面因素（Verschueren 1999/2000）。言语行为等的选择需要顾及对方的类似因素，否则言语行为传递的施为用意会产生驱使性，进而威胁对方的面子、身份或地位等。当然，从语言顺应论的角度看，说话人选择什么样的言语行为去表达施为用意，并取得何种施为效果，也是一种特定语境下的选择和顺应。作为一种语言选择，并带有驱使性用意的言语行为，反对可以视为说话人进行"以我为主"的心理情感顺应过程及结果。类似行为常见于争吵、争论等冲突语境中，交际一方在向另一方表示异议、反对、不满、恼火、抱怨等情绪时，往往具有施为用意的驱使性和施为效果的负面性。例如：

(42) 何建国：爹，那房过两年盖中不？
父　亲：不中。宅基地已经拿到了，当年不盖人家就会给收回去。以后还能不能给就难说了。
何建国：爹，我们不需要房子，我们不可能回去住。
父　亲：回不回去住是你们的事，盖不盖房是我们的事！你去咱村访访，哪有老家儿不给儿子盖房的！

(《新结婚时代》)

在以上语境中，父亲提出要钱回老家盖房子的要求，但何建国出于经济方面的考虑，以"不可能回去住"为由委婉拒绝了父亲，这却引起后者的强烈不满。在父亲看来，在老家给儿子盖房子是一个传统，而父亲找儿子要钱也是天经地义的事。儿子的拒绝使父亲恼羞成怒，于是直接表达了对儿子的强烈不满。可见，类似语境下的反对或异议是交际者（如父亲）在特定语境下做出的一种选择，是一种语境下的顺应。

身份和面子密切相关。交际者在维护自我身份的同时，也在维护或提升自己的面子，反之亦然。交际者通常希望维护自我身份或正面形象，在争论、冲突等语境中尤其如此。在类似语境条件下交际一方可能会直接反对另一方，或通过损毁对方面子的言语行为来维护自我身份或正面形象。例如：

(43) 李云龙：小田呀，我要批评你了，你的思想不大健康哩，你看你喜欢的东西，又是钢琴，又是什么油画，哪样是劳动人民喜欢的？

田　雨：你少扣帽子，谁规定的劳动人民就不能喜欢钢琴，喜欢油画？这是文化，劳动人民也要掌握文化，谁像你，自己没文化，也不许别人有文化。

(《亮剑》)

在以上语境中，面对对方的批评，另一方表示了强烈反对，并通过反问，意在维护自我身份及正面形象；同时，还批评对方"没文化"，进而凸显自己的正面形象。可见，言语行为的选择是交际语境下的一种顺应性结果。

另外，根据语言顺应论，言语行为等语言选择涉及社会环境、社会规约等社交世界的语境因素的制约，因此交际需要遵循一定的人际修辞原则或准则，如 Leech（1983）所提出的礼貌原则等。Verschueren（1999/2000）指出，交际要受社会与文化的影响，包括社会阶层、机构、权势、地位、社会规约等社会因素。交际主体之间的人际关系顺应是对社交世界顺应的一个主要方面，体现为交际者在进行言语行为、交际策略等选择时需要考虑彼此的权势、距离等因素，由此维持或改变双方之间的人际关系。例如：

(44) 学　生：老师，有个单元的内容没讲呢，我们想看看。
　　　老　师：不用了，自己看。
(45) 李云龙：老师长，您饶了我吧，我干不了这个，还是让我回部队吧。
　　　刘伯承院长：好你个李云龙，胆子不小呀，课堂上捣乱，顶撞教员，聚众起哄，你了不起呀，你还像个军职干部吗？给我站好……
　　　李云龙站得笔直，一声不敢吭。

(《亮剑》)

在例（44）中，学生希望老师继续讲解相关内容，采用了间接方式表达该用意，但老师却直接进行相关回应。这是受交际双方的身份、地位等语境因素影响下的一种选择。然而，在类似例（45）的军事机构特殊语境下，由于交际双方存在明显的身份、地位等差异，尤其是实施行为的特殊要求，上级向下级传递特定行为时的话语会不同于日常交际中的表现，在表面上看似不礼貌或粗俗的，但却是允许的、可接受的（Bousfield 2008）。这也是语言使用和语言理解的一种语境顺应。

总之，根据特定语境，不同言语行为本质上是一种语用顺应现象，是交际者顺应语境因素做出的策略选择。按照语言顺应论，顺应性就是指交际者从可供选择的语言项目中进行语言形式、交际策略等的选择，这也是不同语境中交际者选择言语行为的语用理据。可见，语言顺应论对语言使用具有广泛的解释力。

7. 结语

本讲主要介绍了言语行为理论的哲学起源、基本类型、主要发展及其相关应用等。早期研究的重点是言语行为的共性特征，包括言语行为的分类、以言行事用意施为用意的表达与识别、言语行为的适切性或恰当性等。言语行为理论作为语用学研究的重要议题之一，我们应该把握其本质，从微观与宏观、历时与共时等角度，结合语言使用的特定语境，探究不同言语行为的适切性或恰当性、顺应性，深刻认识语言使用的行事功能或施事功能，改变"语言只是信息传递工具"的片面认识等。

除了关注不同言语行为的选择及其不同语境下的行事功能之外，我们还应该探究言语行为的历时发展与特征，分析某一言语行为在特定社会文化语境下的发展与变化。我们可以对比不同文化或不同区域中的言语行为，分析它们出现的语境条件和交际功能，总结言语行为使用的规律，尤其应结合学术、政治、媒体、职场等各种语境下的会话交际模式和言语行为类型开展研究。言语行为分析还可用于语言障碍病人的研究（Wilcox & Davis 2005）、医疗会话研究（Cummins 2009）等。此外，言语行为还可以作为语言学习与评估的内容和工具，运用于外语或二语的语言教学、语言学习等过程，探究学习者对目标语使用的行事能力（Trosborg 1995），包括行事方式、行事效果等。

近年来，包括言语行为等语言使用在内的区域差异或跨文化差异是差异语用学（variational pragmatics）（Schneider & Barron 2008）研究的重点内容之一，我们应该跟进对言语行为的相关研究。此外，交互文化语用学（intercultural pragmatics）（参阅第十讲）的发展也为多语言与多文化交互语境中的言语行为研究拓展了空间，而其中的言语行为类型、以言行事用意的表现、行事效果等是否同于单语及单文化语境下的言语行为表现，都是值得探究的新课题。

思考题

1. 下列话语的以言指事、以言行事和以言成事分别是什么？

    （1） Receptionist to guest: Tea or coffee?
    （2） Daughter to mother: I want that doll.
    （3） Teacher to student: Time is up.
    （4） Doctor to patient: How can I help?
    （5） Landlord to lodger: I want to show you something (the scratches on the table). Be careful to use the chopping board.

2. 下列话语中哪些是直接言语行为？哪些是间接言语行为？

    （1）请给我一份空白表格，谢谢！
    （2）周末一起去野餐吧！
    （3）A：这件衣服有点小，我想换件大的。
       B：不好意思，特价商品都是断码的，不能退换。
    （4）A：能给我发个视频网址吗？
       B：你直接上 YouTube 看。
    （5）A：最近的热播剧《人民的名义》，我都看完了。你看了没？
       B：呵呵，女人都是比较喜欢追剧的。

3. 根据 Searle 提出的言语行为适切性条件，分析疑问（questioning）和警告（warning）言语行为的实施条件。

4. 分析"拒绝"（refusing）言语行为在汉语文化语境和英国文化语境下的实现方式及其异同。

5. 根据语言顺应论，举例分析不同语境下"批评"（criticizing）言语行为的语境限制及其可接受性。

6. 基于外语学习者语料库，归纳常见的言语行为（如感谢、道歉、请求、不同意、批评、赞扬、抱怨等）的语境特点和实现方式，进而分析它们对英语等外语教学与外语学习的重要启示。

推荐阅读

1. Austin, J. L. 1962/1998. *How to Do Things with Words*. Oxford: Oxford University Press; Beijing: Foreign Language Teaching and Research Press.
2. Huang, Yan. 2007/2009. *Pragmatics*. Oxford: Oxford University Press; Beijing: Foreign Language Teaching and Research Press.
3. Levinson, S. 1983/2001. *Pragmatics*. Cambridge: Cambridge University Press; Beijing: Foreign Language Teaching and Research Press.
4. Searle, J. 1969/2001. *Speech Acts: An Essay in the Philosophy of Language*. Cambridge: Cambridge University Press; Beijing: Foreign Language Teaching and Research Press.
5. Searle, J. 1979/2001. *Expression and Meaning: Studies in the Theory of Speech Acts*. Cambridge: Cambridge University Press; Beijing: Foreign Language Teaching and Research Press.
6. 何自然、冉永平，2009/2013，《新编语用学概论》，北京：北京大学出版社。

第四讲 会话含意的语用学研究

1. 引言

特定语境下的会话含意（conversational implicature）（以下简称"含意"）是说话人所言（what is said）的所意（what is meant）与所隐含（what is implied）。可见，会话含意（即特殊会话含意）是特定语境下说话人通过话语传递的交际用意或交际意图，而不等于所言的字面意义。说话人希望传递的交际用意往往比他用话语表达的字面意义或语义信息要丰富得多，而且隐含的方式也是多种多样的。例如：

(1) Peter: What on earth has happened to the fish?
    Rosa: Well, the cat is looking very happy.
(2) A: There is a football match at midnight.
    B: I'll take the early train home tomorrow morning.

例（1）中，Peter准备做午饭，结果发现从超市买回来的鱼不见了，怎么也没找到，然而Rosa的所言则隐含"鱼很可能被猫吃了"，这就是互动交际中的一种会话含意。例（2）中，在字面上A告诉B今晚有足球赛，但其用意是想邀请对方一起看比赛，或提醒对方午夜有场精彩的足球赛，这是间接的隐含信息；作为听话人，B也明白对方的用意，于是根据对方的隐含信息进行了回应，即拒绝了A的邀请或告诉对方今晚不看球赛了，因为第二天一早要坐火车回家，B回应所表达的交际用意也是一种隐含信息。可见，交际中的含意是一种受制于语境的、说话人的交际用意，它离不开听话人的推导，因此含意是交际中话语在特定语境中所隐含的言下之意或弦外之意，也称"语用含意"。

动态交际中话语之间的信息连贯往往是通过含意或隐含信息实现的，它们的出现涉及说话人的交际意图。类似的现象在言语交际中十分常见，因此会话含意一直是语用学研究的重要议题。本讲从意义出发，首先扼要介绍自然意义与非自然意义之间的区别，然后重点介绍会话含意理论的基本思想,包括 Grice 提出的"合作原则"(Cooperative Principle)及其违反、含意的主要类型、会话含意的特点以及会话含意思想存在的主要问题,最后讨论新格赖斯语用学(Neo-Gricean Pragmatics),包括 Horn 的会话含意原则和 Levinson 的会话含意原则。

2. 自然意义与非自然意义

要正确理解交际中的隐含信息或交际用意,我们需要辨别不同的意义类型。Grice(1957)的意义观最早见于他的《意义》(Meaning)一文,其中他提出了自然意义(natural meaning 或 meaning$_N$)和非自然意义(non-natural meaning 或 meaning$_{NN}$)之分。先看下面的两个例子:

(3) Those red spots mean measles.
(4) Those three rings on the bell mean that the bus is full.

其中例(3)表达的意义就是自然意义,表示麻疹(measles)与红斑(red spots)之间的一种自然关系:前者是后者的诱因,后者是前者的一种自然表象。因此,自然意义就是一种自然的指向关系或自然显示的信息(如事态、关系、现象等),它们与其所传递的意义之间存在自然联系。因此,自然意义表示客观实际,不涉及说话人的交际用意或交际意图。相反,非自然意义与说话人的交际用意或交际意图密切联系。例(4)中,三声铃响和公共汽车坐满乘客之间没有必然的自然联系,它表示与交际者相关的交际用意或含意,是一种非自然意义,涉及特定的交际场合。如果语境条件变了,比如"Those three rings on the bell mean that the bus is NOT full",它的交际意义就不一样。也就是说,非自然意义是通过话语的字面意义,结合特定语境,所表达的一种隐含信息或推导出的交际用意或语用含意。Grice 的意义论主要是针对非自然意义提出的,且以交际中的用意或意图(intention)为核心,说话人意义等同于说话人意图(冉永平 2004)。下面再介绍自然意义和非自然意义之间的差异。

Meaning$_N$ — X means(meant) that P entails P'.
自然意义:X 意指 P 蕴含 P'。
Meaning$_{NN}$ — X means(meant) P, but it doesn't necessarily entails P'.
非自然意义:X 意指 P,但不一定蕴含 P'(而指其他意义)。

下面两个语句都使用了动词"mean"（意指/意味），虽然字面意义相同，但它在两个语境中的交际意义却不一样。

（5）The black clouds mean that rain is coming.
（6）His cough means that he is seriously ill.

例（5）中的"mean"是自然意义，而在例（6）中则是非自然意义。例（5）中，乌云和雨有着直接的自然联系，乌云意味着将会下雨，体现的是一种自然表象；但（6）中的咳嗽则不一定意味着生病，其交际意义依赖于语境和意图，比如，意味着说话人对听话人的某种提示等，听话人需要依据语境条件，才能识别与推导说话人的交际用意或交际意图，否则交际就会失败。Grice 的意义论主要建立在对自然语言中非自然意义的观察与解释基础之上，强调有交际者参与的交际意义。

正是基于自然意义和非自然意义的区别，Grice 提出了会话含意理论。根据 Grice 的意义观和交际观，交际就是识别与推导说话人的交际用意或意图。例如：

（7）A: Smith doesn't seem to have a girlfriend these days.
　　　B: He has been paying a lot of visits to New York lately. (Grice 1975: 32)

对类似例（7）中的意义关系，真值条件语义学难以阐释前后话语之间的相关性，也不能够解释 B 的隐含信息：Smith 的女朋友可能在纽约。然而，正确理解说话人的隐含信息（即含意）却是交际成功的关键。

含意就是听话人根据说话人的话语，结合特定的语境条件，所推导出的一种交际意图或用意。为了说明互动交际中的含意，Grice 提出了制约人类交际行为的"合作原则"及其准则。合作原则的提出旨在补救逻辑语义学或真值条件语义学对自然语言分析的缺陷，阐释在言语交际中为什么说话人所言为 X，意指 P，而隐含 Q 这一非自然意义现象，从而构成了著名的会话含意学说。

3. Grice 合作原则与违反

1967 年，在哈佛大学举行的 William James 系列讲座中，Grice 提出了日常会话应当普遍遵循的基本原则，他将之称为"合作原则"（Grice

1989: 26）。该原则首先出现在《逻辑与会话》（Logic and Conversation）（Grice 1975）一文中，后在《言辞用法研究》（*Studies in the Way of Words*）（Grice 1989）著作中进行了细微修改。根据交际语境、目的或言谈互动的交际方向，说话人提供的信息应该是交际所需的，才能保证交际的顺利进行。这就是交际双方应该遵守的合作原则。Grice 还提出了会话交际呈现的如下三个特征（Grice 1989: 29）：

（1）交际双方具有共同的即时性目标。
（2）交际双方提供的信息是相互吻合、彼此依赖的。
（3）在同等情况下，交际会以双方可接受的、恰当方式进行。

合作原则包括四大准则及其次准则。具体内容如下：

（1）质准则（quality maxim）。所提供的信息应该是真的，或信以为真的。它包括两条次准则：

a. 不要说自认为是虚假的信息。
b. 不要说缺乏足够证据的信息。

（2）量准则（quantity maxim）。所提供的信息应该是交际所需的，且不多也不少。它包括两条次准则：

a. 所提供的信息应是交际所需的。
b. 所提供的信息不应该超过交际所需。

（3）关系准则（relation maxim）。所提供的信息要相关。

（4）方式准则（manner maxim）。所提供的信息要清楚明白。它包括四条次准则：

a. 避免晦涩。
b. 避免歧义。
c. 避免啰嗦。
d. 要有序。

以上四大准则及其次则就是合作原则的基本内容。然而，它们不同于交际中说话人必须遵守的语法规则，在现实交际中人们并非严格遵循上述原则和各条准则，说话人可能会刻意违反某条准则或次准则。为此，Grice 概括了违反合作原则的四类情况：

（1）说话人暗中或悄悄地违反合作原则的某条准则而不被听话人发现，这种情况可能使听话人上当受骗或误以为真。

（2）说话人直接说出不愿意合作或不遵守某条准则。由于说话人明确表达了不合作的意愿，因此不会引起误导。

（3）说话人处于一种矛盾的境况或顾此失彼，比如为了遵守合作原则中的"量准则",则可能会违反"质准则"。

(4)说话人总体上遵守了合作原则,只是有意违反其中的某条或某几条准则。这类违反的目的就是让听话人通过所言或字面意义,推导其隐含信息,即含意。

Grice 的会话含意理论主要涉及含意是如何产生与推导的。在以上第(4)种情况中,说话人认为听话人能够觉察到自己违反了某条准则,不会认为自己在欺骗或误导对方,并继续合作推进交际,为此我们常见互动言谈中表面上不连贯的前后话语,但互动言谈却在进行的情况。这表明语言交际中的"合作"不是表面的,很多情况下都是在隐含层面上进行的。针对以上违背合作原则的四类情况,下面分别举例进行阐释。

(8) A: How long have you been working at the company?
B: Not long ago.
A: Oh, much should be new to you then.
B: Sorry, I have to leave now.

(9) 觉慧:鸣凤。
鸣凤:做什么?
觉慧:你过来,你近来好像害怕我,连话也不肯跟我多说,究竟是为什么?
鸣凤:哪个害怕你?人家一天从早忙到晚,哪儿还有工夫说闲话?
觉慧:我晓得,我晓得你真的害怕我。你说你没有功夫,怎么你又跟倩儿两个在那边玩呢?我还看见你在湖心亭里跟倩儿说话。
鸣凤:你是少爷,我是丫头,我怎么敢跟你多说话?
觉慧:那么从前你为什么又常常同我在一处玩?那时候还不是跟现在一样?
鸣凤:现在不同了,我们都长大了。

(选自《家》)

例(8)中,B 发现陌生人 A 想从自己那里打听所在公司的内部消息,但不愿意提供太多信息。B 已在该公司工作多年,却说自己刚来不久,提问与回答之间在表面上也是相互关联的。此语境下,B 的回应违反了"质准则",是让对方信以为真,进而摆脱纠缠,但这不是该语境下有意让对方推导的语用含意或交际用意。同样,例(9)中鸣凤是觉慧家里的丫头，但对三少爷觉慧萌发了感情，觉慧对此还不知道，由于双方之间的社会地位与身份差异，鸣凤很清楚这种感情不可能发展成为真正的爱情，于是尽量回避觉慧。当觉慧问鸣凤为什么不肯跟自己多说话时，鸣凤借故说太忙，这并非真实原因，因此说话人违反了"质准则"，是让对方信以为真，而不是故意让对方据此推断自己不喜欢他之类的含意。这属于第一类违反合作原则的情况。

第二类违反合作原则的情况是说话人直接表示不愿意合作，或直接表达异议、反对等。例如：

（10）A: Hi, man, have you told those people the way to the canyon?
B: No idea!

（11）将军：吉美，说说看。
吉美：我在北京学会了一句话，事不关己，高高挂起。

（选自《咯纳斯谎言》）

例（10）中，A 直接拒绝了对方的请求，是典型的不合作现象。例（11）中，对方邀请吉美就军人强行退役一事发表意见，或就此事了解大家的态度，但吉美认为自己不再是军人，因此不愿意发表个人意见，于是他通过"事不关己，高高挂起"这句话明确表明了拒绝合作的态度，也是一种直接违反合作原则的现象。另外，汉语交际中"无可奉告"的回应也属于这类不愿合作的情况。

第三类违反合作原则的情况往往是由于某些原因，说话人不得不为了遵守一条准则而违反其他准则。例如：

（12）A: When will Professor White come to visit our university?
B: Sometime next week.

此例中，B 的回答显然违反了"量准则"，因为他没有提供对方所要求的确切时间。B 所处的两难境况在于不知道确切时间，却又不想直接违反"质准则"而说不知道，因此不得不向对方提供模糊的时间信息。这样 B 遵守了质准则，却不得已违反了"量准则"，说话人不是有意违反该准则，因此不同于以下的第四类违反合作原则的现象。

第四类违反合作原则的情况是，说话人总体上是遵守合作原则的，但他只是违反了合作原则中的某条准则或多条准则，而且认为听话人能够结合语境认识到这一点。也就是说，说话人有意不遵守某条准则，让听话人根据他的所言或表面意义，识别其隐含的交际信息或交际用意，即推导字面意义以外的隐含信息，进而实现交际目的。因此，第四种的违反其实不是对合作原则的违反，体现的是交际双方的理性合作。这就是 Grice 所关注的产生"会话含意"的情况。例如：

(13) A: I've just run out of petrol.
　　　B: Oh, there is a garage around the corner.
(14) 张三：觉得小王这次的作品如何？
　　　李四：我觉得小马的很有创意，的确不错。
　　　张三：上次就得奖了。
　　　李四：我说呢，有天分，其他人嘛。

例(13)中，表面上汽车司机 A 向路人 B 传递了一则信息是"我的车没油了"，其隐含目的则是想知道哪里可以加油，B 基于对该用意的理解，为此提供了相关信息，认为附近的汽修厂可以加油，且在营业中。同样，例(14)中李四也是通过违反"关系准则"，间接回答了张三的问题。在表面上，这是对合作原则中对"关系准则"的一种违反，但通过隐含层面的信息传递与理解，双方成功地达到了交际目的，这体现了双方的合作。因此，我们应该从交际的角度看待合作原则的遵守与违反，而不能仅从表面上看交际双方的语言是否是合作的。

下面是违反"量准则"的情况：

(15) 记　者：据报道，菲律宾总统杜特尔特称，四天前他应美国总统特朗普要求，与习近平主席通话，讨论了朝鲜局势。这个电话到底是谁打给谁的？双方讨论了哪些问题？
　　　发言人：关于习近平主席同杜特尔特总统通电话的情况，我们已经发布了消息，相信你已经看到了。通话中，习主席与杜特尔特总统就双边关系、南海问题以及朝鲜半岛核问题等交换了意见。至于杜特尔特总统提到的与特朗普总统的一些交流，这是他跟特朗普总统之间的事情。在朝核问题上，中方的立场是一贯的、明确的。我们坚持推进半岛无核化目标，坚持维护半岛和平稳定，坚持通过对话协商解决有关问题。我们无论是对美方还是对菲方都同样表明了这一立场。至于你提到通话的有关安排，

　　　　　　　　我可以告诉你，通话是按照双方事先达成的一致予以安排的。

以上是 2017 年 5 月 5 日外交部例行记者招待会中的一段对话。我们可以看到，记者的提问包括两个问题，但外交部发言人的回答明确提供了一个问题的信息。关于电话到底是谁打给谁的，发言人的回答"通话是按照双方事先达成的一致予以安排的"显然没有满足记者提问的信息量需求。这违背了合作原则中的"量准则"，但从"至于你提到通话的有关安排，我可以告诉你"来看，发言人依然是合作的，他没有提供具体信息，表达了在此场合不便于提供该信息的隐含意义。

　　以下是违反"质准则"的情况：

（16）A: How is John since he transferred to your company?
　　　 B: Oh, he is a machine.

以上语境中，A 和 B 都知道 John 为人处事不错，做事认真。针对 A 的询问，B 的回答"He is a machine"是一个违反"质准则"的喻式用法，表达了说话人对 John 的褒扬，表示他工作很投入、不知疲倦之类的隐含信息，而非表达字面意义。

　　再看下面违反"方式准则"的情况：

（17）Husband: Let's get the kid something.
　　　 Wife: Okay, but I veto C-H-O-C-O-L-A-T-E.

此例中，当着女儿的面，丈夫建议买点吃的，妻子表示同意，但反对买巧克力，于是使用了女儿听不懂的拉丁词语"veto"（= be against），也逐个读出"chocolate"（巧克力）一词的字母，目的是不让女儿听懂。类似含糊、晦涩难懂的用法所隐含的交际用意，丈夫当然能够理解，而且妻子也认为丈夫能够心领神会。

4. 含意的主要类型

　　含意作为一种意义类型，Grice（1975，1989）把它分为"规约含意"（conventional implicature）和"会话含意"（conversational implicature）两类。根据以上的例释可见，会话含意就是交际中说话人通过话语或所言传递的隐含信息，是一定语境下说话人的交际用意或交际意图。规约含意则是话语中某些词语或结构引发的一种隐含信息，比如英语中的 therefore、thus、because、but、yet、even、always 等以及汉语中的类似词语或短语结构。规约含意的识别或推导不需要结合特定的语境条件，凭借某些词语或结构所表达的逻辑关系或意义关系就能够获取。例如：

（18）He is a kid, thus naughty.

此例中关联词语"thus"表示了一种因果关系的规约含意，且通常情况下都是存在的，该词语的存在就能表达这样的含意。也就是说，规约含意具有不可取消性。类似词语表示的规约含意不需要考虑说话人使用该话语的语境，因此规约含意不是一种语用含意或交际用意，它与说话人是否遵守合作原则无关。

会话含意则不同于规约含意，需要结合语境才能获取或推导。会话含意分为"一般含意"（generalized implicature）和"特殊含意"（particularized implicature）。一般会话含意指说话人在遵守合作原则中的某条准则时，话语通常所具有的某种隐含信息。例如：

（19）Tom was born in London.
（20）张山有一对双胞胎儿子。

例（19）所隐含的一般含意是：说话人相信 Tom 出生在伦敦；同样，例（20）所隐含的一般含意为：说话人相信或有证据表明张山有一对双胞胎儿子。可见，一般含意指在一般情况下某一话语所表达的某种隐含信息，或与话语中某一结构有关的隐含信息。例如：

（21）Mike went into a house.

例（21）中，由于不定冠词"a"的出现，该话语表达的一般含意是：说话人认为 Mike 进去的不是他自己的房子，否则说话人可能会说"Mike went into his house"。

与一般会话含意不同，特殊会话含意指在交际中说话人明显或有意违反合作原则中的某条准则，以让听话人推导其隐含的特定含意，它受制于所在的交际语境。特定含意也因语境变化而不同，但一般会话含意可以不变。例如：

（22）A: What time is it now?

　　　B: Some of the guests are already leaving.

　　　一般含意：Some of the guests are not leaving.

　　　特殊含意：It must be late.

（23）A: Where is John?

　　　B: Some of the guests are already leaving.

　　　一般含意：Some of the guests are not leaving.

　　　特殊含意：Perhaps John has already left.

可见，特殊含意就是根据某个话语所在语境涉及的时间、地点、人物、目的等因素而推导出的一种交际意义或说话人的交际意图，它与合作原则中某条准则的违反有关，如例（22）和例（23）都违反了"关系准则"。

总之，含意可分为"规约含意"和"会话含意"。规约含意不涉及合作原则的遵守或违反，是话语中某些词语或结构引发的一种隐含信息，因此不依赖于特定的语境条件，不是说话人隐含的一种语用含意或交际意图。会话含意包括"一般含意"和"特殊含意"，前者是说话人在遵守合作原则时某个话语所隐含的信息，是听话人根据话语本身或其中的某个结构就能推导的一种隐含信息，也不是说话人隐含的一种语用含意或交际意图；后者则是在特定语境条件下说话人有意违反了合作原则中的某条准则，以让听话人所推导的一种语用含意或交际意图。特殊会话含意的成功理解或推导必须依赖于特定的语境条件，也就是涉及交际双方共知的语境信息，包括背景信息、百科知识、情景信息等，否则容易导致误解或交际失败。

特殊会话含意的产生和推导依赖如下条件：（1）交际双方认为（或假定）彼此是相互合作的；（2）说话人故意违反合作原则中的某条准则，听话人则会根据合作原则推导说话人希望传递的特殊会话含意。这说明为什么从语言表面上看不合作的现象，却在隐含层面上是合作的，且能够实现成功交际。交际中特殊会话含意的成功推导离不开以下几个方面的因素：

（1）语词、结构等的意义或其指称信息。

（2）与话语有关的上下文。

（3）背景信息、百科知识、逻辑知识。

（4）交际双方都需具备上述方面的知识。

5. 会话含意的特点

交际语境中说话人通过话语传递的会话含意不同于该话语的语义信息或语法意义，既不像语义信息那样具有语言结构意义的组合性（compositionality），也不像语法意义那样体现规定性（prescriptiveness）。在 Grice 看来，会话含意作为特定语境下的一种交际意义，具有这样的基本特征：可取消性（cancellability）、不可分离性（non-detachability）、可推导性（calculability）、非规约性（non-conventionality）、不确定性（indeterminacy）（Levinson 1983: 114–118）。下面分别扼要介绍。

可取消性

会话含意的最重要特征就是它的可取消性。说话人通过话语传递的会话含意或交际意图是可以推导的，是一种语用推理。语用推理（即归纳推理）是语用学的一个重要概念，交际中的隐含信息都具有语境条件下的可推导性特征。如果话语所传递的会话含意因为语境的变化而改变，包括含意的消失或否定，就是含意的可取消性。交际中含意被取消的方式是多种多样的。例如：

（24）A: I've just run out of petrol.
　　　B: Oh, there is a garage around the corner, but it is closed today.

在此例中，A 想给车加油，B 的回答 "there is a garage around the corner" 传递了附近的汽修厂可以加油的含意，但说话人自己随后的附加信息 "but it is closed today" 则又取消了该含意，这体现了含意的可取消性。另外，交际中的含意可能被他人或第三者取消，比如例（25）中 B 的隐含信息被第三者取消了。

（25）A: I've just run out of petrol.
　　　B: Oh, there is a garage around the corner.
　　　C: But it is closed today.

不可分离性

会话含意的第二个特点是不可分离性。含意是以整个话语的语义内容为基础，再结合特定的语境条件推导出来的，而不是以话语中的某个语言形式（如词语）为依据直接解码的。因此，在特定语境下说话人通过话语传递的含意无论用什么样的语言形式或同义结构，该含意都是存在的。例（26）中，交际双方都知道 Tom 总是不爱干净，也不爱打扫卫生，因此无论说话人使用以下哪个话语，听话人都知道是正话反说，明白说话人传递的相同含意，即 Tom 不爱干净；例（27）中，不论是使用"几乎""差不多"，还是"眼看"，说话人隐含的会话含意（即"他没有赢得这场比赛"）始终是存在的。

（26）a. Tom's room is kept clean and tidy.
　　　b. Tom makes his room very clean.
　　　c. There is no dust in Tom's room.
（27）a. 他几乎就赢得了这场比赛。
　　　b. 他差不多就赢得了这场比赛。
　　　c. 他眼看就赢得了这场比赛。

可推导性

会话含意的第三个特点是可推导性，指听话人根据话语的字面意义，结合合作原则及其准则，并参照特定的语境条件，就可以推导出说话人所言的会话含意。本讲前面所给的例句都表明了会话含意的可推导性这一特征。

非规约性

会话含意的第四个特点是非规约性。会话含意不是话语的语言形式所表达的规约意义（conventional meaning）或字面意义（literal meaning），而是话语在特定语境条件下的一种交际意义，且随语境的变化而变化，它不随所在话语内容的命题真假而不同。在特定语境中，为了推导出会话含意，我们需要知道句子的字面意义，但它不是字面意义的一部分。

不确定性

不确定性是会话含意的另一个特点。话语的字面意义是恒定的，但会话含意则随语境的变化而不同，在同一条件下也可能因人而异，这体现了会话含意的不确定性。例如：

（28）It's hot here.
（29）天晴了。

例（28）中，在相同的语境条件下，相同的话语对不同的说话人而言，其表达的含意可能是不同的,比如:"这里太热,换个地方讨论";"这里太热,我想回兰州";"这里太热,怎么不开空调呢!";"这里太热,该穿短袖了";等等。同样,例(29)中的话语在不同语境中可能隐含不同的交际信息,比如:"天晴了,应该出去走走了";"天晴了,应该晒晒被子了";"天晴了,气温马上就会升高了";等等。类似现象说明含意的不确定性特点。

6. 会话含意理论的主要评述

6.1 会话含意理论的主要贡献

会话含意理论关注到了交际中字面信息以外的隐含信息,以及交际信息理解的非解码过程,这开启了交际信息理解的语用推理研究,为此会话含意理论被称为交际的"推理模式"(inferential model)(Sperber & Wilson 1986, 1995),也是一种推理语用论(inferential pragmatics)。会话含意的推导模式可以取代传统的语码交际模式。

在 Grice 看来,语义学研究字面意义,即真值条件意义,而语用学主要研究各种隐含信息,即含意,因为交际信息往往是超越字面意义以外的非所言信息,因此交际信息的理解需要结合特定的语境条件进行语用推理。为此,会话含意理论不同于有关交际的语码论(code model)。根据会话含意理论,语言交际不是一个编码和解码的过程,说话人所传递的交际信息不是话语的字面意义,往往需要听话人结合语境进行语用推理。针对语义学的意义观,会话含意理论是对互动交际中说话人所言与所隐含信息之间关系的一种新解,关注听话人如何理解说话人表达的含意,这推动了推理语用学的发展。

Grice 的贡献不是提出了言语交际应该遵守合作原则的各条准则,或特殊话语一定要遵守这些准则,而在于发现言语交际受制于一定的准则,这有助于解释话语表面上不合乎逻辑或不连贯的语言现象,尤其有助于解释话语所传递的言外之意。所以,Grice 的会话含意理论是对言语行为理论的发展,它为以言行事行为及其用意的阐释提供了理论依据。更重要的是,会话含意理论的提出完成了从意义到含意之间的过渡,是语用学研究的一个重大突破(Leech 1983)。

6.2 会话含意理论的相关争议

与任何理论一样，会话含意理论也存在缺陷与不足，为此出现了一些质疑和批评。下面主要介绍两方面的相关争议。

（1）对"合作"的质疑

对于"合作"这一概念，多年来的争辩主要集中在 Grice 的合作原则中的"合作"到底是指"社交合作"（social cooperation）还是"语言合作"（linguistic cooperation）。将合作原则视为语言合作的观点认为，交际的目的是信息传递。Thomas（1995）用"语言目的共享"来表达这一观点。事实上，在 Grice 看来，交际中说话人通过话语建构一定的交际意图或用意，并使听话人明白其通过话语所隐含的该信息，从而传递隐含信息和推导该隐含信息，这是合作所指的共同目的。因此，从这个意义上讲，合作原则所指的"合作"是一种社交合作或交际合作，而不是表面上的语言合作，不然很难阐释交际中话语之间的表面不连贯，但说话人和听话人之间却能够相互理解，并顺利推进交际的语言现象。

Grice 关于合作原则的论述存在一定矛盾，比如基于合作原则的交际模式将礼貌语言理解为建构和维护交际双方的面子而进行的相互合作，但同时又认识到礼貌语言似乎又违背了合作原则的某些准则（Watts 2003）。也有一些学者认为，Grice 使用"合作"这一术语过于友善（Cameron 1985; Tannen 1986），认为合作原则不适合用于阐释交际中的所有话语，因为并非所有话语都是合作的，比如冲突语境下交际双方的话语就不是合作的，针对类似问题的解决办法是将"合作"这一概念进行扩展——既可以指语言合作，也可以指社交合作。因此，目的包括语言目的和语言之外的目的。比如：

（30）A：柜子的密码是多少？

B：我不会告诉你的，我没这个权力，你要问主任。

如果仅从是否遵守合作原则的准则而言，说话人 B 显然违反了"量准则"。但是，尽管违反了该准则，B 的话语依然是针对当前话语的回应，即：因自身的权力所限，不能向对方提供所需要的特定信息；同时，也给出了理由。因此，我们不应该把这种情况看成是合作原则的例外，而应该把此种情形置于更广的交际语境之中。回应了但不能提供对方所要求的特定信息，在某种程度上仍然是遵守了合作原则，说话人能够意识到交际者之间在提供信息时的某些限制，因此无法提供对方所需要的特定信息，仍是遵守该会话原则的一种表现。可见，对语言交际中的合作原则存在不同的认识。当交际双方具有共同的语言之外的交际目的时，该目的决定了所需合作的社交本质；当不存在语言之外的目的时，可用语言合作去理解含意。

（2）对"合作原则"的质疑

基于合作原则及其准则的会话含意理论是一个相对完整的理论体系，但它和任何理论一样，都存在不完备性，因而围绕该理论的有效性出现了一些争议甚至批评，其中合作原则的普遍性、解释的充分性、文化特征及其应用性等都曾受到过质疑。自 Grice 提出会话含意理论以来，不断有学者指出了合作原则的准则问题。比如有观点认为，Grice 没能解释为什么合作原则只包括"质准则""量准则""关联准则""方式准则"四大准则，而不涉及其他方面，比如审美、社会、道德等方面的准则限制。同时，合作原则中各条准则的性质也不一样，在 Grice 看来，"质准则"是最重要的一条准则，尤其其中的次准则明确了"说话人应该提供自认为是真的信息"，即不要说自认为是虚假的信息。因此"质准则"是对与错的二元选择问题，其他三条准则主要是程度问题，存在多种可能性，而 Grice 没有阐释类似差异。另外，有人认为合作原则中各条准则的运作过于松散，各条准则不够独立，准则之间存在重叠现象等。此外，该理论也难以说明语义学和语用学之间的交叉意义（冉永平 2004）。

有关"合作原则"，Grice（1975）本人也指出其中"关系准则"存在的不足或缺陷，认为关系就是一种关联（relevance），交际中存在不同类型的关联和关联焦点，它们如何影响言谈交际中说话人所进行的话语选择，值得深入探究。此外，就交际中的合作来说，除了四条准则的制约之外，合作还会受制于交际者之间的礼貌因素。交际者之间表现的礼貌程度是一个影响相互之间是否合作、如何合作等的重要因素，这已经成为一种共识（Archer et al. 2012; Leech 1983）。例如：

（31）A: How are you?
B: Fine.

此例中，B 的回答遵守了合作原则中的"方式准则"。然而，面对 A 的问候，如果 B 回答之后没有向对方表示问候就随即离开了，则是不礼貌，甚至很粗鲁的表现。为此，Leech 认为，在一定语境下合作原则的违反是因为礼貌，而不只是为了产生会话含意。针对 Grice 理论的主要缺陷，一些学者则致力于改进合作原则或提高对会话含意理论的解释力，比如 Leech（1983）提出了"礼貌原则"（Politeness Principle）及其六条次则（参见第五讲），意在阐释违反合作原则的人际语用理据。再如，交际中的间接言语行为也涉及施为用意（一种隐含信息）的识别与理解，说话人选择类似行为也会受制于人际礼貌关系，比如在晚会现场客人说"It's hot in here"或"Do you think it's hot in here?"来暗示主人打开窗户或开冷气，旨在减少话语的驱使性。可见，对交际中类似隐含信息的阐释还需在会话含意理论之外寻求恰当的理论阐释，进而推进交际理论的发展。因此，从人际语用学的角度来说，Grice 提出的会话含意理论没有解释为什么要违反合作原则，也没有从会话含意的产生之外去解释违反合作原则的原因。此外，Brown & Levinson（1978/1987）也从"面子"等角度探讨了语言使用中的非语言信息功能，从不同方面进一步推进了有关语言使用与制约的语用研究，这也是对合作原则及会话含意理论的拓展性研究。

7. 新格赖斯语用学思想

新格赖斯语用学主要是针对 Grice 提出的合作原则及其准则所存在的不足以及会话含意理论的缺陷所提出的有影响力的学说（姜望琪 2016；徐盛桓 1993），包括 Horn（1984）和 Levinson（1995，2000）简约化的会话含意原则等，也包括 Sperber & Wilson（1986/1995）所提出的关联理论（也称"后格赖斯语用学"的典型代表）。这些思想的基本主张不尽相同，但都是对 Grice 的合作原则及其会话含意理论的修正和发展，都希望阐释与建构有关交际信息的语用推导模式，找出交际中的隐含信息。

7.1 Horn 会话含意两原则

在 Grice 的"量准则"基础上，Horn 提出了"霍恩级差规则"，用来表示同类词语的不同语义强度和信息量。基于该级差规则，Horn（1984，2001，2004）依据 Zipf 的"最省力原则"，将 Grice 的会话准则简化为一个两分模型。Zipf（1949：20）认为，语言领域有两股互相矛盾的力量:"单一化力量"(the force of unification),或称"说话人经济原则"(speaker's economy);"多样化力量"(the force of diversification),或称"听话人经济原则"(auditor's economy)。前者以简化为目标,如果不加限制,可能最终导致说话人只用一个声音来表达一切意义;后者以反歧义为目标,要求每一种意义只能有一种表达方式。

在 Horn 看来,Grice 的会话准则以及根据它们推导出来的会话含意主要来自以上两种力量之间的辩证互动(Horn 1984: 11–12)。他建议将 Grice 的会话原则简化为两条原则:一条是"量原则"(Q-principle),另一条是"关系原则"(R-principle)。它们是两条功能对立的语用原则,前者基于 Zipf 的"听话人经济原则",以关联原则为条件,尽量多说;后者基于"说话人经济原则",以"量原则"为条件,尽量少说。这两条原则的具体内容如下:

量原则(基于听话人)。说话人提供充分的话语信息,尽可能多说,能说多少就说多少(以符合"关系原则"为条件)。

关系原则(基于说话人)。说话人提供必要的信息,能不说的就尽量不说,不要说多于需要的信息,只说必须说的(以符合"量原则"为条件)。

就信息结构而言,"量原则"体现的是听话人倾向,希望说话人提供足够的信息,能说多少就尽量说多少;说话人提供的信息到了极限,便于听话人推导出上限的隐含意义;"关系原则"体现的是说话人倾向,说话人只提供必要的信息,能不说的就尽量不说,使用最为经济的话语,便于听话人推导出下限的隐含意义。

根据 Horn 的"量原则",听话人可以推导出话语的等级含意(scalar implicature)。例如:

(32) He found two of his books stored in the library.
(33) Some of his students went to London.

以上话语(32)隐含了"He has published not only one book"(他不只是出版了一本书)的一般含意,因为根据 Horn(1972)的数量级差规则,在这样的序列(n ... 5, 4, 3, 2, 1)中信息量强的结构隐含信息量弱的语义,比如 5 隐含不小于 4,4 则隐含不小于 3,以此类推。同样,话语(33)则表达了"Not all of his students went to London"(并非他所有的学生都去了伦敦)的一般含意。再如:

(34) Mike was so strategic to win the game.

根据 Horn 的"关系原则",以上话语可以隐含"Mike won the game"的含意,尽管该含意没有直接表现出来。说话人没有提供多于需求的话语信息,因为这样做是经济的、省事的。Horn 用"量原则"(Q-原则)取代了 Grice 的"量准则"的第一条次则(所提供的信息应是交际所需的,即提供足够的信息)和"方式准则"(所提供的信息要清楚明白,避免含混不清、晦涩难懂),此原则使信息量最大化。"关系原则"(R-原则)取代了 Grice 的"关系准则"(所提供的信息要相关)、"量准则"的第二条次则(所提供的信息不应该超过交际所需)和"方式准则"中的次则(避免啰嗦),此原则使语言形式最少化。

以上的推导关系可以看出,Horn 的"量原则"综合了 Grice 的"量准则"第一条次则、"方式准则"的第一条和第二条次则,是一种上限推导原则。比如,如果说了 P,其含意为"最多是 P"。Horn 的"关系原则"综合了 Grice 的"量准则"的第二条次则,以及"关系准则"和"方式准则"的第三条次则,是下限推导原则。比如,如果说了 P,其含意则是大于 P(Horn 1984;牛保义 2002)。

然而,Horn 提出的这两条原则过于宽泛,未能对"量原则"和"关系原则"进行详细描述,也没有提出更加清晰的会话含意推导机制。Horn 的以上两条原则和 Grice 的"合作原则"及其准则一样,过于原则化,缺乏推导会话含意的中介(Levinson 1983)。

7.2 Levinson 会话含意三原则

像 Horn 一样,Levinson(1987)也主张减少 Grice 的准则,他的第一步就是进一步细化 Grice 对所言(what is said)和所达(what is conveyed)的区分,确定三个意义层面:(1)蕴涵义(entailment),即一种涉及真值关系或由真值关系产出的意义;(2)话语类型义(utterance-type meaning),即一种不依赖语境线索所推导的默认意义;(3)话语语境义(utterance-token meaning),即一种语境介入所产生的意义。

Levinson(1987)认为,Horn 混淆了会话含意的推导与话语的信息内容和表达形式,没有区分意义最小化(相对于语义的特定表达,人们倾向于使用语义的泛化表达)和形式最小化(相对于长的表达,人们倾向于使用短的表达),从而导致了"量原则"和"关系原则"的不一致——前者要求尽量多说；后者要求只说必要的，能不说的就不说。基于对 Horn 的分析，Levinson（1987）提出了会话含意的三原则：量原则、信息原则（I-principle）和方式原则（M-principle）。该三原则保留了 Grice 的"量准则"的第一条次则，称为"量原则"，而把 Grice 的"量准则"的第二条次则称为"信息原则"，"方式原则"基本保留了 Grice 的"方式准则"。每一条原则都涉及说话人和听话人的两方面，为此该三原则都分出了"说话人准则"（speaker's maxim）和"听话人推论"（recipient's corollary）或听话人准则两部分。Levinson 主张把制约话语表层形式的语用原则和制约信息内容的语用原则进行分开，"量原则"和"信息原则"建立在语义概念基础之上，制约话语的语义信息或信息量，"方式原则"制约话语的表层形式，而有的信息则是结合"量原则"和"方式原则"的推论结果。具体内容如下（Archer, et al. 2012; Levinson 2000; Huang 2004, 2007）：

（1）量原则

说话人准则：所说的信息不要少于所需的，即说话人提供的内容在信息上不要弱于自己所知道的，除非提供的内容与信息原则发生抵触，因此要铭记"信息原则"。

听话人准则：相信说话人提供的是已知的最强信息。

基于以上的"量原则"，我们可以推导三种量含意：等级含意（scalar implicature）、小句含意（clausal implicature）和另选含意（alternate implicature）。以下例句可分别表示这样的含意：

（35）〈经常，有时〉
李四有时会去图书馆上晚自习。
等级含意：李四并非经常去图书馆上晚自习。

（36）如果李四想要促进销量，应该降价。
小句隐含：李四可能想要促进销量，或李四可能不想要促进销量；可能李四应该降价；可能李四不应该降价。

（37）〈结婚，订婚〉
李四订婚了。
另选含意：李四还没结婚。

（38）〈狗，猫，牛，羊〉
李四有一条狗。

另选含意：李四没有猫、牛、羊。

（2）信息原则

说话人准则：不要说多于所需的信息，即说话人尽量少说，倾向于最小化，只提供最小量的话语信息，只要能够达到交际目的就行了，因此要铭记"量原则"。

听话人准则：听话人需要扩展说话人的话语信息，直到认为是说话人的隐含信息为止，即听话人的理解力求将说话人的话语信息进行最大化的扩展。

（39）Mary pressed the button and the computer turned on.

　　含意一：Mary pressed the button and then the computer turned on.

　　含意二：Mary pressed the button and thereby the computer turned on.

（40）李四做饭时不小心切到了手指。

　　含意：李四做饭时不小心切到了自己的手指，不是别人的。

（3）方式原则

说话人准则：不要无缘无故地使用异常（如冗长的、晦涩的或带有标记的）表达式。

听话人准则：说话人使用的异常表达式具有不寻常的含意。

（41）a. Mary opened the door.

　　　b. Mary caused the door to open.

（42）a. Mary went from the bathroom to the bedroom.

　　　b. Mary ceased to be in the bathroom and came to be in the bedroom.

例（41a）和（42a）都表示 Mary 把门打开了，前者表示通常的开门方式，后者是带有标记的表达式，隐含了非一般的开门方式。同样，例（42a）和（42b）都表示 Mary 进入了卧室，前者是通常情况，而后者则隐含了非一般的情况。

"量原则"和"信息原则"参照下的含意推导是不同的，前者通常依靠较弱的信息来否定较强的信息，具有否定性推导的特征；后者要求听话人从较弱信息的表达式中推导出较强信息的会话含意，具有常规性推导的特征。另外，当上述三原则出现冲突时，Levinson（2000）对它们进行了排序："量原则"先于"方式原则"，而"方式原则"先于"信息原则"。例如：

（43）Mary caused the car to stop.

根据"信息原则"，（43）可以是表达意义"Mary stopped the car"的一种方式，但根据"方式原则"，它却隐含了这样的含意"Mary stopped the car in an unusual way"，因为该话语不是最简单的或最少量的表达方式。

Levinson 会话含意三原则中的"量原则"和"信息原则"是根据 Grice 的"量准则"的两个次则演化而来（Levinson 1987: 400-401），"方式原则"和 Grice 的"方式准则"基本一样。Levinson 的三原则和 Grice 的四准则之间存在不同之处（牛保义 2002）。比如，Grice 的会话含意四准则主要研究交际中话语的特殊含意，以违反四条准则中的一条或多条准则，再结合特定语境，推导出话语的特殊含意，主要不是为了探究话语的一般含意。然而，Levinson 的会话含意三原则更注重一般含意的推导，当然也涉及一定的特殊含意。总之，Levinson 的会话含意三原则是在 Grice 合作原则的基础上所做的进一步阐释，提出了得出会话含意的推导原则，推动了会话含意、意义推导等方面研究的发展，因此在语言学领域产生了重要影响。

7.3 关联理论

关联理论（Relevance Theory）是法国学者 Dan Sperber 和英国学者 Deirdre Wilson 联合提出的一种明示—推理交际观（ostensive-inferential communication），主要思想集中体现于《关联性：交际与认知》(*Relevance: Communication and Cognition*)（Sperber & Wilson 1986/1995）专著中。关联理论也是在批评 Grice 会话含意理论存在的不足与缺陷的基础上，提出了有关人类交际与话语理解的一种认知语用学理论。它不同于 Horn、Levinson 等仅对 Grice 的含意理论进行了局部修正的新格赖斯会话含意理论，而是一套涉及交际观、语境观、信息意图、交际意图、关联原则、语境效果等内容的系统性理论（何自然、冉永平 2009，2013）。在过去三十多年中，关联理论对语用学等语言学研究产生了重要影响。

（1）明示—推理交际观

人类交际至少包含两种模式：语码模式（code model）和推理模式（inferential model）。从 Aristotle 的修辞学到现代符号学，交际理论主要是基于语码模式的语言使用观与理解观。根据语码模式，交际就是说话人将信息进行编码（encoding），并进行传播，而听话人则对说话人的编码信息进行解码（decoding）。只要编码信息和解码信息一致，就能实现成功交际。虽然语码模式能够部分解释语言交际的过程，但这样的交际观存在诸多缺陷。比如，语言交际中的信息理解不只是语言形式（如词语、结构、语句等符号）的解码，不是寻求字面意义的简单过程，往往需要理解字面意义以外的隐含信息（如含意或交际意图）。这说明人类交际不是一个编码和解码的信息传递与理解过程。

Grice 的会话含意理论就是一种有关交际信息的推理模式。交际是说话人提供有关交际意图或交际意义的证据，听话人根据类似证据，推理出交际意义的过程。说话人总是期待听话人根据自己的话语来推理自己的交际意图或交际意义。所以，交际的成功不取决于听话人是否正确地识别了话语的语言意义，而是取决于听话人能否根据说话人所言，正确地推导出说话人的交际意义或以上所讨论的会话含意。尽管推理模式存在技术上的问题，但它确实为人类交际提供了可行的解释路径，为推理性交际的研究指明了方向。根据推理模式，交际是通过听话人识别说话人的交际意图而实现。那么，如何识别他人的交际意图？通过观察他人的行为，运用一般性知识，可以推导他人的交际意图或愿望，也就是识别说话人的真实意图。作为参照，Grice 的"合作原则"及其准则可以帮助听话人推导说话人的特殊会话含意。然而，Grice 的会话含意存在诸多问题：合作的原则和准则之间的理据是什么？是否只有四大准则及其次则而没有其他限定？在什么标准下单个准则需要得到满足？准则的数目是否可以增减？这些准则又将如何应用于推导？类似问题一直悬而未决。

根据关联理论的交际观，人类交际（语言的或非语言的）是一种认知活动，但该理论并没有完全抛弃交际的语码模式，编码与解码仅是交际中信息理解与推理的基础。根据语码模式，交际双方只是对信息进行简单的编码、接收与解码，而推理模式则强调信息接收者对交际信息的推理，因此语码服务于推理。正当语码模式和 Grice 会话含意理论面临一系列问题时，Sperber & Wilson（1986/1995）用"关联原则"代替"合作原则"的交际观。要实现编码—解码的交际成功，说话人和听话人之间需要根据内容的变化来实现完全的"互知"(mutual knowledge),包括互知一切语境信息,然而在实际交际中要做到交际者之间的完全互知是根本不可能的。因此,Sperber & Wilson 认为互知不合常理,不能反映语言交际时的认知状态,于是他们用"互明"(mutual manifestness)替代"互知"。互明就是双方共知的一系列事实或信息,或是双方对共知内容的表现。认知环境就是人们所知道的一系列事实或信息所构成的集合,对认知环境的互明是影响交际成功的主要因素。

根据关联理论,交际是涉及信息意图(informative intention)和交际意图(communicative intention)的一个明示—推理过程(ostensive-inferential process)。明示与推理是交际过程中的两个方面,从说话人的角度来说,交际是一种明示过程,通过话语或其他手段,把信息意图明白地展现出来,即通过话语向听话人传递信息意图;从听话人的角度来说,交际又是一个涉及推理的理解过程,就是根据说话人的明示行为(如话语使用等)所提供的线索获知信息意图,再结合语境,推导出说话人的交际意图。因此,明示—推理的交际过程涉及明示过程和推理过程。其中,明示着眼于说话人视角,推理侧重于听话人视角。例如:

(44) Husband: I'm free today.
Wife: Then go to buy some milk for the kids.
Husband: Anything else?
Wife: Oh, some wine again.

此例中丈夫平时工作很忙,希望能有时间帮家人做点家务或陪同家人,终于有了一天的空闲时间,于是丈夫告诉妻子他今天休假不用上班,这是一种明示行为,即通过话语明示对方某一信息,这就是说话人的信息意图。但是,这并不是说话人的真正意图或目的,他是想告诉妻子,自己今天休假有时间为家里做点什么,于是妻子根据丈夫提供的明示信息,推导出了对方所隐含的交际意图,便让丈夫去给孩子买牛奶。可见,交际是一个涉及信息意图和交际意图的明示—推理过程。

(2) 认知语境观、语境效果

作为一个系统化的理论建构,Sperber & Wilson 提出了服务于关联理论思想的语境观。对于什么是语境,存在很多界定与类分,其中,有静态语境和动态语境、语言语境和非语言语境、外在语境和内在语境、言辞语境和言辞外语境等之分（西槇光正 1992），也有物理语境、社会语境、认知语境等之说（Verschueren 1999/2000）。同时，心理语言学、社会学语言学、功能语言学、认知语言学、语义学、语句学等不同的语言学分支学科也都存在不同的语境思想。在关联理论中，语境是一个动态变化的常量，不限于客观环境等非语言语境以及话语本身等语言语境，不是交际双方事先知道的固定因素。语境是一个心理结构体（psychological construct）(Sperber & Wilson 1986, 1995: 15)，是一系列存在于人们大脑中的假设，所以语境也被称为"认知语境"（cognitive environment），其中的假设被称为"认知语境假设"（contextual assumption）。交际过程就是一种认知语境假设参与的动态过程，涉及对认知语境假设的形成或证实。因此，对话语理解起主要作用的就是构成听话人认知语境的一系列假设，而不是具体的情景因素。

交际者之间存在一系列差异，如认知能力差异、互知信息差异、理解差异等，它们构成了交际者的认知环境。交际中说话人通过明示行为（如使用话语、打手势等）的目的在于改变或影响听话人的认知环境，听话人则根据说话人所提供的话语等，进行最佳关联信息的推导，进而正确理解话语所传递的交际意图。比如，如果张三认为李四应该知道某一特定信息，或认为李四能够推导出所指的特定信息（即说话人认为听话人能够根据明示信息寻找到最佳关联），他就可能使用例（45）这样的指示语，否则便可能使用所指信息更为明示的例（46）。

（45）张三：怎么样了？
　　　李四：差不多了。
（46）张三：托人买书那件事情怎么样了？
　　　李四：差不多了。

根据关联理论，信息理解是这样一个过程：以最少的努力去追求最佳的语境效果，即认知效果。因此，一旦说话人认为听话人知道或应该能够根据所提供的明示线索进行正确推导，就会选择最省力的明示行为（如话语等）。同样，听话人只要能够根据说话人的明示行为，从最省力的角度寻找到所期待的最佳关联信息，便达到了理解效果，或者说，理解过程便随之完成。

认知语境是在话语理解过程中不断选择的结果，也就是说，话语理解涉及听话人对语境假设的不断选择与调整。例如：

（47）张三：怎么样了？
　　　李四：什么怎么样了？
　　　张三：托人买书那件事。
　　　李四：噢，差不多搞定了。

此例中张三根据自己的认知语境假设生成话语，认为李四知道或应该能够解读该假设的所涉信息，然而李四的回应"什么怎么样了？"（即一种新信息）表明他不知道对方所指的具体信息，这与张三原有的认知语境假设（"李四知道托人买书那件事"）之间出现了矛盾或不一致，这是关联理论所涉及的一种语境效果（contextual effect）。于是，张三放弃了原有假设，明确地告诉对方所涉的具体信息，李四才做出了符合对方期待的关联性回应。可见说话人的明示行为能够帮助听话人寻找话语理解的关联性。上例（45）中，李四的回应（即一种新信息）直接证实或加强了张三原有的认知语境假设（"李四知道托人买书那件事"），这是关联理论所涉及的另一种语境效果。再如：

（48）张三：怎么样了？
　　　李四：哎，别说了。

此例中张三原以为所涉事情有一定进展了，而李四的关联性回应（即一种新信息）则传递了新的含意，如"那件事情不好办"等，这也是关联理论所涉及的一种语境效果。

以上三种结果就是关联理论所提出的"语境效果"，也称为"认知效果"，归纳如下（何自然、冉永平 2009/2013；冉永平 2000）：
（1）在一定语境条件下，新信息与原有的语境假设相互作用，产生语境含意。
（2）在一定语境条件下，新信息加强或证实了原有的语境假设。
（3）在一定语境条件下，新信息与原有的语境假设相互矛盾或抵触。
只要某一话语或其所指新信息在一定条件下取得了任何一种语境效果，它就具有关联性。语境效果越大，关联性就越强。只要话语产生了语境效果，那么它就具有关联性。因此，认知语境与话语的关联性是密不可分的。

（3）关联性、最大关联、最佳关联
根据关联理论，交际是以关联为取向（即寻找关联信息）的过程。交际中说话人的明示行为（如话语生成），必须引起听话人的注意，让听话人明白说话人的信息意图，最终让听话人清楚所期待的交际意图。在此过程中，听话人应该认为引起自己注意的说话人的明示行为是具有关联性的。这是一种"关联假设"（presumption of relevance）。

交际就是希望说话人的话语与听话人的认知语境之间实现最佳关联。因此，Sperber & Wilson（1986）早期提出了（最佳）关联原则：任何的明示交际行为都应该设想它具有最佳关联性。后来，他们将关联原则修改为关联的"交际原则"（communicative principle of relevance）——称为"第二原则"，并增加了关联的"认知原则"（cognitive principle of relevance）——称为"第一原则"（Sperber & Wilson 1995: 260）。这表明了最大关联与最佳关联的差别。

认知原则，即最大关联原则：人类认知倾向于同最大关联相吻合。

交际原则，即最佳关联原则：任何的明示交际行为都应设想它具有最佳关联性。

第一原则是交际原则的基础，与认知有关，它可以预测人们的认知行为，足以对交际产生导向作用；第二原则与交际有关，是交际的关联原则。

关联或关联性取决于语境效果和处理语境假设所付出的努力，是一个程度问题。语境效果就是一定假设所产生的认知效果，对某一话语的理解涉及最大限度地扩大它的语境效果，推导所产生的最佳关联性意义，但同时需要最大限度地减少认知方面所需付出的努力。要实现成功交际，需实现说话人所产出的话语信息与听话人的认知效果之间的最佳关联。最大关联就是听话人话语理解时付出尽可能小的努力，获得最大的语境效果；而最佳关联就是话语理解时付出有效的推理努力之后，获得足够的语境效果。对任何新信息的处理都需听话人付出一定的认知努力，包括注意力、记忆搜索、推理等，才能获取话语的语境效果或认知效果。努力程度与交际信息的关联性程度呈反比。总之，关联性是所取得的语境效果与听话人信息处理所付出的努力程度之间的一种关系。在同等条件下所付出的努力越少，语境效果越大，关联性就越强；反之，在同等条件下所付出的努力越多，语境效果越差，关联性就越弱。即：关联性与认知付出呈反比关系，与认知效果或语境效果呈正比关系。

最佳关联是人类认知的关键。人们总会选择性地注意某些交际现象或其中的某些信息，而且也会以某种方式对它们进行表征，并在一定语境条件下对它们进行信息处理与理解。Sperber & Wilson

（1986/1995）认为，说话人总是倾向于生成最具关联性的话语，听话人也会倾向于注意那些最具关联性的信息，并在产生最佳关联信息的语境条件下对它们进行处理与理解。需要注意的是，最佳关联才是认知的关键，而最大关联并非一定是最佳关联。最大关联就是听话人在话语理解时付出最小的努力来获得最大的语境效果；最佳关联则是话语理解时付出有效的推理努力之后获得足够的语境效果，也就是最符合语境条件的结果。例如：

（49）A: I've been not feeling well these days.
　　　B_1: You've been ill.
　　　B_2: You've got flu.
　　　B_3: You've got flu, and the work is so wonderful.

当 A 觉得最近身体不舒服到医院就诊时，想知道具体原因。在该语境下，作为病人 A 会认为医生 B 的应答是相关的，这是一种关联假设。现就以上 B_1、B_2 和 B_3 医生的三种应答进行简单分析：

当 B_1 告诉 A 时，由于该话语的信息指示不明确，A 没有获得所期待的具体信息，虽然该信息与 A 具有最大关联，却没能满足 A 的关联假设期待，也就没有取得足够的语境效果，这说明该话语不具有最佳关联。当医生 B_2 告诉病人 A 得了流感时，该话语与 A 具有最大关联，同时满足了 A 的关联期待，该话语才具有最佳关联。当 B_3 告诉病人 A 得了流感时，附加了与生病或身体没有直接关系的多余信息，也就是 B 的话语超出了 A 的关联期待，为此需要付出额外的信息处理努力，因此也不具有最佳关联。可见，在该语境下，只有 B_2 的话语具有最大关联，同时也是最佳关联的话语，因为听话人 A 对它的理解所付出的努力最少，并能满足关联期待。

总之，关联理论是涉及人类交际与话语理解的认知理论，是对 Grice 的交际观及其会话含义理论的进一步发展。根据关联理论，交际本身就是一种以关联或关联性为取向和驱动的过程。对听话人而言，说话人的任何明示行为或交际行为（如话语产生）都应设想它是关联的或具有关联性，因此听话人的信息理解是一种寻找最佳关联信息的过程，理解结果是符合关联假设的一种选择或判断。这就是交际的明示—推理过程。交际的目的就是为了改变听话人的认知，具体而言，就是改变听话人的认知语境假设，产生语境效果，这为说话人通过各种手段对听话人的话语理解进行语用制约提供了阐释理据。

Grice 会话含意理论的主要贡献之一在于强调意图在人类交际中的作用，这奠定了交际中隐含信息的推理基础。对于 Grice，听话人通过识别潜在的意图去理解说话人的交际行为及其用意。然而，Sperber 和 Wilson 反对 Grice 理论框架中含意产生的推理图式，区分了信息意图和交际意图，提出了明示—推理的交际观。同时，他们认为对交际的阐释不需要依赖任何准则，特别是 Grice 用以解释反语、隐喻等用法的"质准则"，所有语言的使用（包括隐喻、夸张等松散现象）都可以基于信息理解中对关联的普遍期待来进行解释。

8. 结语

本讲主要介绍了会话含意理论，该理论及其发展仍是语用学的核心内容。Grice 的合作原则及其会话含意理论为解释人类语言交际提供了理论框架，促进了推理语用学的发展，成为语用学发展史上一个重要的里程碑。Horn（1984）的会话含意两原则和 Levinson（1995，2000）的会话含意三原则属于一种理论修正，是对 Grice 理论中原有准则的重新调整与简化，是新格赖斯语用学思想的代表。Sperber & Wilson（1986，1995）的关联理论提出了有关信息解读与交际信息推导的新思路，包括信息意图和交际意图的识别，意在重新阐释交际中的信息推导和信息理解，并对交际信息的语用推导原则和制约机制进行重构，是后格赖斯语用学（Post-Gricean Pragmatics）思想的典型代表（也有学者称之为"新格赖斯语用学"），它们都对语用学的发展起到了重要的推动作用。

思考题

1. 举例说明自然意义和非自然意义之间的主要区别。
2. Grice 提出"合作原则"的主要目的是什么？它包括哪四大准则？
3. 什么是会话含意？它有哪些主要特点？
4. 举例说明一般会话含意和特殊会话含意之间的主要区别。

5. 分析 Grice 会话含意理论对意义研究的主要贡献。
6. 分析交际的语码模式和推理模式之间的主要区别。
7. Horn 会话含意两原则是什么?
8. Levinson 会话含意三原则是什么?
9. 关联理论的语境观是什么?
10. 举例说明关联理论中的信息意图和交际意图。
11. 最大关联和最佳关联之间的主要区别是什么?
12. 阐述关联理论所提出的明示—推理交际观的基本思想。
13. 与 Grice 会话含意理论相比,关联理论对意义研究的主要贡献体现在哪些方面?

推荐阅读

1. Grice, H. P. 1975. Logic and conversation. In P. Cole & J. Morgan (eds.) *Syntax and Semantics*, Vol.3: *Speech Acts*. New York: Academic Press.
2. Grice, H. P. 1989. *Studies in the Way of Words*. Cambridge: Harvard University Press.
3. Huang, Yan. 2007/2009. *Pragmatics*. Oxford: Oxford University Press; Beijing: Foreign Language Teaching and Research Press.
4. Levinson, S.1983/2001. *Pragmatics*. Cambridge: Cambridge University Press; Beijing: Foreign Language Teaching and Research Press.
5. Sperber, D. & D. Wilson. 1986/1995. *Relevance: Communication and Cognition*. Oxford: Blackwell; Beijing: Foreign Language Teaching and Research Press.
6. 何自然、冉永平,2009/2013,《新编语用学概论》,北京:北京大学出版社。

第五讲 面子与礼貌的语用学研究

1. 引言

语言交际中的面子、礼貌、不礼貌等现象是语用学研究的重要内容，涉及人际交往的影响因素、策略选择和语用取效等，也是当代人际语用学研究的热点议题。交际中言语粗鲁、冒犯等不礼貌现象会构成对他人的面子威胁，甚至导致人际冲突，人们会作出各种努力，以避免类似的不礼貌或面子威胁行为，维护或建构和谐的人际关系，比如给他人面子（如赞扬、认同等），从而以礼相待，表示尊重等。因此，面子、礼貌、不礼貌等现象及其相关问题成为语用学、社会语言学等学科的研究对象。

本讲从人际语用学的研究视角出发，参照有关面子和礼貌的研究成果，首先从概念角度厘清面子和礼貌的区别与联系，然后探讨面子和礼貌的人际语用问题及其相关研究议题，意在呈现人际语用学研究的最新成果和未来趋势。

2. 面子和礼貌的联系与区别

众所周知，在人际交往过程中，交际参与者不可避免要考虑面子和礼貌问题。例如，为了与他人建立和谐的人际关系，必然要顾全他人的面子，对他人以礼相待。在很多情况下，顾全他人的面子可以理解为是有礼貌的；对他人以礼相待，则可以理解为给他人面子。那么，既然面子和礼貌都与人际关系有关，两者存在怎样的联系呢？两者在概念上可否相互替换？如果不能替换，它们之间的区别又是什么？为了从概念的角度加深对面子与礼貌的认识，下面从人际语用学的角度进行描述与阐释。

在语用学发展之初的20世纪70年代，面子与礼貌之间的密切联系及其对交际成功的影响就受到普遍关注。比如，在西方学者中，Lakoff（1973）将礼貌视为减弱话语冲突的一种方法；Brown & Levinson（1978，1987）认为礼貌是一种对他人的面子维护，即对他人的面子关照；Leech（1983）则从人际修辞的角度，指出礼貌是维护社会平衡和友善关系的原则；Spencer-Oatey（2008）将礼貌视为人际关系和谐管理的重要维度。我国学者顾曰国（Gu 1990）也提到，礼貌是在不同社会条件下的规范性行为。随着对面子与礼貌研究的深入，学者们在已有成果与认识的基础上，提出了更多的礼貌观，并体现了人际交往中具体的语用实践。比如，Arundale（2010）和 Archer、Aijmer & Wichmann（2012）进一步指出，礼貌是交际者对人际亲疏关系（connectedness/separatedness）的一种解读与评价。这表明，礼貌不仅涉及言语行为等话语的产出，还涉及对言语行为的理解。

不难发现，面子与礼貌之间存在紧密联系，两者往往呈现于复杂的人际关系管理过程之中。所以，如果撇开面子谈礼貌或只谈礼貌而不顾及面子，那么对面子或礼貌的研究乃至对人际关系的研究都是片面的。从以往研究的趋势来看，面子与礼貌的联系可以从两个角度进行归纳。首先，Brown & Levinson（1978，1987）认为，礼貌是面子维护的动机。换言之，由于人际交往不可避免地要对他人的面子造成威胁，那么如何降低面子威胁，则会体现交际者所作出的人际方面的努力。而这种努力会受到礼貌的驱动，体现于所选择的交际方式和语言策略之中。例如：

（1）A：下周六我过生日，会举办生日派对，你要过来哦！
　　　B：是吗？祝你生日快乐！我真的好想参加，只是恐怕我没有时间过去呢，好可惜！

此例中，A 向 B 发出了生日晚会的邀请，但 B 因为没有时间而无法参加，于是委婉地拒绝了 A 的邀请。值得注意的是，B 的回应并没有直接拒绝对方的邀请，而是首先对相关消息进行确认，随即表达了对 A 的祝福，并表示了参加对方生日晚会的主观意愿，再给出拒绝的理由，最后表达惋惜之情。基于 Brown & Levinson（1978，1987）的面子论，我们可以将例（1）理解为：虽然拒绝邀请可能威胁对方的面子，但是 B 表达了对对方的祝福及参加该晚会的意愿，同时给出了不能参加的理由，这利于维护对方的面子。可以说，B 的回应体现了人际交往的得体性，受制于人际礼貌的需要。

另外，面子与礼貌的联系也可以从评价的角度来看，即交际者在互动过程中对社交行为的动态评价，进而推动交际。这两种研究视角的主要区别在于：前者将礼貌视为维护面子、降低或避免面子威胁的动因；后者则从听话人的视角出发，观察听话人如何理解言谈互动。为此，就面子与礼貌的关系而言，一方面，交际者对话语产生面子诠释，如某话语或言语行为是否构成面子威胁；另一方面，交际者通过话语评价，体现话语是否礼貌。所以，探讨面子与礼貌问题时，不但要考虑说话人的交际意图，而且要考虑听话人在特定语境下对具体话语的理解与评价。

如前所述，面子与礼貌之间存在密切联系，但它们之间不能进行概念互换。在很多交际语境中，面子与礼貌经常共现，但其构成的核心要素和评价标准是不完全相同的，有必要从概念内涵的角度对两者进行扼要区分。首先，各种界定对面子和礼貌所强调的内涵不一样。比如，面子指积极的、正面的、期待被认可的个人形象；面子也表示在行为方面所具有的可选择性、不受他人驱使的自由等（Brown & Levinson 1987; Goffman 1967）。人际礼貌则强调社交行为的恰当性以及对他人的关照，因此礼貌往往与粗鲁、冒犯等话语表现及其相关行为形成对立关系，与人际关系的建构及维护密切相关。比如，Leech（1983）认为，礼貌指个人在社会活动中所遵守的社交原则或准则；礼貌是言语交际中减少冲突的一种手段或方式，因为冲突会带来威胁（Lakoff 1989）。相对于西方学者在礼貌研究中所提出的多种界定和分析视角，国内的相关研究还显得较为传统，比如强调礼貌是"言语动作谦虚恭敬的表现"（《现代汉语词典》）。人们通常所讲的"给面子""留面子""顾面子"等主要表示交际者对他人形象的维护与关照。对于礼貌，常用的说法包括"懂礼貌/礼节""有礼貌/礼节"等。从概念内涵的角度看，虽然面子与礼貌都与个人的良好形象相关，但其具体所指则不同。

其次，面子与礼貌的指向性也存在差异。就面子而言，我们既可以说自己有面子、维护自己的面子，也可以说他人有面子、给对方留面子或顾及对方面子等；但就礼貌而言，我们可以说他人有礼貌，但较少称自己有礼貌，不存在说话人给自己表达礼貌。可见，礼貌主要是人际交往中对他人情感上的一种关照，或人际关系制约下对他人的一种适切性关照（appropriate concern）（Brown 2001）。其实，礼貌与面子之间的关系和相互影响在交际实践中是复杂的、交织在一起的，不能简单等同于它们之间的概念差异，以下的多方面研究可帮助我们略见一斑。

3. 面子的语用学研究

3.1 Goffman 的面子观

针对人际交往的相关问题,最早的研究可以追溯到社会学家 Goffman(1955)的面子界定。随后,诸多学者根据社交实践中面子的人际语用功能,对其概念内涵进行了不同方面或不同视角下的补充和修订,进而推进了对面子的进一步研究,比如 Brown & Levinson(1978,1987)、Spencer-Oatey(2000)等。随着研究的逐渐深入,也有学者对 Goffman 的面子观提出了质疑,甚至否定,比如 Arundale(2006,2009,2010)等。可见,面子研究一方面体现了对 Goffman 面子观的继承和发展;另一方面则是批评性的推陈出新,因为面子问题是人际交往中难以回避的人际语用问题。

面子是在社会交往中实现的。Goffman(1967:5)认为,面子是交际中的"个人形象",即交际者通过自己的行为表现所获取的一种正面评价或正向值。具体而言,面子是一个人由社会认可的属性所勾勒出的自我形象,即面子是个人所认可的一种社会属性,以及个人在公众眼中的形象,包括自己得到社会认可的积极属性。如果个人的行为方式得不到交际对方的认可,就不值得给予面子,面子就会受到威胁,如负面评价等。因此,面子具有社会属性和交互性,是个人从社会活动或社会交往中所获得的一种认同与评价。另外,面子是相互的,交际者在对自我面子进行维护时,必然也会顾及对方的面子。这是维护人际关系的一种互惠原则,因此面子不是单向的,而是具有人际关系的互动性。

简言之,Goffman 的主要贡献在于提出了面子的概念界定和相关特征,这为面子的人际语用问题和礼貌研究,尤其是当代人际语用学的发展奠定了重要基础。后来,Brown & Levinson(1978,1987)等也借鉴 Goffman 对面子的界定,并在其基础上提出具有影响力的面子分析框架。

3.2 Brown 和 Levinson 的面子理论

面子一直是礼貌研究的核心议题。在 Goffman 的面子概念基础上,Brown & Levinson(1978,1987)把面子重新界定为个人的"公共形象"（public image）。他们认为，交际中涉及礼貌的问题大多是针对个人面子的策略。1978年，他们在题为《礼貌：语言应用的普遍性》的文章中提出了礼貌理论。

首先，Brown & Levinson（1978，1987）将面子划分为正面面子（positive face）和负面面子（negative face），其中"负面"不是"坏"或"不好"的意思，只是相对于"正面"的二分法而已。正面面子指希望得到他人的肯定、认同、喜爱、赞许等，如果类似愿望得到了满足，就维护了正面面子；负面面子指行为、行动等不受他人的驱使或干预，有行事的自由或行为的决定权，如果类似愿望得到了满足，就维护了负面面子。如果在交际中不注意以上方面的面子问题，就会威胁到他人的正面面子或负面面子。因此，Brown和Levinson的礼貌理论假设每个人在交际中都会因为自我面子受到威胁而采用交际策略。但是，在维护自己面子的过程中，则可能会威胁到他人或听话人的面子。所以，交际者需要同时考虑并维护彼此之间的面子需求。换言之，人们所遇到的挑战就是，交际中会出现威胁面子的言语行为（face threatening acts，简称FTAs）。

其次，Brown和Levinson又提出了交际中对面子的维护问题（何自然、冉永平2009/2013; Yule 1996）。说话人采取一定措施去维护说话人自己或听话人的面子，比如从听话人的角度着想，不强求对方，而是迁就或服从听话人等，都是维护听话人负面面子的策略，类似礼貌也称为"负面礼貌"（negative politeness），而维护负面礼貌的策略就是"负面礼貌策略"（negative politeness strategy）。维护听话人的正面面子就是认可对方的观点、看法或赞许对方，比如表示同意，避免批评，使用间接性否定等，都是维护听话人正面面子的策略，类似礼貌也称为"正面礼貌"（positive politeness），而维护正面礼貌的策略就是"正面礼貌策略"（positive politeness strategy）。下面将Brown和Levinson提出的礼貌策略扼要归纳如下：

正面礼貌策略： 通过话语使用，比如表达赞扬、肯定等，让听话人产生好感或感到自己的物品、认识、观点、思想、价值观等得到了说话人的认同，或对听话人的愿望、兴趣等表示关切。例如[1]：

---

[1] 以下部分例句选引自 *Politeness: Some Universals in Language Usage*（Brown & Levinson 1987）的第5章。

（2）What a fantastic garden you have!
（3）You must be hungry, it's a long time since breakfast. How about some lunch?

负面礼貌策略：通过话语使用，比如说话含糊其词、采用间接或委婉的方式，避免让听话人感觉受到驱使，进而有行事或施事的选择余地与自由。例如：

（4）I just want to ask you if you could lend me a tiny bit of paper.
（5）Do you have any flour to spare, because I've just run out?
（6）甲：你认同我下午发言给领导们提出的建议吗？
乙：当然同意啊，如果再委婉一些可能大家都高兴了。

公开策略（bald-on-record strategy）：说话人不采取针对面子威胁的补救措施，赤裸裸地公开使用威胁听话人面子的话语或行为，比如说话人不采取缓和性措施，直接实现某行为，进而威胁听话人的面子。例如：

（7）That's wrong, the gap should be bigger.
（8）Don't bother, I'll clean it up.
（9）我再次告诉你，马上离开！

间接策略（off-record strategy）：在威胁对方面子的情况下，说话人采取隐含或间接性手段，给对方留有余地；或通过间接性话语，让对方意识到说话人威胁面子的行为不是故意的。例如：

（10）It's cold here.（隐含表达：Close the window.）
（11）There's a market tomorrow, I suppose.（隐含表达：Give me a ride there.）

放弃威胁面子的行为（refraining from the act）：如果某行为或某话语足以威胁听话人的面子，说话人可能会放弃实施该行为或避免使用该话语。

因此，人们会选择一定的礼貌策略，以减少面子威胁言语行为所带来的面子威胁，这是人际交往中的语用制约。礼貌策略的选择受制于涉及交际双方的如下因素，以及说话人对面子损失的评估：交际双方之间的社交距离；交际双方之间的权势关系；言语行为在特定语境中的威胁程度。交际者会根据面子损失的风险程度，选择避免或降低威胁面子的不同策略。作为人际交往中的一种礼貌策略，当话语对交际双方造成较小程度的面子威胁时，说话人也会采用一定的补救措施，以缓解面子威胁的程度，进而更好地建构和谐的人际关系。有时说话人所使用的直接性话语或策略给听话人造成的面子威胁最小。类似策略常出现在危急时刻之类的场合，比如当火灾突然发生时，说话人对听话人大喊："失火了，快跑！"以提醒听话人赶快逃离险境；或在有社会地位差别、上下级差别等的机构性语境，比如主管对下属说："你快点把报表处理完！"敦促下属尽快将表格做好，这是一种工作职责；或者军官指挥士兵训练时的指令性话语，比如"立正！向前看！""立正！敬礼！"等。类似话语对听话人的面子威胁最小，甚至不能被理解为一种面子威胁的言语行为或不礼貌的话语。

　　礼貌策略的提出基于如下普遍认识：每个人都有两种需求，一种是希望得到他人认可或褒扬的需要，这是一种正面面子需求；另一种是不希望自己的行为自由受到他人行为干扰的需要，这是一种负面面子需求。因此，如前所叙的正面礼貌策略体现了说话人对听话人正面面子的关照，比如将听话人与自己看成同一群体，或当成朋友，表明说话人了解听话人的个人需要和性格特点。除此之外，正面礼貌策略还包括关注和认同听话人的兴趣爱好，寻求彼此之间的一致性与共识，避免分歧等。

　　同样，说话人也可能采用负面礼貌策略，表示对听话人负面面子的关照，就是在某些方面或某种程度上不打扰、不干预或不驱使对方的行为自由。比如，说话时含糊其辞，利用缓和语、模糊限制语等语用策略，便于给听话人留有选择的余地，或直接表示不希望影响听话人的行为自由，不让对方产生胁迫感。当然，类似补救措施或礼貌手段到底在多大程度上会缓和或降低对听话人的面子威胁，取决于交际双方之间的社交距离、亲疏关系、权势关系等人际关系因素，以及话语本身的驱使程度。当说话人认为自己的所言对听话人的面子威胁程度很大时，即便采用公开策略也可能不会缓和其面子威胁，说话人就会选择间接策略，使自己的话语隐含多个意图或表达多个隐含的用意，以便给对方留有余地，使其意识到说话人的面子威胁行为不是故意的。这种间接策略能够有效避免或化解面子威胁。例如，"Damn it, I'm out of cash, I forgot to go to the bank today"，此话语既可以解读为一种事实陈述，也可以理解为一种间接请求，即向听话人借钱，而这种间接性请求意图可以被听话人有效拒绝，或不予理睬。另外，如果话语的威胁程度太大，并足以威胁听话人的面子时，说话人很可能选择不实施某言语行为或不使用某话语。

总而言之，以上礼貌策略的选择涉及交际者对面子威胁风险的评估。也就是说，不同的礼貌策略涉及说话人对面子威胁程度的判定，比如完全公开策略出现于对面子威胁风险很小或不存在的情况，间接策略则出现于对面子威胁风险很高的情况。当面子风险过大时，说话人则会选择不实施面子威胁行为，这也是一种礼貌策略。

可见，根据 Brown & Levinson（1987）的面子论及相关的礼貌思想，说话人在不同语境中会根据不同的面子风险评估，选择合适的礼貌策略。这为选择交际中的礼貌策略提供了可行的参考，推动了面子、礼貌等有关人际语用问题的深入研究。但是，该理论也存在不足与争议。例如，一方面，该理论以西方文化为基础，忽视了其他文化语境所涉及的面子差异（Grundy 2008），也没能从动态的语境角度（Archer et al. 2012）讨论交际互动中的面子问题；另一方面，该理论模式聚焦了说话人如何进行面子风险评估与策略选择，忽视了听话人的理解与反馈对交际的影响。因此，后来的相关研究表明，我们不仅要注意从说话人的视角出发，探讨不同的礼貌模式与策略选择，也要从听话人的视角出发，分析听话人或其他会话参与者对交际的贡献，如旁听者对礼貌的解读（Archer 2008, 2011; Locher & Watts 2008; Watts 2003）。

3.3　Spencer-Oatey 的面子观

在 Goffman（1967）面子观的基础上，Brown & Levinson（1987）提出了面子威胁行为以及相关的礼貌思想。一直以来，他们的面子论对语用学和社会语言学产生了重要影响。然而，因其自身的局限性，Spencer-Oatey（2000）等学者也对 Brown 和 Levinson 的面子论进行了修正和发展。Spencer-Oatey（2000, 2005b, 2008）提出的素质面子（quality face）和身份面子（identity face）丰富了"面子"的概念内涵，并提出了人际关系的"和谐管理理论"（Rapport Management Theory），对当代人际语用学研究提供了重要的理论支持。

针对交际中的人际关系管理，由于各种礼貌观或礼貌思路都强调建构与维护和谐的人际关系，却忽略了人际关系中的不和谐问题。比如，人们可能利用语言攻击他人，或冒犯他人，因此礼貌只能够揭示人际关系的一个侧面，而不能很好地展现交际中的不礼貌与不和谐问题。就 Brown & Levinson（1987）的面子论而言，正面面子和负面面子主要以说话人一方的面子为核心，忽略了交际双方的面子需求，难以解释交际中的关系问题。为了解决以往面子研究中存在的片面性或单一性，Spencer-Oatey（2000，2005b，2008）提出了一个更加完善的人际关系管理理论，用来解释交际者如何通过语言管理人际关系，包括建立、维护、威胁或破坏等不同类型的人际关系。

具体而言，根据 Spencer-Oatey（2005b）的和谐管理理论，交际互动中人们会受到两种威胁：权利威胁和面子威胁。权利威胁主要包括两种威胁：一种是对公平权/平等权（equity rights）的威胁；另一种是对交往权（association rights）的威胁。比如，强迫他人做某事，就是对公平权的威胁，因为对方可能认为说话人并没有权利要求他那样做。例如：

（12）A：宿舍太乱了，你赶紧收拾一下！
　　　B：宿舍是大家的，为什么要我来收拾？

此例中，A 和 B 是同学关系，且共同生活在一个宿舍，因此享有相同的权利和义务。当 A 要求 B 收拾宿舍时，B 感受到 A 在强迫自己做事，并认为 A 并没有权利要求自己收拾宿舍，所以 B 直接表达了不满。

交往权指人们具有的与他人进行交往的权利，并遵循一定的人际交往原则，主要包括：（1）参与原则，即交际主体之间享有参与交往的机会；（2）移情原则，即交际主体之间应当适度关心、分享情感与兴趣；（3）尊重原则，即交际主体之间应当适度尊重。人际交往中所出现的各种互动言谈，如闲聊、闲谈、问候等具有相互联系和表达情感等的作用，可以缩小交际主体之间的社交距离。人际交往中，有的行为则会威胁到对方的社交权，比如对对方的关心或反应不热情，或不愿意与他人分享共知事件的感受等。例如：

（13）A：哎？听说你家很有钱，在高档住宅区还有一套房子啊？
　　　B：哦，不好意思，我赶时间，我得先走了，回见！

此例中，A 和 B 是同住一个小区的邻居，彼此之间较为熟悉。A 忍不住好奇，见面就过问 B 家里的房产情况。这种话题属于个人隐私范畴，不便于公开或让他人知晓，通常是非常熟悉的朋友或家人才会知晓。因此，A 的行为威胁到 B 的交往权，于是 B 借故离开了，不想正面回答 A 的问题。这个例子也可以从 Brown & Levinson（1987）的负面面子角度进行解释，即邻居 B 的负面面子受到了威胁。然而，依照 Spencer-Oatey（2005a，2005b）的观点，负面面子并不源于面子需求，而是源于人们对交往权的需求，因此应该从 B 的交往权角度进行解读。

另外，Spencer-Oatey（2005b）将面子划分为素质面子和身份面子两大范畴。素质面子涉及个体的素质与能力，而身份面子涉及个体的社会角色。例如，"就你那公鸭嗓还想唱歌？太可笑了吧！"类似言语行为则威胁听话人的素质面子；"你还是老师呢，学生上你课肯定都在睡大觉。"类似言语则威胁听话人的身份面子。简言之，Spencer-Oatey 的人际关系管理框架可图示如下：

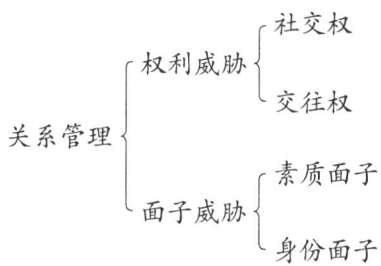

在以上的人际关系管理框架中，社交权和素质面子都是针对交际者个体的；而交往权和身份面子主要涉及交际者个人与社会、他人之间的关系。所以，Spencer-Oatey 的人际关系管理理论不仅能够解释个体层面的面子问题，同时也能说明交际者个体与社会、个体与他人等之间的联系。

此外，Spencer-Oatey（2005a，2005b）还指出了通过身份视角分析交际互动中的面子问题。面子与身份相互联系，又相互区别。比如，Ting-Toomey（1994）认为，面子就是一种身份问题；Scollon & Scollon（1995）也指出，面子是在交际中的个体身份（interpersonal identity）。Spencer-Oatey & Ruhi（2007）认为，身份是交际者个体的自我形象，是一个涉及自我的多种属性的概念，包括被他人认同的积极属性、被他人否定或不认同的消极属性等，而面子只涉及自我的积极属性。类似思想表明，身份与面子存在一定的关联性，身份理论可以为面子研究提供有益的借鉴。针对交际互动中的面子问题，Spencer-Oatey & Ruhi（2007）援引了 Brewer & Gardner（1996）所提出的自我表征三个层面，即个体层面（与个体有关的自己）、人际层面（与他人有关的自己）和集体层面（与集体有关的自己）。据此，Spencer-Oatey 认为，面子与三个层面的积极身份属性有关。当然，面子还涉及互动交际中的他人评价，因此交际中的面子是一种互动的人际语用现象。

3.4 Arundale 的面子共建理论

Goffman（1967）和 Brown & Levinson（1978，1987）等的面子论主要以交际者的个体需求为中心（Garcés-Conejos Blitvich 2009）。大多数研究都沿用了他们的概念思想和类别划分，并遵循着他们的研究路径，因为他们的面子论一直被视为经典的人际语用学思想。然而，近些年来，以 Arundale（2006，2009，2010，2013）为代表的学者突破了面子论的传统思想，重新界定了面子，提出了"面子建构理论"，探究日常交际中面子是如何共同建构的，为面子研究提供了互动（interactional）视角和关系（relational）视角，为面子研究带来了新的思路与活力。

以交际者的个体需求为中心的面子论存在两个主要弊端（Arundale 1999）。首先，面子的界定强调西方文化视域下的个体主义，而忽略了不同文化中面子的差异化表现。例如，以个体需求为中心、基于西方个体主义的面子观就难以诠释东方文化中的诸多问题，如在汉语文化中劝客人吃饭就是一种给面子的礼貌行为，而类似行为在西方文化中却被视为一种威胁负面面子的行为。其次，面子具有涌现性特点，而依照规则和惯例去解释互动中的面子问题，本身就无法解释交际者对临时性互动的应对，也不能说明当前语境下的面子应对与后续互动之间的关系。换言之，交际者的互动是一个连续体，前序互动影响当前互动，当前互动同样会影响后续或未来互动。我们不能将人际交往的互动割裂开来去看其中的某一片断或采用定势规则去理解与阐释动态的互动行为，那样只能看到交际现象的局部。

基于此，Arundale（2006，2013）提出的面子共建理论不但在概念上重新界定了面子，还提出了面子的分析框架，用以探究交际互动中面子的动态建构问题。首先，Arundale 基于"关系辩证理论"（Relational Dialectics Theory）中的关系类型，指出人际关系所具有的连接（connectedness）和疏离（separateness）的特征。虽然这样的特征不能说明交际中的个体需求，却可以用来说明面子的人际关系问题，即面子就是一种人际关系的连接或疏离。因此,面子不是个体现象,而是一种关系现象,呈现于个体与社会的辩证互动之中。这突破了传统研究中仅将面子视为一种人际关系影响因素的局限。为了阐释交际中的面子建构,Arundale 指出,我们应该重视交际互动中的涌现话语及各种行为序列,一方面,该过程中的意义生成和话语或行为选择是一个共建过程(co-constituting);另一方面,针对互动的交际过程,借助会话分析方法关注交际过程,有助于分析面子等现象在话语序列中的动态性。类似的研究路径避免了把面子当成影响人际关系的一种静态因素。

面子共建理论的核心在于从人际关系的视角去看待面子问题,主张面子是一种关系现象(Arundale 2006,2010,2013),这是一种人际交往的动态观。具体而言,面子出现于交互过程,面子是一种人际关系连接(relational connectedness)与关系疏离(relational separateness),类似关系是在交际意义和交际行为的互动与协商过程中建构的,包括对面子的理解及相互关系的形成。这是一种有关面子的建构主义思想,而非传统语用学视角下人际关系的因素论。例如:

(14)A:昨天我回家的时候,居然走错路了。
B:你脑子总是这么不好使吗?哈哈。
A:哈哈哈,就你脑子好使,行了吧。
B:那必须的。

此例中 A 与 B 是多年的好友,两人在酒吧喝酒闲聊时,A 告诉对方自己回家时迷了路。B 以玩笑的方式对该事进行了回应,并直白地指出 A 的脑子不好用,附带了一定的笑声;A 也以相同的方式进行了回应。不难看出,A 与 B 之间的连续互动是在轻松愉快的氛围中结束的。也就是说,A 和 B 的互动没有恶意伤害他人之意,从玩笑的角度来看,双方的互动构成了调侃。根据面子共建理论,面子呈现于两者之间的互动过程,首先表现为彼此之间的一种关系连接。一方面 B 以调侃的方式对 A 的趣事进行了回应,凸显了两者的亲密关系,同时也拉近了他们的人际关系;另一方面,A 与 B 的回应也体现了彼此之间对于面子的理解,符合具有亲密人际关系的说话人和听话人的交际期待,因此类似的调侃互动既体现了彼此之间的关系连接,也拉近了彼此之间的亲密关系。

不难看出,在 Goffman 的面子研究之后,除了 Brown 和 Levinson

等学者的继承与发展之外，Arundale（2006，2009，2010，2013）则另辟蹊径，从动态的角度，推进了面子的人际语用学研究。因此，人际互动中的面子问题（包括什么是面子，面子的动态呈现与建构，面子在不同文化语境中的差异化表现等）依旧是当今人际语用学研究中的重要议题。

4. 礼貌的语用学研究

"polite"（礼貌）一词源自过去分词 *polished*，并在15世纪变成了一个独立的英语单词（Kasper 1998）。在早期，"礼貌"主要指上流社会阶层的一些行为规范，后来其使用范围逐步扩展，并与语言策略选择、语言表现等紧密联系，不仅涉及社会群体的社交规约与规范，也涉及特定语境下交际者个体语言行为的社交制约及其对人际关系所产生的影响（Eelen 2001）。礼貌作为语用学的研究话题，始于20世纪70年代，代表性研究包括 Brown & Levinson（1978）、Lakoff（1973）、Leech（1977）等。在20世纪八九十年代，出现了涉及礼貌研究的较多成果；进入21世纪之后，针对礼貌则出现了多样化的研究视角与趋势（Culpeper, Haugh & Kádár 2017）。

虽然面子与礼貌的关系密不可分，但本质上两者之间是不等同的。Brown & Levinson（1978，1987）的研究在很大程度上绑定了面子和礼貌，但缺少进一步区分。以下首先介绍 Lakoff（1973）提出的"礼貌规则"（rules of politeness），再介绍 Leech（1983）提出的"礼貌原则"及其人际修饰观；然后讨论 Locher & Watts（2005）的交际礼貌观；最后介绍 Archer 等学者（Archer et al. 2012）的互动礼貌观。通过梳理礼貌的历时研究，以期为读者在宏观上提供礼貌研究的概览。

4.1 Lakoff 的礼貌观

美国的社会语言学和语用学家 Lakoff（1973：47）较早提出了作为一种社交准则的礼貌规则。在 Lakoff 看来，礼貌规则如同句法规则和语义规则一样，都应该是语言规则的一部分，所以她使用了"规则"（rule）一词，而不是"原则"（principle）；同时，她认为礼貌规则与会话规则（如 Grice 理论中的"合作原则"）都可看成一种语言规则。按照该理论框架，交际中的说话人需要遵循交际的礼貌规则，具体而言，礼貌规则包括如下的三条规则：

规则一：不要驱使他人。

规则二：给他人留有余地。

规则三：让他人感觉友好。

从人际交往中的礼貌表达看，以上礼貌规则中的三条规则之间是相互支撑与关联的。规则一"不要驱使他人"就是不要干预他人事务。如果涉及隐私，就应该征得对方的同意或许可，否则会让他人感觉到行为上受到驱使或胁迫。例如：

(15) May I ask you how much you paid for that vase, Mr Hoving?

(16) The dinner is served.

话语（15）和话语（16）都不会让听话人感觉到行为上的驱使或被迫，因为话语（15）征求了听话人的意见，话语（16）则通过被动结构和非人称指示结构形成了说话人与话语之间、说话人与听话人之间的一种距离感，具有语用功能上的非驱使性，因此在餐厅等公共场合，说话人不会使用类似"Would you like to eat?"的话语。

规则二"给他人留有余地"是让听话人有选择的余地或决定行为的自由，即不要在行为上驱使他人。例如：

(17) a. I guess it's time to leave.
　　　b. It's time to leave, isn't it?

无论说话人是否知道对方应该离开的时间到了，说话人的话语（17）a或（17）b都不会让听话人感觉受到驱使，听话人有选择是否离开的余地。可见，以上礼貌规则中的准则一和准则二在很多语境中是难以割裂的，而是相互支撑和关联的。

规则三"让他人感觉友好"指说话人的话语要让听话人感觉到真诚或友谊，这是一种情感上的体验。交际中表示关心、同情、友善等，都会让听话人感觉到说话人的友好。其实，让他人感觉友好的方式很多，如平等待人，从听话人的角度考虑问题，让听话人受益等。因此，在有的语境中，三个礼貌准则之间也会出现对立的情况。比如，在应该让听话人受益时，说话人就应该采取更直接的话语方式；如果此时说话模棱两可，就会让对方感觉说话人不真诚或不友善。在汉语文化中，吃饭时劝客人吃菜就是友善或热情的表现，会让客人感觉到主人的友好；如果遵循以上规则一，就会被视为一种不礼貌的表现。

可见，人际交往中的话语选择是会产生礼貌效果的语用策略选择。Lakoff 所提出的礼貌规则要求说话人在交际中注意话语选择，即注意话语选择的礼貌效果。通过话语选择，可以避免人际冲突，保证人际交往的和谐。比如，驱使他人行事，往往会产生不礼貌的人际效果；而不强迫他人做事，采用人际缓和的策略，则有利于缓和人际互动中的矛盾与冲突，也是表达礼貌的有效方式。例如：

(18) 老板：最近工作很繁忙，要加班很多，我会尽量协调大家的时间，免得大家太累了。
员工：老板，你人太好了，谢谢老板！

在此例中，老板和员工之间是上下级的关系，老板负责分配任务给员工，本身就是双方的责任和义务所在，但老板能够站在员工的角度表达对员工的关心与友善，如"免得大家太累"，即遵循了礼貌规则三，便会得到员工的积极评价，进而有利于建构良好的人际关系与工作氛围。

但是，Lakoff 关注到如何通过以上的三条礼貌规则去表达礼貌，实现人际关系和谐，却忽略了人际交往中还可能会产生的不和谐情况，特别是当说话人故意违背这些规则，以达到特定的交际目的，如表达不礼貌含意（impolite implicature）（Bousfield 2008）等。因此，当代人际语用学的相关研究指出，我们不仅要关注人际交往中的礼貌现象，还要关注其中的不礼貌现象，需要分析交际参与者的话语解读与反应。

4.2 Leech 的礼貌原则

第四讲介绍了 Grice 提出的"合作原则"及会话含意理论的基本内容。Grice（1989，1991）的会话含意理论解释了日常交际中的会话含意产生与理解，推动了针对交际中隐含信息的研究以及推理语用学（inferential pragmatics）的发展，但该理论却无法解释交际中的一些人际语用问题。比如，为什么人们说话时会拐弯抹角而不直说呢？为此，日常交际中存在大量违反合作原则的情况，然而 Grice 却无法说明违反合作原则的人际语用理据。因此，英国著名语用学家 Leech（1983）从人际修辞的角度提出了"礼貌原则"，意在解释违反合作原则的原因，也就是说，合作原则的违反是出于人际交往中的礼貌需要，这样礼貌原则弥补了合作原则的解释力缺陷。Leech（1983，2014）认为，礼貌原则"拯救"了合作原则，这样礼貌原则与合作原则在功能上就形成了互为补充的关系。

Leech（1983，2014）提出的礼貌原则基于如下前提：交际中说话人会尽量少使用自认为不礼貌的话语，而尽量使用自认为礼貌的话语。礼貌原则主要从语义内容的受益与受损和表达方式的直接与间接两方面进行了界定，主要由六条准则构成[1]：

得体准则（tact maxim）：减少对他人的损失。

a. 尽量让他人少受损。

b. 尽量让他人多受益。

例如：

（19）a. Peel these potatoes.

　　　b. Hand me the newspaper.

　　　c. Sit down.

　　　d. Look at that.

　　　e. Enjoy your holiday.

　　　f. Have another sandwich.

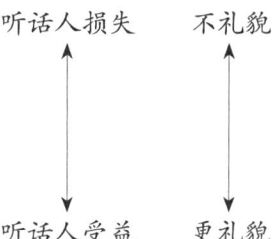

在同等情况下，话语（19）a-f的礼貌程度是递增的，因为听话人的受益程度是递增的，也就是说，话语越是让听话人受益，则越礼貌；反之，如果话语越让听话人受损，则越不礼貌。

慷慨准则（generosity maxim）：减少对自己有益处的。

a. 尽量让自己少受益。

b. 尽量让自己多受损。

例如：

（20）a. I can lend you my car.

　　　b. You can lend me your car.

（21）a. You must come and have dinner with us.

　　　b. We must come and have dinner with you.

在Leech看来，礼貌分为绝对礼貌（absolute politeness）和相对礼貌（relative politeness）。前者指话语或言语行为所表达的不要依赖语境

---

[1] 以下的部分例句选引自 *Principles of Pragmatics*（Leech 1983）的第6章。

的礼貌，后者是需要根据语境才能判定的礼貌。据此，（20）a 作为一种提供（offer）类话语和（21）a 作为一种邀请类话语就是让听话人受益，让说话人受损，即遵循了"得体准则"和"慷慨准则"，因此是礼貌的，而且是一种绝对礼貌；（20）b 和（21）b 则是让说话人受益，让听话人受损，即违反了"慷慨准则"和"得体准则"，因此是不礼貌的。

赞誉准则（approbation maxim）：减少对他人的贬损。
a. 尽量少贬低他人。
b. 尽量多赞誉他人。

谦逊准则（modesty maxim）：减少对自己的表扬。
a. 尽量少赞誉自己。
b. 尽量多贬低自己。

例如：

（22）A: Her performance was outstanding!
　　　B: Yes, wasn't it!

（23）A: Your performance was outstanding!
　　　B: Yes, wasn't it!

例（22）中，交际双方都赞扬或肯定了他人的表现，遵循了"赞誉原则"；例（23）中的 B 却肯定了自己的表现，也就违反了"谦逊准则"。又如，某教授受邀给一位想出国攻读研究生的学生写推荐信，由于该学生平时学习表现很一般，教授不想推荐但又难以拒绝，就提供了类似例（24）的信息，这样的信息显然是不足量的，违反了合作原则中的"量准则"，却遵循了礼貌原则中的"赞誉准则"，即尽量少贬低他人。这就阐释了人际交往中违反合作原则的语用理据。

（24）Dear Sir, Mx's command of English is excellent, and his attendance at tutorials has been regular. Yours, etc.

人际交往中存在很多类似例（24）的情况，间接性话语的选择往往是出于人际交往的礼貌考虑。例（25）和例（26）中，说话人没有明确表达不满或直接批评，这违反了合作原则中的"方式准则"，而是遵循礼貌原则中的"赞誉准则"，采用更为隐含的表达方式。

（25）下次准备充分一些，结果就不一样了。

（26）Her performance was not so good as it might have been.

一致准则(agreement maxim):减少与他人之间意见或认识的分歧。
a. 尽量减少双方之间的分歧。
b. 尽量增加双方之间的一致。
例如:

(27) A: English is a difficult language to learn.
　　　B: True, but the grammar is quite easy.
(28) 甲:那小孩反应很快,是学数学的好苗子。
　　　乙:是很机灵,但就是坐不住,太好动了。

例(27)和例(28)中,听话人的回答都采用了部分否定的方式,尽量减少与对方之间的分歧,进而增加意见的一致性,这就遵循了礼貌原则中的"一致准则"。

同情准则(sympathy maxim):减少与他人在情感方面的对立。
a. 尽量减少与他人之间的反感。
b. 尽量增加与他人之间的同情。
例如:

(29) a. I'm terribly sorry to hear about that your cat died.
　　　b. I'm terribly sorry to hear about your cat.

例(29)b 遵循了以上的"同情准则",要比(29)a 更为恰当,因为它更能体现说话人对听话人的同情,更利于减少交际双方之间的情感对立。

在人际交往中,说话人只有努力遵循以上六条准则,才能首先避免人际交往出现不和谐(avoid discord first),其次寻求人际交往和谐(seek concord second)(Leech 2007)。

与 Lakoff(1973)的三条礼貌规则相比,Leech 的礼貌原则对六条准则及其次准则进行了更加详细的描述。不过,礼貌原则依然重视说话人在交际意图表达和话语使用的礼貌策略选择中,要尽量表示对他人的礼貌。因此,礼貌原则忽视了听话人对于礼貌的理解问题及其回应。交际本身是一个动态的互动过程,忽视交际参与者任何一方对交际的贡献,都难免过于片面。另外,对于分析交际互动中的礼貌问题,也存在视角差异,如分析者和交际参与者对礼貌的判定与理解。这些是早期礼貌研究没有解决的问题,需要我们更加关注交际参与者对礼貌的理解及其应对。

礼貌原则是人际交往中交际主体应该遵循的人际语用原则。根据Leech所描写的以上六条准则及其次则，我们可以发现，它们并不是完全等同的，其中得体准则显得更为重要，对言语交际中的话语选择或策略选择具有更强的制约性。同时，在每一准则中，次则a比次则b更重要，因为交际中说话人应该设法多给对方一些便利或让对方受益，尽量让自己多吃亏或少受益，从而让对方感受到被尊重，反过来对说话人产生好感，进而建构和谐的人际关系，因此礼貌是相互的（何自然、冉永平2009/2013）。

4.3 Watts与Locher的交际礼貌观

传统的礼貌研究很大程度上受Brown & Levinson（1987）提出的面子威胁理论的影响（Locher & Watts 2005）。但是，Locher和Watts认为，该理论没有真正解决人际交往中的礼貌问题，反而聚焦到了面子威胁行为的缓和问题上。很多研究都将礼貌的重心转移到了如何降低言语行为或话语的面子威胁力度或避免面子威胁，以表达人际交往中的礼貌，然而这样的礼貌研究是不完全的，因为礼貌不等同于面子威胁行为的缓和。鉴于此，他们将礼貌界定为一个交际概念，即礼貌或不礼貌不能由研究者来评判，而是要求研究者聚焦于交际者所参与的动态过程，这是一种动态的会话实践。所以，礼貌问题是面子管理的一部分内容，而并非全部，因此他们提出交际的关系管理，包括交际者个体如何管理各种人际关系，如礼貌与恰当行为、不礼貌与不恰当行为等。

这种视角有利于研究交际互动中的礼貌问题。在Eelen（2001）所提出的礼貌1（politeness 1）和礼貌2（politeness 2）基础上，Locher & Watts提出了一阶礼貌（first-order politeness）和二阶礼貌（second-order politeness）之别。Watts（2003）认为，一阶礼貌应该是礼貌研究的主要问题，但不排除礼貌在不同文化中所具有的不同内涵。同时，Watts（2003）和Locher & Watts（2005）认为，Brown和Levinson的礼貌理论没有充分关注听话人的接受与反应，所以认为应该更多关注动态交际中听话人对交际所起的作用，即听话人是如何理解礼貌的，这属于第一层级的礼貌——礼貌1。可以说，礼貌1比任何研究者在理论建构中提及的礼貌（即第二层级的礼貌——礼貌2）更为重要。

具体而言，Watts（2003）的礼貌理论可以解释为：包括旁听者在内的交际参与者会对特定交际语境中的言语行为或话语进行有意或无意的评价。在通常情况下，参与者会根据自己的习惯或参照当时交际框架中的常规来进行评价。在 Locher 和 Watts 看来，面子管理的范围比 Brown & Levinson (1987) 所界定的面子涉及范围更广，涵盖了人际交往中关系管理的各种情况。为了避免概念不清，他们使用了术语"关系工作"(relational work) 取代人际交往中的面子问题 (face work)，以便更好地研究动态交际中的礼貌。他们认为，礼貌行为通常是恰当或适切的行为，而恰当行为也可能与礼貌无关，礼貌及其相关的类别都是在交际过程中通过互动协商体现的。听话者对过度礼貌的反应基本上与对不礼貌的反应是相似的。受到听话人积极评价的非常规性行为通常被视为礼貌的、恰当的。

由此可见，礼貌不是语言结构、话语或言语行为的固有属性，也不是单纯的规约化问题，从理论、语言形式等出发都难以判断动态交际中的礼貌表现，包括说话人的礼貌表达和听话人的礼貌理解。针对礼貌问题，越来越多的学者主张自下而上的研究路径，也就是从交际参与的角度，结合特定语境开展研究，因为这样才能判定什么行为或什么话语在特定语境中才是适当的。

4.4　Archer 等的互动礼貌观

近年来，越来越多的研究重视从听话人的视角出发，关注礼貌的理解问题及其互动应对。比如，Archer、Aijmer & Wichmann (2012) 主张基于 Goffman 所提出的面子界定，去区分三种情况的面子威胁：有意 (intentional) 威胁、附带 (incidental) 威胁、意外 (accidental) 威胁，并利用这三种面子威胁去分析人际交往中的礼貌和不礼貌问题。不过，这种主张也在一定程度上体现了二阶礼貌观之下的人际语用问题。这些学者认为，自己的礼貌观与后现代主义视角下的礼貌研究（如 Locher & Watts 2008; Watts 2003）都强调听话人，包括旁听者的理解和应对，这表明人际交往中的礼貌就是社交互动语境下行为的恰当与不恰当问题，也体现了人际面子管理。

此外，Archer 等学者认为，礼貌和不礼貌是评价性判断，很大程度上取决于交际语境和参与者之间的人际关系或角色关系。比如，在长辈面前的谩骂行为在任何语境中都是不礼貌的，但密友之间进行谩骂则是可能被接受的。所以，我们应该根据人际差异、社交文化、特定的交际期待等人际语用因素来分析哪些言语行为或话语是礼貌的、适切的，而哪些是不礼貌、不适切的。Arundale（2010）也强调，礼貌与不礼貌是交际者根据人际关系的亲疏远近、地位高低等所做出的动态的主观评价。换言之，任何非言语行为只要超出特定的交际语境，就可能被视为不适切的，甚至是不礼貌的。例如：

（30）A：哎，知道吗？我为了减肥每天只能吃这么一点点蔬菜，难受死了。
　　　B：哦，这样啊。
　　　A：我以前能穿进去的裤子，现在只能伸进去一只腿，你说烦不烦？
　　　B：（背对A）哦。

此例中A和B两位陌生人在某超市收银处排队付账，A主动跟B闲聊起来，提到让自己觉得痛苦的减肥问题。但是，减肥属于个人私事，跟B没有任何关系，A的类似抱怨或消极性话语通常出现在熟悉的朋友之间才显得更合适。因此，B对A的反应表明，她对A的话语不感兴趣，也不想知道A的故事，所以B的回应是消极的、应付性的。向陌生人过多袒露自己的私事，这种行为本身会被理解为"越界"，从人际交往的角度而言，不是适切的行为，如威胁对方的负面面子，进而会被评价为是不礼貌的。这表明了适切行为与礼貌之间的关系。

总之，Archer等的互动礼貌观指出，礼貌具有评价性，依赖于交际互动，强调交际双方对礼貌的理解及反馈。互动礼貌观也是一种交际礼貌观，重视交际互动中的人际礼貌，这避开了礼貌与不礼貌二分法的弊端，是对传统视角下礼貌与不礼貌问题研究的突破。

5. 结语

以上针对面子与礼貌研究的主要文献梳理显示，两者密不可分，却又相互区别。对面子与礼貌的界定、概念区分往往是人际语用问题研究的首要任务。但是，不同语境下人际语用研究因视角与方法的不同，必然会出现对面子和礼貌的差异化阐释，进而出现对两者联系和区别的观点争论不休。与面子有关的概念（比如身份、人际关系等）对面子研究有怎样的促进作用，依然是值得关注的重要话题。抛开面子，将礼貌作为独立的研究对象是否可行，也是人际语用学值得深入讨论的重要话题。类似问题是社交语用学研究的基本内容，更是人际语用学研究的一个核心议题。

思考题

1. 分析面子和礼貌之间的主要联系与区别。
2. 什么是正面面子和负面面子？列举维护正面面子和负面面子的交际策略。
3. Lakoff 的礼貌观是什么？Leech 提出的礼貌原则的基本内容包括哪些？
4. 为什么说礼貌原则拯救了合作原则？
5. 分析交际礼貌观或互动礼貌观的主要特点，以及它们给人际语用学研究带来的重要启示。
6. 礼貌与规约、习俗、常规、礼仪、道义等之间的主要联系是什么？

推荐阅读

1. Brown, P. & S. C. Levinson. 1987. *Politeness: Some Universals in Language Usage*. Cambridge: Cambridge University Press.
2. Leech, G. 1983. *Principles of Pragmatics*. London: Longman.
3. Leech, G. 2005. Politeness: Is there an East-West divide?《外国语》（6）: 167–206.
4. Spencer-Oatey, H. 2000. *Culturally Speaking: Managing Rapport Through Talk Across Cultures*. London: Continuum.
5. Watts, R. J. 2003. *Politeness: Key Topics in Sociolinguistics*. Cambridge: Cambridge University Press.
6. 何自然、冉永平，2009/2013，《新编语用学概论》，北京：北京大学出版社。

第六讲 不礼貌的语用学研究

1. 引言

长期以来,语用学研究趋向于关注交际中符合社交规范、有助于推进人际关系构建与人际和谐的各种适切性行为,包括合作性、支持性、缓和性、间接性等的话语及交际策略,它们往往是具有礼貌特征的话语或言语行为表现,因此人们更多研究如何表达礼貌、如何避免面子威胁、如何建构和谐关系等方面的人际语用问题。然而,人际交往中具有冲突性、不支持性等负面特征的话语或言语行为往往被忽略,类似具有不礼貌特征的话语或言语行为在早期的语用学研究中是没有受到重视的。这主要源于人们的认识偏见,比如不礼貌被视为正常交际中的边缘化现象(Eelen 2001)。甚至著名的语用学家 Leech(1983:105)也认为,"冲突性的以言行事行为是正常人类语言行为中十分边缘化的现象"。长期以来,类似认识导致了人们对不礼貌现象研究的不重视。其实,在日常交际语境中存在大量的不礼貌言语,很多并不是一种语言使用中的语用失误,有的冒犯性话语或冒犯性言语行为是说话人的刻意行为。这表明不礼貌话语、冲突性言语行为等不仅不是人际交往中的边缘化现象,还在人际交往中起着重要作用(Culpeper, Bousfield & Wichmann 2003)。因此,现有的礼貌理论不能充分说明交际中出现的各种不礼貌现象,需要从新的理论视角进行探究与阐释,因为忽视或回避不礼貌问题所建构的礼貌理论则是不完善和不完整的(Bousfield 2008)。在 Culpeper 看来,礼貌与不礼貌之间存在密不可分的依存关系,是一种"寄生"(parasite)关系(Bousfield 2008: 43; Culpeper 1996: 355)。

礼貌是大家熟知的话题。早在 2,500 年前,在有关古代的埃及、希腊、印度、中国等国家的文明与文化相关的资料中就出现了礼貌问题的介绍。但是,礼貌作为语言学领域的一个学术问题,主要出现在 20 世纪 70 年代,较多的研究成果集中于 80-90 年代。不礼貌(impoliteness)问题则是在 20 世纪末才成为语用学关注的专门话题

（Culpeper 1996）。进入 21 世纪后，不礼貌逐渐成为语用学研究的一个热门话题（Bousfield 2008; Bousfield & Locher 2008; Culpeper 2011）。不仅如此，还出现了"（不）礼貌"（(im)politeness）这一术语，并在礼貌与不礼貌的相关研究中频繁出现，因为礼貌与不礼貌是人际交往、人际语用等问题难以分裂的两个方面（Culpeper, Haugh & Kádár 2017）。近年来，随着人际语用学研究的兴起，越来越多的学者倾向于寻找礼貌和不礼貌的共性特征，从更加宏观的角度审视两者之间的相同点和不同点，进而探究不礼貌的本质。

什么是不礼貌？现有文献表明，存在不同视角下的多种界定与探究重点，因此如同交际中的礼貌一样，难有一个固定的界定（Culpeper, Haugh & Kádár 2017）。比如，不礼貌指说话人所使用的话语给听话人的面子造成了明显威胁，这类话语在特定社会文化团体中通常被视为一种不礼貌的话语使用形式（Watts, Ide & Konrad 1992）；不礼貌就是使用交际策略去攻击他人的面子，因而会造成社会矛盾与不和谐（Culpeper, Bousfield & Wichmann 2003）；不礼貌也可以被定义为，对特定语境下发生的特定行为所持的一种否定态度（Culpeper 2011）。类似研究表明，不礼貌现象不是礼貌的简单反面，而是一种人际语用现象，存在多样化的界定视角，比如有的强调不礼貌的实施手段或策略，有的强调不礼貌的结果。越来越多的研究表明，礼貌与不礼貌问题不是固化的，也不是静态的，而是语境化的人际语用现象。与礼貌一样，不礼貌都是人际交往所涉及的主要议题（Culpeper, Haugh & Kádár 2017），并已融入近年来的人际语用学研究之中。

本讲主要介绍人际交往中的不礼貌研究，包括不礼貌界定、不礼貌模式、互动的不礼貌表现等问题，并梳理不同阶段的主要路径，以帮助读者了解不礼貌问题的研究现状与趋势，克服对礼貌问题的某些认识偏见，进一步完善与发展人际交往所涉及的礼貌理论。同时，我们从宏观的角度，梳理礼貌与不礼貌研究的共性趋势，将近期的研究动态与趋势呈现给读者。

2. 不礼貌的主要研究

2.1 Culpeper 的不礼貌观

礼貌研究基于这样的前提，即个体行为需要遵循一定的社交规约，比如礼貌原则。也就是说，礼貌是交际中的一种普遍现象，不礼貌是一种特殊现象。但在特定语境中，说话人可能因故违反类似礼貌原则或其中的次准则，以实现特定的交际目的，比如传递具有不礼貌特点的交际信息，或改变听话人的行为或认识。Culpeper（1996）认为，虽然针对交际中不友好、冲突等现象的研究早已存在，但仍然缺少针对不礼貌的清晰界定及相关的理论基础。Leech（2007）认为，虚假礼貌也是对礼貌原则的违反，其工作机制不同于礼貌话语或礼貌的言语行为，因此礼貌原则不能全面阐释虚假礼貌及所涉及的人际交往现象。这说明为什么近年来出现了较多针对交际中不礼貌现象的语用学研究成果（Bousfield 2008; Bousfield & Locher 2008; Culpeper 2011; Culpeper, Haugh & Kádár 2017; Kádár 2017）。

不礼貌现象作为一种人与人的交际问题，必然存在一定的实施策略以及与不礼貌有关的语境因素（Culpeper 1996）。于是，Culpeper 把不礼貌划分为固有不礼貌（inherent impoliteness）和虚假不礼貌（mock impoliteness）。不礼貌包含了 Goffman（1967）所提出的意外（accidental）面子伤害或意外不礼貌，他把不礼貌出现的情况分为两种：（1）说话人蓄意威胁听话人的面子；（2）听话人察觉到或认为说话人的话语对自己的面子构成了威胁。他在 Brown 和 Levinson 的面子论基础上，参照交际者之间影响面子威胁的权势关系、社交地位、言语行为的驱使程度等语境因素，总结出了五种不礼貌现象，即不礼貌策略：

A. 直接不礼貌（bald on-record impoliteness）
B. 正面不礼貌（positive impoliteness）
C. 负面不礼貌（negative impoliteness）
D. 讥讽或虚假礼貌（sarcasm or mock politeness）
E. 抑制礼貌（withholding politeness）

以上不礼貌现象涉及交际中的语言表现，Culpeper（1996）进而阐释了损害或威胁听话人面子的语言手段，即不礼貌策略。具体而言，直接不礼貌策略就是说话人有意采用直接的、毫不含糊的手段去威胁听话人的面子，比如在公开场合，一位同事大声谴责另一位同事说："你每次都撒谎，总是有理由不还钱，人品太差了吧！"正面不礼貌策略就是针对听话人的兴趣、意愿、需要、期望、观点、认识等，说话人表现出不理睬、冷落、不关照等话语表现；或在群体中排斥与分离听话人，表示不认同或否定对方；或制造与听话人之间的意见分歧，减少彼此之间的共识；或不支持，公开反对对方的某种观点；或在话语使用中表现出对听话人的漠不关心与冷漠无情；或对听话人使用不恰当的身份标记语，如直呼其名等。类似现象都会损伤或威胁到听话人的正面面子，体现出不礼貌。

负面不礼貌策略包括说话人通过话语吓唬或威慑听话人，进而让对方感觉到对自己不利的行为；或体现对听话人的盛气凌人，进而显示说话人的权势；或侵占听话人的领地，强行占有对方的所有物。在言语交际中说话人的打断、阻挠、插话等也会威胁听话人的负面面子。类似的言语手段就是负面不礼貌手段，即负面不礼貌策略。另外，讥讽或虚假礼貌策略就是在表面看似礼貌的话语，实则传递了不礼貌的交际用意，即在表面上看似礼貌的话语却缺少表示礼貌的真诚，这样的话语也会威胁听话人的面子或引发人际冲突。在人际互动中，当交际一方期待另一方体现出一定程度的礼貌时，如果此时对方沉默不语，就会被视为一种礼貌缺失，是一种对礼貌的抑制。再如，当甲把从国外带回的礼物送给乙时，乙接过礼物却没表达任何谢意，进而威胁甲的面子，这也是一种对礼貌的抑制。此外，围绕不礼貌类型及策略，Culpeper 还结合军事训练话语和戏剧作品对话，进一步分析了现实社会实践等不同语境类型下的不礼貌行为，有些冒犯性话语或言语行为是说话人刻意为之的，或在特定语境（如军事训练）中必然会出现的驱使性话语（如各种指令），因此某些不礼貌话语或不礼貌言语行为不一定是语言使用中的一种语用失误，或不当的语用现象。

Culpeper（1996，2005）描述了不同类型的不礼貌现象及相关策略，而不礼貌模式为探究人际交往中的不礼貌现象、分析人际关系管理的影响因素和人际效果等提供了一定的理论支撑。然而，该模式也存在缺陷，比如脱离具体的交际语境（Mills 2003），即是一种非语境化（decontextualized）的不礼貌框架。为了弥补类似缺陷，Culpeper（2005）、Culpeper et al.（2003）等结合真实的互动语料，证实了交际中存在的不礼貌策略，并发展了该不礼貌模式，探究了这些不礼貌类型在特定语境下的作用或功能，如实施胁迫、表达情态、表达娱乐效果等（Culpeper 2011）。

结合互动交往中人际关系的建构、维护、提升等不同的人际目的，作为一种不礼貌现象，虚假礼貌具有特定语境下的语用功能。例如：

(1) G1：古人可能解剖的技术太差，所以画来画去把经脉画得跟我们的血管不一致。

G2：你想象力太丰富了，不愧是从国外回来的。
H：哈哈，我喜欢您的辩论态度，特别好。

（选自《22观察：中医养生可不可靠》）

此例中，作为养生专家，G2没有直接否定打假专家G1所表达的话语信息，而是进行了象征性称赞（token praise），实则隐含地否定了对方的观点。基于所在的特定语境，G2的目的就是要否定G1作为打假专家的职业身份。在Culpeper的不礼貌框架中，这种虚假礼貌的话语或言语行为被看成为一种不礼貌手段。不过，类似间接性话语是否是交际中的不礼貌问题，需要结合交际语境（包括听话人的回应等）才能恰当地分析所具有的人际语用功能。

2.2 Bousfield 的不礼貌观

礼貌原则（Leech 1983, 2014）系统地阐释了礼貌。至此，该礼貌理论就被视为能够很好地说明交际中违反"合作原则"（Grice 1975）的情况，Leech本人也认为该理论"拯救"了合作原则。为此，早期涉及礼貌的很多研究都会提及交际中的不合作现象及其人际语用理据，进而表明合作原则对礼貌及不礼貌问题的阐释缺陷。可以说，在很多读者甚至学者看来，不礼貌就是一种非合作性行为（uncooperative behaviour）。然而，在有的语境下，不礼貌可以是一种合作性行为（cooperative behaviour）（Bousfield 2008）。

英国学者Derek Bousfield认为，合作原则是诠释交际中隐含信息或言外之意的最好理论，也是能阐释不礼貌行为的理论框架（Bousfield 2008; Bousfield & Locher 2008）。Bousfield认同Brown & Levinson（1978，1987）的面子理论在解读礼貌言语行为的基本框架作用。在他看来，面子不仅是一个人的个体形象，也是交际者个体期望在交际中能够得到他人认可的价值属性，即面子是个体所期望的，且在交际中所构建的。面子会在交际中得到维护，也可能受到威胁或伤害。正面面子与负面面子的类别之分有助于阐释语言交际中策略选择的语用制约，但它们只是面子的两个不同方面，在有的文化语境下也存在解释缺陷。另外，面子也存在个体面子与群体面子之分，群体面子可能涉及个体面子的某方面素质，并在交际过程中通过话语建构而体现出来，个体面子也会影响群体面子的建构与体现，或影响其他成员的面子期望。这样的认识为 Bousfield 等学者在互动语境下的不礼貌研究奠定了理论基础。

为了探究互动交际语境中的不礼貌，Bousfield 梳理了 Brown 和 Levinson 对正面礼貌与负面礼貌的划分及其在不同语言文化背景下的普适性，认为在交际语境下它们之间的二分是站不住脚的。针对交际中不礼貌问题，类似的二分很难具有说服力。由此，为了探究互动交际中的不礼貌问题，Bousfield（2008）进一步回顾了面子的相关理论，包括 Goffman（1967）的三种面子威胁行为——有意威胁、伴随威胁和意外威胁。这表明不礼貌涉及交际者的意图，作为礼貌现象的对立面，不礼貌表现为说话人有意引起冲突，并让听话人能够察觉或感受到的一种面子威胁行为。因此，在 Bousfield 看来，不礼貌不是抽象、静态的，而是交际互动状态下的一种人际语用现象，涉及说话人实施言语行为的意图和该行为对听话人所带来的伤害或侵犯。比如，言语冒犯（如詈骂）就是一种有意为之的不礼貌行为，且会给听话人造成某种程度的面子伤害，或由此引发交际双方之间的冲突与关系分裂，因此类似的行为既是一种不礼貌的现象，也是一种破坏性的行为。

通过比较 Culpeper（1996）与 Lachenicht（1980）的研究，Bousfield 提出了正面面子威胁策略和负面面子威胁策略。实质上，Bousfield 把 Culpeper 提出的不礼貌策略简化为了两类：直接不礼貌（on-record impoliteness）和间接不礼貌（off-record impoliteness）。前者涵盖 Culpeper 的前三种策略，后者包括讥讽或虚假礼貌。说话人利用间接的言语行为来达到伤害听话人面子的不礼貌目的，但也可以通过否认来放弃该目的。基于实例分析，Bousfield（2008）总结了不礼貌的实现方式，比如断然拒绝听话人，或直接表现出冷漠，或直接威胁与恐吓，或明确否定与听话人之间的共同之处，或通过禁忌语进行诅咒与谩骂，或表示鄙视与嘲讽，或故意对听话人使用不恰当的身份标记等。这些都是直接表达不礼貌的语言手段或策略。

此外，Bousfield 还从话语层面和交际层面分析不礼貌的动态性特征及其表现。在话语层面上，他探讨了一些涉及不礼貌信息的话语表现。比如，说话人在话轮开始之时会经常使用一些提醒语（attention-getters），以引导听话人对相关相信的注意，包括将会出现的不礼貌信息。在话轮中间，说话人也可能利用多种言语手段或策略，或重复表述不礼貌的信息内容，凸显对听话人的不礼貌程度。此外，交际中的说话人也会经常利用反诘句、反问句等语言手段，促使听话人做出某种回应,以便传递或强化不礼貌信息,或让对方能更清楚地理解该信息,类似话语被称为不礼貌的后续强化语(post-intensifying utterances)。在交际层面,Bousfield 探讨了引发不礼貌现象的语境要素(包括已知的或共享的背景知识等),以及不礼貌结束的表现方式与策略(比如向对方表示顺从、退让,或退出所在的人际冲突,或出现第三方干预而结束所在的不礼貌交际等)。当然,交际中也可能出现说话人和听话人之间的言辞对立、冲突等不礼貌现象。Bousfield(2008)总结了针对不礼貌现象的回应选择模式,包括接受与否定,其中的否定涉及退让和反抗等的言语表现。

不过,与以往的很多研究不同的是,Bousfield 的不礼貌模式并未脱离具体的交际语境,也并非停留在单一的话语层面,而是根据多个话轮或话语互动片段,探究不礼貌现象,体现交际中不礼貌表现的动态性。类似研究有助于从动态视角探讨人类交际的本质,具有非常重要的现实意义。不礼貌与交际中的语境因素(如交际者身份、性别、交际期待等)存在密切联系,它们之间的关系是今后人际语用学研究的重要议题。因此,在未来的语用学发展中,不礼貌现象是一个值得关注的人际语用问题,我们可以利用各种动态语料对 Bousfield 提出的研究发现进行拓展、验证与补充;可利用量化的研究方法,探究不同类型的不礼貌策略及其所具有的面子攻击性与破坏性;相关议题还包括(不)礼貌与直接性和间接性之间的语用关系,以及结合话语的韵律特征来探究不礼貌的动态性变化等。

3. 人际交往中的不礼貌

自从 Brown & Levinson 提出面子论及其影响下的礼貌观之后,包括 Culpeper(1996)和 Bousfield(2008)等学者在内的多数研究都是以其基本思想为基础,提出交际中的礼貌或不礼貌策略。Culpeper(1996)和 Bousfield(2008)的代表性研究推动了不礼貌研究的进展。但是,他们的早期研究始终没有摆脱将礼貌和不礼貌视为对立面的观点。换言之,他们的研究依然深受 Brown & Levinson(1987)所主张的面子与礼貌思想的影响,很大程度上受到面子分析路径的局限性的制约。所以,从批评性视角出发,Eelen(2001)指出了 Brown & Levinson(1978,1987)对礼貌研究所体现的主要缺陷,这为礼貌的后续研究开拓了新视域,推动了(不)礼貌研究。这引发了人们对礼貌问题的重新审视,也拓展了(不)礼貌研究的视角与方法,包括采用涉及交际过程的话语过程分析法(discursive approach)。礼貌包含多种交际行为,不能只是以避免面子威胁的言语行为为核心,也不能只关注单一的话语行为而忽略交际中的听话人、所在社会或言语社区、话语语境等对(不)礼貌的建构或解构作用,这样做不利于(不)礼貌的动态研究;同时,忽视动态交际的过程性特征也不利于分析人际语用问题的互动表现。

但是,Eelen(2001)指出的相关问题并不构成对 Brown & Levinson(1978,1987)思想的否定。相反,他的批判性思考推动了(不)礼貌研究,引导人们更加关注互动语境下的动态交际,包括礼貌与不礼貌、(不)礼貌与话语等之间的关系,尤其是(不)礼貌与身份、(不)礼貌与关系等之间的建构性特征,以及机构性语境、工作语境等特殊交际语境下的(不)礼貌问题。(不)礼貌问题研究与现实交际相结合能够帮助我们更好地理解互动交际所涉及的人际语用问题,以及语言形式与策略选择所涉及的语用制约。

要厘清礼貌和不礼貌的关系,我们需要搞清楚两者的界定。以往的研究主要根据 Brown & Levinson(1978,1987)的面子威胁及面子缓和理论来探究礼貌和不礼貌,将礼貌研究限制在面子分析的框架内,礼貌涉及对他人面子的维护,但这不能很好地解释礼貌和不礼貌之间的关系。针对礼貌问题,早期的主要观点认为,礼貌和不礼貌是二元对立的。随着研究的逐渐深入,这种二分法无法更好地解释一些特定的礼貌现象(如虚假礼貌、虚假不礼貌等),为此人们开始审视两者之间的关系,同时提出了体现交际过程的话语分析法,将礼貌和不礼貌视为一个动态变化的连续体,而不是割裂的。Brown & Levinson(1978,1987)及其追随者并不认为礼貌的界定存在问题,但对更加重视交际动态性及其建构性特征的学者来说,面子视角下的礼貌概念存在局限性。于是,Terkourafi(2001)提出了礼貌的框架分析法,认为礼貌不仅是避免冲突的一种缓和策略,也是一种"社会索引"(social indexing)(Kasper 1990)。也就是说,语言选择离不开称呼语、敬语、身份标记等社会信息标记,对类似社会信息的恰当选择与表达是策略性礼貌的一种体现。Locher & Watts(2008)等从人际关系的角度出发,关注交际中语言选择的人际关系问题以及动态交际中的关系建构,其中就涉及礼貌和不礼貌现象,即:礼貌与不礼貌问题是人际关系问题，而不是语言动态交际中的一个独立问题。总之，从早期对礼貌和不礼貌之间的二分对立到连续体，再到融入人际关系的动态建构与维护，体现了礼貌研究的发展过程。这种变化很大程度上受到了话语转向思潮的影响，当代的人际关系研究特别强调体现交际过程的话语分析法，体现了（不）礼貌研究的新特征。下面我们简要介绍话语的（不）礼貌表现问题。

针对话语的（不）礼貌问题，主要存在两种观点：一种观点认为（不）礼貌是话语的固有属性，如 Culpeper（2011）认为，话语本身可以表达（不）礼貌的信息，即这类话语本身就是（不）礼貌的；另一种观点则认为，语言行为或话语本身不表达礼貌或不礼貌的信息，即话语信息是否为（不）礼貌信息取决于交际语境，且往往是在交际语境中建构的（Locher & Watts 2008）。按照 Culpeper（2011）等的观点，咒骂语、詈骂语等往往具有明显的冒犯性，因此该话语本身就是不礼貌的。但是，这种冒犯性话语不一定会引起听话人的不礼貌理解。例如：

（2）（A 和 B 是老夫老妻）
  A：哎，你穿这大花布衫子出去干啥啊，我都嫌你丢人！
  B：滚犊子，就你好看！

（选自《乡村爱情》）

按照 Culpeper（2011）的观点，此例中 B 的话语"滚犊子"属于一种詈骂语，就是冒犯他人的不礼貌用语，这是该话语或结构的一种固有属性。但是，鉴于交际参与者之间的夫妻关系，即便话语具有冒犯性，却不一定会产生让对方感到冒犯的结果。因此，话语是否表达（不）礼貌的人际信息，是否一定会导致人际不和谐甚至冲突，并不完全取决于话语本身的含义，而是取决于该话语所在的交际语境，尤其是交际参与者之间的关系、身份、地位等因素。但是在以下的交际语境中，说话人的冒犯却引发了对方的不礼貌理解。

（3）（娱乐访谈中，主持人 OLY 正在采访影视演员 TH）
  OLY：就看着你这个切鸭脖，这个给我印象［非常深刻］
  TH：   ［非常深刻啊，@］
  OLY：由于这个 TH 出色的表演呢，也大大带动了中国鸭脖子这个视频工业的发展。
  TH：@@@

OLY：全国人民都爱上了啃鸭脖哈，整个这个影片的切鸭脖的这个动作都是这个＝

TH：＝当然是自己的。

（选自《咏乐汇》）

此例中，主持人 OLY 首先对 TH 在影片中的出色表现进行了评价，并以调侃的口吻肯定了对方的表现。但他话锋一转，认为 TH 切鸭脖这一动作可能是他的替身完成的，然而话语还没说完，TH 就立刻打断 OLY 来进行回应，大声说明是自己本人出演，并没有使用任何替身。从 TH 的回应方式看，他将 OLY 带有调侃意味的话语理解成了一种冒犯，体现了对方话语的不礼貌。类似例子表明，（不）礼貌信息并不完全等同于话语信息，受制于互动过程的多种语境因素，我们需要结合交际过程的互动表现来进行基于交际过程的话语分析，才能更好地认识人际交往中（不）礼貌的语用问题（Haugh 2007a, 2007b）。

4. 社会实践中的不礼貌

礼貌与不礼貌的研究视角具有多样化特征，也存在不同的关注焦点。有的研究注重礼貌或不礼貌表现的语言形式或策略选择，有的研究关注它们的建构性特征，有的研究关注它们的交际效果或人际特征，也有的研究关注交际者对礼貌或不礼貌表现的理解与评价。下面着重介绍 Haugh、Kádár 等学者的相关研究，展现（不）礼貌研究的主要趋势，比如作为一种社会实践的（不）礼貌现象、（不）礼貌的评价问题、不礼貌现象所涉及的道德秩序（moral order）等。同时，（不）礼貌或不礼貌的语言形式与策略选择在人际关系建构与人际关系维护中发挥着重要作用，因此也是人际语用学所关注的重点内容。

礼貌普遍被看成人际交往之间的一种社交制约和行为规范，是人们在社会互动中需要遵循的行为准则。为此，Leech（1983，2014）把礼貌当成一种人际修辞。近年来，很多研究都把语言使用与交际行为、社会实践等紧密联系起来，（不）礼貌也被看成一种社会实践，这体现了人们从社会互动视阈去重新审视礼貌与不礼貌问题。具体地说，交际互动是由诸多的社会行为构成，它们之间相互关联，或具有连续性特征。一个新出现的行为可能是其前序行为的结果，也可能成为后续行为的开端。这表明交际互动是由诸多的话语行为构成的,前后话语之间互为影响,话语意义互为佐证。因此,Kádár & Haugh(2013)认为,(不)礼貌是在交际互动中出现的,是交际参与者的一种社会行为,是通过社会实践得以具现化表现的。这说明,礼貌和不礼貌是交际中的动态现象,而不是特定语言形式所固有的交际特征。例如:

  (4)(A 看到 B 的书画作品,表示佩服)
    A:你的字写得也太漂亮了,观赏你的作品简直就是一种艺术享受!
    B:哪里哪里,小时候父母看得紧,不得不每天都练习,才有今天的。
    A:哎呀,你太谦虚了!

此例中,A 直接表扬 B 的书画作品,而表扬可以被认为是一种以话语为形式的社会实践或人际沟通。B 的回应表达了自我谦虚,这是符合中国文化语境下的一种回应方式,也遵循了 Leech(1983)在礼貌原则中所提出的谦逊准则,随后所提供的附加信息同样表明了 B 的谦虚,也可被视为一种话语形式的社会实践。人际交往的礼貌是通过社会实践行为(如此例的赞扬)所表现出来的,或在该过程中建构的。重要的是,在互动过程中交际双方都明白彼此要传递的礼貌信息。进一步来讲,针对 A 的表扬,B 将其评价为一种礼貌表达,B 的回应反过来也体现了 A 的礼貌,因此礼貌是交际者对互动性社会实践的一种评价,同时礼貌评价也可以被看成一种社会实践。比如,A 在第三个话轮中识别出了 B 的礼貌,并将 B 的礼貌进一步评价为一种谦虚行为。这个例子反映了 Haugh(2015)的主张:(不)礼貌评价源于社会实践,同时也是社会实践的体现。

  近年来,越来越多的研究将(不)礼貌看成为对说话人话语行为的一种评价性社会实践。那么,(不)礼貌的评价标准以及评价内容应该是什么呢?对此,Kádár & Haugh(2013)指出,道德秩序是各种社会实践的一个评价标准。不过,就道德秩序的界定而言,目前还没有完全一致的认识。它通常被认为是一定语境下人们应该遵循的、为大家所知的且普遍所期待的一种约定,并构成对人们日常交际行为或社会实践的一种限定与制约。因此,遵循道德秩序或道德规范会被视为一种礼貌的表现,而违反道德秩序则可能被看成一种不礼貌行为。这就是一种道德范畴内的共知,它已成为理解、评价交际行为和社会实践等的一种共知（Haugh 2013b）。具体而言，社会实践是由道德秩序维护的；同样，不礼貌评价作为一种社会活动也要依靠特定社会群体所形成的道德秩序，即评价说话人是否礼貌不是取决于话语本身的字面意义，而是受制于该话语在交际语境下所传递的语用信息及所依附的道德秩序，因为交际行为或社会实践是在特定语境下进行的，其中必然离不开与道德秩序有关的评价。可见，道德秩序是制约交际行为或社会实践的一种规范，也是判定该行为是否符合特定规范的一种评价标准，同时还可以通过交际者所遵循的道德秩序，凸显其自身的群体归属或群体性身份特征。此外，对（不）礼貌的评价，我们还应关注交际者之间人际关系的疏离（Haugh & Bargiela-Chiappini 2010; Haugh & Bousfield 2012）。例如：

（5）（A、B是一对男女情侣，他们在节目录制现场争吵起来，C进行了调解）

B：一个男人，跟朋友吃个饭怎么了？有你这么小心眼的男人么！

A：就不行！你以为自己是谁啊？凭什么男的都请你吃饭啊？请你你就去啊？你把自己当什么了！

C：哎哎哎，小伙子注意言辞啊，我们来是解决问题的。

（选自《爱情保卫战》）

此类例子有助于说明道德秩序与不礼貌评价的关系。首先，A对B经常与异性朋友外出吃饭而感到很生气，并进行阻止，但女方却认为吃饭属于正常交际，并无不妥，而男方则坚持自己的反对意见；同时，男方还认为女方随便答应异性朋友吃饭的邀请是自贬身价，但对女方来说，这是具有冒犯性的话语，因而彼此之间出现了激烈冲突。第三方C也看出了该话语的不恰当性，进而提醒A注意言辞。本例显示，调解者C对A话语的不恰当性（如不礼貌等）评价离不开相关的道德判断，如不应该在公开场合对他人进行冒犯、侮辱、不尊重等。

人际交往中的（不）礼貌是听话人对说话人行为的一种评价，这说明（不）礼貌研究应该关注交际的参与者视角（Haugh 2013a）。同时，Kádár & Haugh（2013）指出，不礼貌评价也是一种社会行为，需要考虑交际语境、参与者框架以及研究者本人对于该参与框架的定位。通过对人际交往行为的研究，Haugh等学者认为，（不）礼貌评价与社会行为、道德秩序、话语意义等存在密切联系。因此，（不）礼貌的语言学研究应该结合多元化的理论视角，避免遵循从说话人到听话人的单向路径和采用简单化的参与框架（participation framework）。若结合民俗学、社会学、人类学、交际学等学科理论，以及会话分析等研究方法，就更能说明语言使用与策略选择的语用理据，更好地理解运用道德秩序的语用意义，进而深入探索不礼貌现象的本质及其所依附的道德秩序等问题。这是近年来礼貌与不礼貌研究所出现的新趋势（Kádár & Haugh 2013; Kádár 2017）。

如前所言，（不）礼貌表现是一种评价性的社会行为与社会实践，通过动态的交际过程可以更好地揭示影响语言或策略选择的人际语用限制。Haugh（2015）提出了分析作为社会实践的（不）礼貌分析框架，强调元语用分析（metapragmatic analysis）对探究动态交际中（不）礼貌问题的重要作用。比如，通过元话语的语用分析，有助于揭示交际者对相关信息的（不）礼貌评价与理解（Kádár & Haugh 2013）。所谓元话语的语用分析（即元语用分析），就是通过元语言、元认知、元交际、元话语意识等表现，分析涉及的（不）礼貌等信息表达与理解的语用意识，这是交际者所体现出的一种自我反身意识（reflexive awareness）。作为语用学研究的一种动态分析法，它强调关注交际过程中特定言语行为、行为效果、话语信息、交际用意等所体现的语用意识。例如：

（6）（A 和 B 是好友，两人在酒吧闲聊）
A：你就是一蠢货，那种当你也上啊？
B：你的意思是我自讨苦吃呗？不会说话就别说！
A：哎？怎么，还真生气了啊？

此例中，A 使用了咒骂话语，于是在一定程度上冒犯了 B。通过元话语，B 重述了 A 话语所表达的用意，并认为对方不会说话。通过该重述，表明听话人已把说话人的话语理解为了一种冒犯，因而是不礼貌的，A 的回应也佐证了 B 的理解与生气。可见，元话语提出的语用信息可以帮助我们更好地识别和理解交际中的不礼貌表现及其人际语用效果。

5. 结语

不礼貌研究经历了早期以礼貌和面子为主的研究，即礼貌的第一波（first wave）研究，过渡到了重视交际互动中的礼貌评价，即礼貌的第二波（second wave）研究，并在人际关系框架下讨论礼貌。如今，（不）礼貌研究已进入第三波（third wave）阶段，即（不）礼貌被视为一种社会实践。可以说，（不）礼貌研究主要涉及（不）礼貌的本质、（不）礼貌的评价、（不）礼貌的道德秩序，以及（不）礼貌与面子、身份、人际关系等相关概念之间的关系。也就是说，（不）礼貌不再是一个单向的静态问题或涉及单个因素的语用现象。比如，Garcés-Conejos Blitvich et al.（2013）等从人际关系的角度，探讨交际互动中的身份建构，但与以往研究不同的是，他们并不是从分析面子威胁的视角出发，而是探究交际者的身份与不礼貌评价之间的互动关系。不过，（不）礼貌评价在很大程度上受制于交际语境，然而现有研究关注更多的是日常交际中的（不）礼貌问题，机构性交际语境下的各种（不）礼貌现象还有待深入探究；同时，还应注意不同文化语境下的（不）礼貌现象及其异同。只有这样，我们才能更全面地了解（不）礼貌现象的表现、出现的语用理据等，并深入了解非语境下的（不）礼貌差异，进而把握影响人际交往与影响人际关系的语用因素。

  本讲主要介绍了围绕不礼貌话题的主要研究，包括不礼貌模式及其研究变化与趋势，从不同的层面阐述了不礼貌模式的特点、不礼貌信息表达与理解的研究视角等，包括 Culpeper 强调的说话人视角，Bousfield 强调的说话人和听话人视角。然后，讨论了（不）礼貌研究面对的挑战，以及礼貌与不礼貌之间的关系，探讨了有关（不）礼貌的最新研究趋势，特别是 Bousfield、Culpeper、Haugh、Kádár 等学者在这一领域的研究成果。他们从更宏观的角度强调交际中不礼貌的动态表现、语境依附，以及交际主体对（不）礼貌的评价，并重视道德秩序等制约因素对不礼貌现象的影响。这些成果为我们进一步探究（不）礼貌现象提供了更加宽广的理论视角，拓展了（不）礼貌问题的研究空间，有助于帮助我们进一步认识交际中话语产生与理解的人际语用制约机制与效果。

思考题

1. 如何界定不礼貌？分析它与礼貌之间的主要区别。
2. 虚假礼貌是否是一种不礼貌现象？分析它与不礼貌之间的联系。

3. 阐述 Culpeper 提出的不礼貌观主要内容。
4. 分析 Bousfield 和 Culpeper 对不礼貌策略的不同认识。
5. 举例说明社会实践中的不礼貌现象以及由此引发的人际交往负面效应。
6. 举例说明在对不礼貌现象的评价中，道德秩序等因素的制约作用。

推荐阅读

1. Bousfield, D. 2008. *Impoliteness in Interaction*. Amsterdam: John Benjamins.
2. Bousfield, D. & M. A. Locher. 2008. *Impoliteness in Language: Studies on Its Interplay with Power in Theory and Practice*. Berlin: Mouton de Gruyter.
3. Culpeper, J. 1996. Towards an anatomy of impoliteness. *Journal of Pragmatics* 25: 349–367.
4. Culpeper, J. 2011. *Impoliteness: Using Language to Cause Offence*. Cambridge: Cambridge University Press.
5. Kádár, D. Z. & M. Haugh. 2013. *Understanding Politeness*. Cambridge: Cambridge University Press.

第七讲 虚假礼貌的语用学研究

1. 引言

如前面章节所述，遵循礼貌原则是实现成功交际的重要因素，因此语用学研究一直重视人际交往中的礼貌现象。近些年来，不礼貌问题得到广泛关注，并被视为人际语用学研究的主要内容之一。然而，针对交际中的礼貌和不礼貌现象，存在不同视角与研究问题下的众多界定，如：礼貌是减弱话语冲突的一种方式（Lakoff 1973）；礼貌是一种面子维护（Brown & Levinson 1987）；礼貌是为了维护社会的平衡以及友善关系（Leech 1983）；礼貌是在不同社会条件下的规范性行为（Gu 1990）；礼貌是交际者对人际距离或亲疏关系的一种正确解读与评价（Arundale 2010; Archer et al. 2012）；等等。

随着礼貌研究的广泛深入，20世纪后期人们开始关注礼貌与不礼貌类型及对人际关系的影响。Beebe（1995）认为，我们不能将礼貌与不礼貌行为视为两个极端，有些言语行为与话语在表面上是礼貌的，却威胁听话人的面子，所以是不礼貌的，他把这种行为称为"不实际的礼貌"（pushy politeness）。Kienpointner（1997）指出，交际中一些操纵性或非真诚的言语礼貌（insincere politeness）应当被视为非理性的，所以也是不礼貌行为。同样，有学者认为，虚假礼貌是表面上的礼貌而实际上的不礼貌（王建华 1998）。Culpeper（1996，2011）将虚假礼貌视为一种嘲讽（sarcasm），认为其属于不礼貌言行。与此类似，Bousfield（2008）把不礼貌分为直接不礼貌与隐性不礼貌，后者包括虚假礼貌。Haugh & Bousfield（2012）研究了交际中的虚假不礼貌，并将其视为一种社会评价，但没有定义与分析虚假礼貌。Xie（2003）认为，礼貌与不礼貌的界定需要考量交际者言语的真诚度（sincerity degree），但他们没有对此进一步论证与分析。同样，Leech（2007）将礼貌分为绝对礼貌和相对礼貌，前者指言语行为所固有的不依赖语境的礼貌性，后者是依靠语境才能判定的礼貌性。Fracchiolla（2011）指出，礼貌可作为一种间接攻击对方的辩论策略，使对方低微的社会地位或身份不变，但他没有总结和分析此类礼貌话语的虚假本质。

可见，学者们对礼貌、不礼貌及其语境依赖、人际效果等语用学热点问题关注很多。然而，以往针对人际交往礼貌和不礼貌问题的研究多聚焦于言语行为或话语的意图分析，却缺少探究类似意图的真实性，尤其对人际交往中虚假礼貌的关注不够。我们认为，在交际中说话人选择客气的礼貌用语，看似拉近了自己与听话人的距离，并体现自身教养或建构自我身份，但这种表面上文雅得体的话语却可能间接地否定听话人的面子或身份。也就是说，虚假礼貌话语在表面上遵循了礼貌原则的某准则，但同时违背其他准则，受制于说话人的交际目的，如维护或建构说话人的自我形象，或维护人际关系和谐，加强人际关系管理等。

本讲主要讨论人际交往中的虚假礼貌现象，包括虚假礼貌的实现方式、语用特征，以及基于人际关系管理的语用理据（李成团、冉永平 2014），意在深入剖析人际交往中的礼貌、不礼貌、虚假礼貌等现象的不同表现。

2. 虚假礼貌的体现方式

言语交际中虚假礼貌是说话人蓄意操纵使用的言语行为，说话人多采用表面移情进行视点站位，以实现特定的交际目的，如构建自我身份、隐含否定听话人等。虚假礼貌言语行为的实施影响人际关系。Spencer-Oatey（2000）认为，Brown 和 Levinson 的面子理论不能很好地解释交际中的关系问题，因此她提出了关系管理理论，包括面子管理与社交权管理，而面子是人们对得到他人认可和赞赏的需要，包括素质面子（quality face）和身份面子（identity face）。素质面子指人们想得到他人对自己的个人素质（包括知识、能力、外表等）的积极评价，与自己的自尊、形象等有关；身份面子指人们想得到他人承认与支持自己在社会或群体中的社会身份或角色（如领导、密友、重要的客户等）。社交权与个人/社会的期望有关，反映人们对是否公平、是否被关照、是否被社会认可或排斥等问题的关心，它由公平权（equity rights）和交往权（association rights）构成。公平权指有权受到他人的注意，得到公平的对待，不被他人无端强迫或命令，不被他人利用；

交往权指有与他人保持符合关系的联系或交往的权利。这种权利包括与他人进行谈话交流的联系权，也包括情感联系权，即人们在一定程度上得到他人的关心、能够与他人分享感受与兴趣等。素质面子与平等权属于独立的个人层面，身份面子与交往权属于相互依赖的社会层面。在人际交往中所出现的虚假礼貌可能涉及类似的人际关系管理问题。

交际中体现说话人虚假礼貌的方式很多，且存在交际者之间的个体差异。比如，说话人通过自我站位、对方站位或他人站位的方式，体现交际所需的虚假礼貌。下面我们结合语料，讨论虚假礼貌的一些体现方式。

2.1 先礼后兵

"先礼后兵"是虚假礼貌的一种言语行为体现方式，说话人通过表面道歉或表面称赞，以拉近与听话人之间的社交距离，但又可能借助对比等方式，通过某些隐含说话人自身社会地位或身份等相关信息的词语，间接表达说话人的身份信息，旨在拉大彼此之间的社交距离。从社交语用的角度看，说话人首先遵循了得体准则与一致准则，但随后又违反赞誉准则和谦逊准则（Leech 1983），间接地威胁听话人的身份面子，却维护或凸显了说话人的身份面子（Spencer-Oatey 2000）。例如：

（1）[语境：说话人是小丽男友的姑姑。姑姑不理会小丽，一直背对着小丽和哥哥聊天。小丽尴尬地和男友为大家点餐。]
01 姑姑：对不起啊，我们顾着说话，冷落了你。
02 小丽：啊，不会呀，没有关系。
03 姑姑：我们说的不是慈善筹款就是舞会的事情，全部都是上流社会的活动，你很少接触。不过不要紧，改日带你去 ball 见识一下，如果你不怕闷的话。
04 男友：Daddy，我突然想起大学有要紧的事。我跟小丽妹先走了。

（选自《谈情说案》）

此例中，说话人（01）从自我站位的角度出发，对先前的不当行为表示道歉，这符合礼貌原则中的得体准则；说话人（03）又遵循了一致准则，利用条件从句"如果你不怕闷的话"减少双方的分歧，尽量增加彼此之间的一致性或趋同性，但同时说话人提及所参与的群体活动"舞会"和"筹善款"，这又违反了谦逊准则，间接地表达了自我有别于对方的上流社会身份信息，凸显了自我优越的社会身份，这隐含地否定了对方的社会地位和群体归属。因此，该道歉（01）实为一种虚假礼貌，后续话语（03）隐含地否定了听话人的群体归属。我们认为，说话人利用虚假礼貌建构了自我身份，凸显了自我有修养的素质面子（Spencer-Oatey 2002）。

（2）[语境：奶奶 Grantham 的孙女没有继承权，所以财产有可能由 Mathew 替代继承。奶奶对此心怀不满，并到律师办公室拜见 Mathew，咨询遗产继承。]

01 Mathew: Aunt Cora!
02 Grantham: I hope I am not a disappointment. I'll pay you the compliment that I do not believe you wish to inherit just because nobody's investigated properly.
03 Mathew: No, but.
04 Grantham: Nor can Mary accuse you of making trouble when you suffer most from a discovery.
05 Mathew: You're right that I don't wish to benefit at Mary's expense from an ignorance of law.

（选自 *Downton Abbey*）

以上言谈中，Mathew（01）误以为姑姑 Cora 来了，奶奶 Grantham（02）首先从自我站位出发，遵循了礼貌原则中的谦逊准则，利用自嘲性话语"I hope I am not a disappointment"建构了积极的素质面子，同时遵循了慷慨准则，没有责备对方的错误，尽量使自己吃亏，进而利用表面赞扬"I'll pay you the compliment that ..."，间接传递了含义：如果 Mathew 不争夺遗产继承，其人品值得称赞。这种虚假礼貌其实是一种隐含的告诫与否定，间接地威胁了对方的素质面子（Spencer-Oatey 2000）。

可见，此类"先礼后兵"的虚假礼貌是相对不礼貌的，因为它以表面礼貌（表面道歉、象征性赞扬等）的方式，获得了威胁对方面子的社交取效（Chang & Haugh 2011），或简称为"外柔内刚"（iron fist in a velvet glove）取效（Bayraktaroglu & Sifianou 2012）。

2.2 象征性移情

象征性移情（token empathy）或"表里不一"是虚假礼貌的一种言语行为体现方式。语用移情（pragmatic empathy）是一种换位思考，从对方的视角考虑问题，或从对方的物质、心理或情感等方面的需要出发，替对方着想，理解或满足对方的需求，意在实现交际双方之间的情感趋同（冉永平 2007）。然而，象征性移情只是表面的移情站位，实际用意在于表达交际双方之间的情感趋异，而非趋同。例如，在人际交往中，说话人表面上称赞听话人（即遵循礼貌原则中的赞誉原则），实际是对听话人的负面评价，或让对方感到尴尬难受。换言之，说话人常以表面移情的方式，遵循礼貌原则所要求的同情准则，表示对听话人或所在群内成员的象征性同情，维护听话人的情感联系权，以体现说话人通情达理的素质面子（Spencer-Oatey 2000）。例如：

（3）[语境：说话人是小丽男友的姑姑，请小丽喝咖啡]
01 姑姑：话说回来，你们住在这些三山五岳的地方，也没学坏，没入黑社会，没吸毒总算可以酬神了。对了，你那个个子小声音大的二哥开水果店？
02 小丽：他只是在一间水果店打工。
03 姑姑：那也是。既要卖东西，又要送货，扛扛抬抬那些了，怪不得他作街坊打扮了。这也对，做这些粗活，一定是浑身臭汗，还是通爽一些好。

（选自《谈情说案》）

此例中，说话人（01）利用语用移情方式，表面设身处地关心听话人，借用文雅术语"三山五岳"（实指三教九流聚集之地），映射对方的家境不好。此外，说话人（03）通过肯定回应性话语标记语"那也是""怪不得""这也对"等，表示自己的体谅和理解，意在增加双方之间的一致性，减少彼此的分歧与感情对立。这种象征性移情具有双重的交际效果：表面上关心听话人，维护对方或所在群体的素质面子和情感联系权，实则间接地威胁对方的身份面子，建构说话人通情达理的素质面子（Spencer-Oatey 2000）。

（4）[语境：Mary 想和 Richard 分手，导致了相互之间的争吵，进

来帮忙的 Mathew 与 Richard 打起来；Robert 是 Mary 的父亲]

01 Robert: Stop this at once! I presume you'll be leaving tomorrow. What time shall I order your car?
02 Richard: How smooth you are! What a model of manners and elegance! I wonder if you'll be quite so serene when papers are full of your eldest daughter's exploits.
03 Robert: I shall do my best.[奶奶 Grantham 进来]
04 Grantham: What on earth is the matter?
05 Richard: I am leaving in the morning, Lady Grantham. I doubt we will meet again.
06 Grantham: Do you promise?

（选自 *Downton Abbey*）

该语境中，Robert（01）提供的是一种虚假帮助（token offer），即："I presume you'll be leaving tomorrow. What time shall I order your car?" 这种虚假帮助在表面上体现的是听话人站位，表示一种他者利益或体现对他者的关心体贴，但其真正意图则是胁迫对方离开。这种表面移情维护或建构说话人自我的积极素质面子，却间接地威胁了听话人的社交公平权（Spencer-Oatey 2005a）。同样，Richard 利用表面夸奖的虚假礼貌言语行为（02），象征性赞扬 Robert 做事周到。如果交际双方直接命令对方离开或斥责对方表里不一，则会引发人际冲突。可见，这类虚假礼貌的言语行为同时具有间接的胁迫功能（Culpeper 2011）与人际和谐维护功能，以及具有面子支持（face-supportive）与面子威胁（face-threatening）的功能（Turner 1996）。

以上分析表明，虚假礼貌言语行为的实施受制于特定的交际目的，如隐含告诫，维护或建构所期望的身份面子，间接胁迫听话人等。因此，虚假礼貌言语行为的"非真实性"表现在说话人为实现特定的交际目的而蓄意使用。同时，在虚假礼貌言语行为的实施过程中，说话人通常进行表面上的或象征性的视点站位或移情，从听话人的视角思考问题，替对方着想，或关心理解对方，但其真正用意在于表达情感或立场的趋异，所以虚假礼貌的话语或言语行为同时具有面子维护和面子威胁的人际语用功能。

2.3 指桑骂槐

"指桑骂槐"（allusions）（Glucksberg 1995）指从他人站位的角度出发，发出言语行为或生成话语，是虚假礼貌的一种体现方式，包括类似的以下几种情况：（1）说话人通过贬低自己所属群体的其他成员或不在场的第三方，间接抬高听话人，这符合礼貌原则的谦逊准则；（2）说话人建构不利于听话人的言谈或引出相关话题，由在场的第三方说出，然后说话人假意维护听话人的面子，这符合礼貌原则中的同情准则和一致准则；（3）说话人提醒或命令第三方，象征性地表扬听话人。这三种体现他人站位的方式都是为了间接否定听话人的身份在进行铺垫。例如：

(5) [语境：钱太太路过，和姑姑打招呼，顺便看看小丽；小丽是警察，与姑姑儿子恋爱中。]
01 姑姑：这种人真的很虚伪，你别看她表面笑口迎人，其实她很势利眼。
02 小丽：不是啊，不觉得啊！
03 姑姑：你不知道，上流社会的人你少接触；他们表面客客气气，其实就很刻薄，一定是刚才那位钱太太听说 Kingsley 认识了一个当女警的女朋友，有点看不起，所以过来打量一番，不用管她。既然是 Kingsley 的女朋友，就要有心理准备，她真的食古不化的，如果要讲登对，香港有多少个女孩子配得起我们 Kingsley？
04 小丽：不好意思啊，我突然想起有事要做，我先走了。

（选自《谈情说案》）

在此语境中，说话人（03）通过话语"他们表面客气，其实刻薄"意在贬损自我所属的上流社会，贬低第三方（钱太太）的势利，通过"不用管她，她真的食古不化"安慰听话人，试图建立与听话人的群内关系（in-groupness），接受并支持听话人。这符合礼貌原则中的一致准则和慷慨准则。然而，通过后续话语中"登对""有多少配得起"等，说话人间接地将听话人排斥到了所属群体之外。这种虚假礼貌的言语行为超出了听话人的心理期待或交际期待——原以为说话人话语的站位有利于自己或与自己趋同。可见，此类虚假礼貌言语手段的目的在于隐现听话人的群外身份,从而隐含地威胁对方的素质面子或身份面子,甚至迫使对方退却或放弃,这也体现了虚假礼貌言语行为的间接胁迫功能(coercive function)(Culpeper 2011)。

(6)[语境:钟太太与陈太太在玩牌时都下了很大的赌注,因此阿凤想退出不玩了。]
01 梁太太:说起赖账,有次我看到有本杂志说,你妈妈打牌赖账,是否真的?
02 阿　凤:其实那些杂志写的……
03 钟太太:其实那些杂志最喜欢夸大,他们写十成,你信一成就好了。
04 陈太太:不,近来杂志经常说子聪和阿凤不久会结婚,那我们要相信多少成?
05 钟太太:这方面的消息啊你信一成也会死。子聪和阿凤拍拖,我并无意见,但提到结婚,我的儿子还没定性。

(选自《谈情说案》)

此例中,说话人(钟太太)引出了不利于听话人(阿凤)的话题(01),并由在场的第三方(梁太太)讲出(01)。当听话人试图为母亲辩解时,说话人(钟太太)(03)忙着替阿凤解围,并贬低那些八卦杂志,以维护听话人的素质面子。这遵循了礼貌原则中的一致准则和同情准则,利于缩短言谈双方的心理距离。随后,双方一问一答,讲到阿凤和钟太太儿子的婚事话题(04)时,说话人(钟太太)使用了夸张的口吻("这方面的消息啊你信一成也会死")(05),表面上指责该杂志不可信,实则暗讽听话人(阿凤)的一厢情愿,这超出了听话人的交际期待(原认为钟太太站位于自己,趋同于自我)(Spencer-Oatey 2005b)。这也体现了虚假礼貌言语行为所具有的间接胁迫功能(Culpeper 2011)。

下面例(7)中,说话人通过提醒第三方,象征性表扬听话人,却间接否定了听话人的素质面子。这也是一种"指桑骂槐"的虚假礼貌言语行为方式。

(7)[语境:Lynette欢迎自称有钱的老同学Renee的来访。]
01 R: Look at you all, what a perfect little suburban picture!

02 L: Well, you know, I've been blessed.

03 R: I got to say, Lynette, this place is adorable. It is so cozy and intimate and ...

04 L: Pay attention, kids. You're learning a lot of new words for "small".

05 R: Oh, that's not what I meant. I hate banging around my lonely old barn of house. Sometimes weeks go without me running with a servant.

06 L: I am sure you see them on whipping day.

07 R: Lynette, why so mean? I worked on these compliments all the way from airports.

08 L: Drive slower, next time.

09 R: This should be the way to go. Stripped down to the bare essentials. You know, more people should live like this.

10 L: Most people do live like this. When you're flying in your private jet, you look down and go, wow, they look like ants down there. We are the ants!

11 R: The team, the jet, the money. It's the fantasy. This is what I yearn for. This is real. (摸了摸餐桌) This is sticky.

（选自 *Desperate Housewives*）

在以上交际语境中，Renee 表面上夸奖 Lynette 的住所（01 与 03），但 "cozy" "intimate" 等用语又间接表明该住所狭小。对此，Lynette 提醒第三方 "Pay attention, kids. You're learning a lot of new words for 'small'"（04），象征性地表扬了 Renee 的言辞丰富，实则暗讽其虚假的礼貌话语。但在随后的话轮中，Renee 明示自己在从机场来的路上绞尽脑汁想赞美用语，这也证明了 Renee 前续礼貌言语的非真实性。对此，Lynette 的回应 "Drive slower, next time"（08）貌似关心，实则暗讽对方应该多花时间想出更好的夸奖方式；然后，通过自我嘲讽 "We are the ants"（10），凸显了对方与自己的身份差异，最后迫使对方不再使用虚假礼貌的言语手段，直接明示自己的视点站位（11）。

总之，在以上几种言语行为或话语方式中，体现了交际中说话人的虚假礼貌。通过例释，我们可以发现类似言语行为的非真实性特征，具体如下：

（1）遵循与违背礼貌准则的矛盾性。具体来说，虚假礼貌言语行为在遵循礼貌原则的某些准则时却同时违反了其他准则。

（2）虚假礼貌言语行为使用的蓄意性。主要因为受制于特定的交际目的，如建构身份、间接胁迫、隐含否定等。

（3）移情站位的表面性。表现为一种象征性移情，如表面上从听话人的视角出发或表示趋同，实则表示趋异。

（4）心理期待的不对等性。主要表现为不满足或超出听话人的交际期待，或出现不对等效应。

3. 虚假礼貌的语用理据

虚假礼貌是人际交往中常见的言语现象，具有社交语用制约的普遍性。虚假礼貌现象的存在，很大程度上受制于人际交往的礼貌所需和人际关系管理，也存在人际交往的语用理据。通过以上对人际交往虚假礼貌体现方式的分析，我们总结出了虚假礼貌言语行为或话语的本质特征。其中，在虚假礼貌言语的使用中，说话人既可以遵守礼貌原则的某准则，也可能同时违反其他准则，而 Leech（2007）认为虚假礼貌违反礼貌原则，其工作机制与真诚的礼貌言语表现相反。这说明，礼貌原则不能全面解释虚假礼貌这一言语现象的本质。另外，说话人使用虚假礼貌的话语经常会涉及交际第三方或听话人所属的社会群体等社会关系。比如，"指桑骂槐"的多种情况都涉及在场或不在场的交际第三方，而礼貌原则主要根据受损—受益等情况划分准则，没有关注包括交际第三方在内的个体、社会群体、身份类属等因素。与礼貌原则相比，人际关系管理论（Spencer-Oatey 2000, 2008）能够更全面地解释人际交往中的虚假礼貌现象，因为它从说话人个体与社会群体两个角度出发，分析人际关系两大构成（即交际双方的面子和权势）的个体与社会层面（包括个人素质面子、社会身份面子、个人平等权与社会联系权）。下面结合 Spencer-Oatey（2000，2008）的关系管理论重点分析虚假礼貌表现的语用理据。

3.1 人际交往中的自我身份建构

虚假礼貌言语行为的使用与说话人所期待建构的身份有关。交际双方的面子是涉及人际关系管理的重要因素,包括交际者个人层面的素质面子与社会或群体层面的身份面子,为此自我期待的身份建构包括素质面子与身份面子两方面(Spencer-Oatey 2000, 2008)。Watts (1992)指出,礼貌象征着一个人良好的修养与一定的社会地位,但并非一定要考虑尊重他人。Ehlich(1992)和 Sell(1992)认为,说话人的修养与社会地位会促使其选择一定的礼貌言行,以建构自己的身份。在交际语境中,虚假礼貌言语行为的使用旨在建构说话人自我期待的身份。例如:

(8)[语境:姑姑约小丽去餐厅。]
01 姑姑:不好意思,上次在医院,我们很担心 Kinsley 的伤势,说话的语气重了一点,你不要介意啊。
02 小丽:不会的,明白的。
03 姑姑:请你吃下午茶作补偿吧。对了你们怎么会住在品流复杂的地方?那里的租金便宜些吗?
04 小丽:不是,我爸爸退休之前当警察,他一直驻守在油麻地,图那边比较方便也近一点,一住就住了二十多年。
05 姑姑:原来是这样,不过换上是我,就算住得远一点也无所谓,最重要的是环境够高尚嘛。

(选自《谈情说案》)

在以上语境中,说话人首先对先前的不当行为表示歉意(01),这符合礼貌原则中的得体准则;随后表达了对听话人的关心(03),以维护双方的情感,尤其是维护听话人的情感联系权;然后说话人(05)进行了视点站位的转移,如指示语转换,由"你们"转换成"我",呈现自我观点("环境够高尚"),体现自我与听话人之间的群体归属差异,建构了自我的身份面子(上流社会人士追求高尚环境,而不是品流复杂的地方),同时通过象征性移情(01 和 03),建构了说话人有修养、仁慈的长辈身份形象。可见,说话人采用虚假礼貌的言语行为,主要目的在于建构所期待的自我身份形象。这说明人际交往中交际者总会利用各种言语行为或话语方式,创建有利于自我身份的语境(Lakoff 1989; Lakoff & Ide 2006)。可以说,采用虚假礼貌的言语行为或话语就是其中的有效方式之一。

3.2 人际交往中的和谐取向

说话人使用虚假礼貌的言语行为,与人际关系管理的人际语用目的密切联系。Spencer-Oatey(2000,2008)提出调节交际者之间(不)和谐关系的人际关系管理理论,意在探讨交际者之间如何通过语言使用去建立、维护或提升人际关系和社会关系,或破坏或威胁类似的关系。人际交往中存在如下主要的和谐取向(rapport orientation):

(1)和谐—维护取向。指说话人存在维护或保护人际交往和谐关系的意愿或意图,目的在于维持或维护现有的和谐关系。

(2)和谐—增强取向。指说话人存在增强或提升人际交往和谐关系的意愿或意图,目的在于取得人际关系的积极变化。

(3)和谐—挑战取向。指说话人存在挑战或损害人际交往和谐关系的意愿或意图,进而影响人际关系的和谐,给人际关系带来负面影响。

(4)和谐—忽略取向。指说话人不关心或不重视人际交往的和谐关系,忽略对人际关系的维护与管理,从而给人际关系带来负面影响。

以上不同类型的和谐取向为解释人际交往中的策略选择、言语行为选择等提供了理论支撑。说话人采用的虚假礼貌言语行为也具有和谐—维护取向的人际语用功能,表现为说话人希望维护或保护交际双方之间现有的人际关系,而不是努力实现现有关系的积极变化(Spencer-Oatey 2000)。比如,说话人使用象征性赞扬、表面同意或道歉等方式,有助于减弱某些言语行为(如不同意、否定等)给对方的面子、身份等可能带来的负面影响。例如:

(9)[语境:Grace 一家到 Gaby 家去聚餐,看见对方准备了丰盛的食品,于是 Grace 的母亲表示赞扬;Carlos 是 Gaby 的丈夫。]
01 Carlos: Hey, happy thanksgiving!
02 Grace's mother: Ay, it smells so wonderful!
03 Gaby: Well, Carlos and I have been working our butts off all day.
04 Carlos: She did her hair for two hours and told me where the can opener was.
05 Gaby: Who set the table?
06 Carlos: Juanita.
07 Gaby: Under my supervision.

(选自 *Desperate Housewives*)

根据上述语境，Carlos 听到妻子自夸（03），便进行了表面附和（04），这遵循了礼貌原则中的一致准则。该虚假礼貌隐含地否定了对方，Carlos 选择该言语行为的目的在于减弱对对方的素质面子与身份面子的威胁，维护双方当前的人际关系。如果 Carlos 在公众面前直接挖苦妻子，势必会导致双方关系的负面变化，甚至引起话语冲突。因此，Carlos 的虚假礼貌言语行为具有和谐—维护取向的作用，维护了当前的人际关系和谐（Spencer-Oatey 2000, 2008）。基于以上分析，我们可以总结出虚假礼貌话语发生的几种语境条件：（1）当说话人想要建构有利于自我的身份和面子时；（2）当说话人表面遵循礼貌原则的某（些）准则，但又同时违反其他准则时；（3）当说话人希望维护人际关系的和谐时。

4. 人际交往中的（不）礼貌观重塑

以上重点讨论了虚假礼貌言语行为的表现方式、特征和语用理据。针对交际中的话语或言语行为选择，我们不难发现礼貌原则的解释力有限，即不能全面解释虚假礼貌言语现象出现的人际语用理据和人际语用功能。首先，虚假礼貌话语的出现既可以表示遵循了礼貌原则的某准则，也可以表明同时违反了其他准则，这是交际中所体现出的一种矛盾与冲突性问题。Leech（2007）认为虚假礼貌违反了礼貌原则，其工作原理与礼貌话语相反。其次，"指桑骂槐"的几种情况都关系到交际在场或不在场的第三方，Leech 只从说话人角度进行受益—受损的考量，提出礼貌原则的多个准则，没有关注包括第三方在内的集体、社会群体、身份类属等因素。此外，Leech 认为礼貌原则同样适用于建构不礼貌理论，因为不礼貌的话语就是对礼貌原则的忽略与违反，而虚假礼貌言语行为也可以违反礼貌原则，但它不一定是不礼貌的话语现象。

与礼貌原则相比，人际关系管理论能够更好地解释人际交往中出现的虚假礼貌，因为它从说话人个体（交际者个体）与社会群体（交际者群体）的两个角度出发，即兼顾人际关系构成与管理的个体与社会层面。以上例证显示，说话人通过自我站位、对方站位与他人站位，如"先礼后兵""表里不一""指桑骂槐"等，采用虚假礼貌的言语行为去实现特定的交际目的，如隐含地否定对方的面子、建构自我期待的身份或维护人际关系和谐。交际互动中的礼貌问题是人际关系（不）和谐管理的部分内容，包括交际者对礼貌的主观评价。基于和谐取向的人际关系管理能够更好地解释交际中的虚假礼貌现象，这构成了人际关系管理论的核心思想之一（Spencer-Oatey 2005b）。

　　因此，我们应该结合虚假礼貌的语用理据和人际关系管理的主要思想，对人际交往中的（不）礼貌观进行某种程度上的重塑与修正。人际关系管理并非就是说话人对静态的语言形式及其礼貌表现的管理，而是指交际双方对动态的话语选择及其特定语境下的礼貌表现、人际效果等所进行的管理。说话人根据人际关系管理目标的不同取向（包括和谐—维护取向、和谐—增强取向、和谐—挑战取向及和谐—忽略取向），结合交际双方的社交距离、身份地位等，通过使用虚假礼貌话语或言语行为，实现交际目的，从而影响交际双方的人际关系。说话人使用的虚假礼貌话语是否会引发听话人的（不）礼貌评价，要依据交际语境而定。换言之，听话人需要依赖交际双方的关系（包括身份、亲疏等），才能对说话人的虚假礼貌行为有一个准确的理解并做出恰当回应。所以，虚假礼貌话语是礼貌的还是不礼貌的，需视具体语境而定。有时它是相对礼貌的，如以上"指桑骂槐"的第三种情况；有时它是相对不礼貌的，如"先礼后兵"的情况；有时它同时具有面子支持性与面子威胁性，如象征性移情。因此，虚假礼貌处于绝对礼貌/跨语境礼貌（context-spanning politeness）与绝对不礼貌/跨语境不礼貌（context-spanning impoliteness）的中间阶段。可见，礼貌与不礼貌不是两个对立的极端，而是一个连续体，虚假礼貌与虚假不礼貌都是该连续体中的一部分，礼貌话语具有跨语境的礼貌性与和谐增强取向，不礼貌话语具有跨语境的不礼貌性与和谐威胁取向，而虚假（不）礼貌话语具有语境依附的（不）礼貌性与和谐维护取向或忽略取向，如图所示。

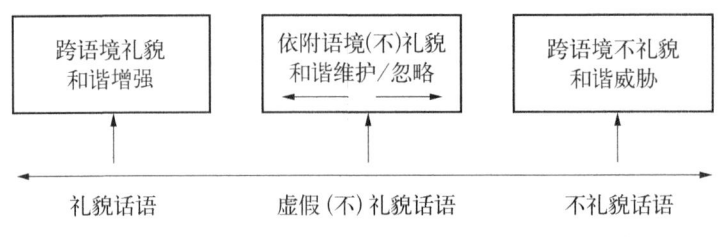

图 7.1　礼貌、不礼貌与虚假（不）礼貌组成的连续体

总的来说，在不同的交际语境中说话人和听话人需要根据亲疏关系、身份特征等人际因素，合适地定位自我与他人，兼顾交际双方所需的素质面子与身份面子，采用恰当的话语或言语行为，维护公平权与交往权，才能在信息交际中建构礼貌意义，实现人际关系的和谐管理。基于以上分析，我们认为，礼貌本质上是说话人对人际交往中社会距离、亲疏关系等的一种正确解读，并据此选择恰当的话语或言语行为，以实现人际关系和谐。

5. 结语

基于 Leech（1983）的礼貌原则和 Spencer-Oatey（2000，2008）的人际关系管理论，本讲分析了虚假礼貌的话语表现或言语行为方式，如"先礼后兵""表里不一""指桑骂槐"等，并总结了虚假礼貌的非真实性特征，如遵循与违背礼貌准则的矛盾性、虚假礼貌言语行为使用的蓄意性、移情站位的表面性，以及心理期待的不对等性，此外总结了出现虚假礼貌言语行为的语境条件。

最后，本讲指出了 Leech 的礼貌原则存在的不足。礼貌原则不能全面解释人际交往出现虚假礼貌言语行为或虚假礼貌话语的本质，而 Spencer-Oatey 的人际关系管理论对此具有很强的阐释力。为此，我们尝试性地结合虚假礼貌现象，基于人际关系和谐管理论，对人际（不）礼貌观进行了重塑：礼貌与不礼貌不是两个对立的极端，而是一个连续体，虚假礼貌与虚假不礼貌都是该连续体中的一部分；礼貌话语具有跨语境的礼貌性与和谐增强取向，不礼貌话语具有跨语境的不礼貌性与和谐威胁取向，而虚假（不）礼貌话语具有依附语境的（不）礼貌性及和谐维护取向或忽略取向。

总之，本讲重点分析了人际交往虚假礼貌言语行为的实现方式、本质特征和语用理据，为探究人际交往（不）礼貌的实际表现、本质特征及礼貌思想重构提供了新的分析视角。在语用学中，虚假礼貌现象尚未受到研究者们的充分关注，值得读者进行深入探究。

思考题

1. 什么算是虚假礼貌？列举现实交际中出现过的虚假礼貌现象。
2. 分析虚假礼貌与不礼貌之间的主要区别，并结合自己的亲身经历，分别列举1—2个真实例子进行分析。
3. 根据话语选择或策略选择，分别说明人际交往中的四种和谐取向。
4. Leech等学者强调要遵循礼貌原则，但为什么人际交往中存在虚假礼貌现象？
5. 分析虚假礼貌现象对维护或建构人际关系的积极作用。

推荐阅读

1. Culpeper, J. 1996. Towards an anatomy of impoliteness. *Journal of Pragmatics* 25: 349–367.
2. Culpeper, J. 2011. *Using Language to Cause Offense*. Cambridge: Cambridge University Press.
3. Gu, Y. G. 1990. Politeness phenomena in modern Chinese. *Journal of Pragmatics* 14: 237–257.
4. Leech, G. 1983. *Principles of Pragmatics*. London: Longman.
5. Spencer-Oatey, H. 2000. *Culturally Speaking: Managing Rapport through Talk across Cultures*. London: Continuum International Publishing Group.

第八讲 身份建构的语用学研究

1. 引言

进入 21 世纪以来,身份建构的语用学研究已取得了较多成果。我们认为,按照所涉研究内容的重点,身份建构的语用学研究可大致划分为三个阶段。第一阶段注重分析身份建构的类型及其语用标记,包括专家身份建构及其职业或专业术语(如行话、职业话语等)的使用(Van De Mieroop 2007)、职业身份建构及其相应的正式语域(Lorenzo-Dus 2005)、专家身份建构及其类别标记(Wilkinson & Kitzinger 2003)、成人群体的身份建构及情态强示语等的使用(Macaulay 2009)。第二阶段主要聚焦于分析身份建构与面子、(不)礼貌等之间的影响关系,比如,Spencer-Oatey(2007)借助 Simon(2004)提出的个人身份心理视角,分析身份与面子之间的关系;Higgins(2007)使用群体归属的分析法(Antaki & Widdicombe 1998)探究自我及他人的面子与社会身份之间的影响关系。第三阶段重视关注身份的动态建构和交际参与者的共同建构,以及如何融入身份理论去建构人际(不)礼貌体系,比如不少学者(如 Garcés-Conejos Blitvich, Lorenzo-Dus & Bou-Franch 2010; Haugh 2010a; Lorenzo-Dus 2009;李成团、冉永平 2012)强调身份是由说话人和听话人共建的,并影响即时交际语境中话语行为的(不)礼貌评价;Garcés-Conejos Blitvich(2013)进一步指出了交际中的身份确认与(不)礼貌评价之间的关系,这涉及动态交际中身份与身份建构的人际语用问题。

以上介绍了身份建构的语用学研究的三个阶段,虽然人们重视借助其他学科的分析视角进行探索,但对语用学视角下身份建构的人际因素和语用理据等的重视和深入探究显得不够。为此,学者们日益强调身份建构的人际语用学视角。Locher & Graham(2010)等学者提出了人际语用学(interpersonal pragmatics)研究的基本思路,阐释了人际语用学的界定(Locher & Graham 2010)、人际语用学研究的理论视角（如身份协商论）(De Fina 2006; 2010)、人际效果的语言策略（如尊重策略）(Haugh 2010b)、不同语境类型的人际语用问题（如医患交际）(Davis 2010)等方面。这些研究都涉及身份及其动态建构的作用，体现了身份研究领域与议题的广泛性，说明了相关研究在人际语用学中的重要地位。

近些年来，语用学与（不）礼貌研究的西方学者（如 Arundale, 2010, 2013; Garcés-Conejos Blitvich 2013; Haugh 2013b; Locher 2008, 2013）结合人际语用学的研究议题和发展趋势，指出了人际语用学与身份建构研究之间的关系（李成团、冉永平 2017）。然而，如何在人际语用视域下探究交际中的身份建构，揭示其在该动态过程中话语表现及其人际语用理据，是目前人际语用学研究所面临的挑战，也是人际语用学研究亟需完成的任务。

本讲主要结合人际语用学的相关研究，总结身份建构的分析范围、原则与议题，旨在为身份研究提供一些主要议题和理论视角（李成团、冉永平 2015，2017）。为此，本讲首先介绍身份建构的研究背景、现状与特点，然后综合社会建构主义原则、交互原则、站位原则和指示原则，总结和归纳身份建构的人际语用原则，最后分析讨论人际语用学视角下的人际关系建构、人际情态表达与人际关系评价等的相关问题，以期为身份研究提供新的导向。

2. 身份建构的人际语用目的

2.1 人际关系的多维因素

人际语用学是从语用学视角研究人际交往，主要源于 Leech（1983）提出的人际修辞论和 Brown & Levinson（1978，1987）等提出的礼貌观（Haugh, Kádár & Mills 2013）。围绕前者的研究发展成了社交语用学的一个分支，对于后者的研究构成了礼貌研究的主要内容。早期的人际问题研究主要围绕面子和礼貌展开的，而礼貌主要受到 Goffman（1967）思想的影响，被看成自我形象的维护。然而，近年来的礼貌研究逐步结合或转向更宏观的人际语用学视角，比如在人际关系维护、人际关系建构等的框架下界定礼貌，并把礼貌与人际语用问题结合起来（Locher & Watts 2008），考察人际关系和谐管理（rapport management）

（Spencer-Oatey 2008, 2013）、交际互动中的面子建构（Arundale 2010）等，人们更强调动态语境下礼貌、面子、身份、关系等之间的相互联系与互动影响，以及对交际者之间关系建构、维护或管理等宏观的人际问题。类似的研究路向强调融合影响交际的多个因素，促进了整合性研究，更利于推动人际语用学的发展。传统的语用学研究则没有将面子、礼貌、身份等置于人际关系及其建构的整体框架之内。

（不）礼貌研究是人际语用学形成的关键，"关系/关系建构"（relating/to relate）等已成为人际语用问题研究的关键词和中心议题（Locher 2013）。事实上，有关人际交往的诸多问题与（不）礼貌、面子、身份等研究紧密联系，难免出现所涉议题的重合。作为一种研究语言交往与互动中人际问题的语用视角，人际语用学的本质是多学科或跨学科的，旨在为语用学和交际及其相关领域的研究搭桥，而不是创造更深的学科界限（Haugh, Kádár & Mills 2013）。因此，Haugh、Kádár & Mills（2013）认为，围绕语言使用中的人际关系建构、人际情态表现、人际关系评价等内容的人际语用学研究，超越了仅针对面子、（不）礼貌等的单向研究，将范围扩展到了与情感、关系、身份建构等有关的人际问题和社交指示信息（O'Driscoll 2013）。为此，我们就不难理解为什么语用学研究出现了对人际关系的重视，以及相关研究所出现的"关系转向"（冉永平、刘平 2015）。比如，面子就是交际中的一种关系，关涉人际主体之间的关系疏离和关系拉近，是一个涉及交际主体的建构性概念。这就是一种人际关系视角下的面子论（Arundale 2010）。

作为语用学专题研究的新兴领域，人际语用学研究社交场合中人们如何使用语言来建立和处理人际关系（Locher & Graham 2010），人际语用能力研究便受到高度重视。在人际语用学看来，语言使用就是社会语境下的一种语言实践和语言生活。因此，语用学研究需要密切关注语言信息传递以外的社会实践功能，以及其中的人际因素，比如人际关系的建构与维护，交际者的身份建构，交际者的权势、地位、利益等因素的利用与表现。从人际语用的视角出发，语用学研究更加重视研究人际交往过程中针对人际关系建构与维护的语用方式和语用策略，以及所实现的人际语用效果和人际交往语用功能（比如如何建构社会生态环境下的人际和谐关系）。类似问题的研究都是人际语用学的范畴，体现了语言研究与人际交往、社会实践等之间的内在联系与统一。

2.2 身份建构的语用特征

交际中的身份建构具有人际语用特征，因为"身份是主体之间产生的而不是个体产生的，是交际互动中涌现的而不是事先指定的"（Bucholtz & Hall 2005: 587）。这说明身份需要交际双方甚至多方进行协商与共建（De Fina 2010）。在人际语用学视角下，针对身份及其建构的研究涉及语言使用中的人际关系建构、人际情态表现、人际关系评价等诸多方面，因而具有多元性与多面性，主要有以下特点。

首先，身份建构与人际关系紧密相关。交际互动中的人际关系包括地位、亲疏、角色、权利与义务等社交关联（Culpeper & Haugh 2014），它们可以通过会话之类的言谈互动进行调节。关系是交际主体之间相互建构的，表现为相互之间的面子建构、身份建构等（Arundale 2010）。基于此，面子等概念不应该是一个单向的、静态的交际概念，不同于 Goffman（1967）等所坚持的观点，即面子是他人眼中的一种公共形象，社会就是自我与他人的集合体。为此，Arundale（2010）从社会行为的建构主义视角出发，提出了面子建构论，认为面子是在动态交际过程中产生的，由交际双方或多方共同建构，涉及人际关系的和谐与冲突、依附与分离。这种动态的社会关系既能解释交际中个体身份的建构、维护与修正，也能解释社会体系与社交规范如何在人际交往中得以建构、维护与改变。另外，从人际语用学视角（Garcés-Conejos Blitvich 2013; Haugh, Kádár & Mills 2013; Spencer-Oatey 2013）来看，关系是两个或多个交际者个体共同关注，且需要彼此顾及的一种联系，涉及交际语境下所建构的自我身份；建构人际关系表现为对交际者的身份予以关照。由此可见，关系、关系建构和身份建构等之间是紧密联系的，前者是后者的成因（Locher 2013）。

其次，身份建构与人际情态的信息表达密不可分。人际情态是一种人际关系信息，通过交际互动中说话人的视角选择、站位（positioning）等表现出来，体现人际关系情感投射和情感类型，如慷慨、同情、喜好等的积极情感，或厌恶、憎恶、惧怕、发怒等的消极情感（Culpeper & Haugh 2014）。与人际态度紧密相关且同时出现的是人际情感，包括交际者表现出的各种情感与心境，如非理性的或主观的、无意的或有意的、真实的或虚假的情感及心境。一方面，作为主要交际行为的情态表达不仅能够建立、维护或改变与他人之间的人际关系（Floyd 2006），而且还能提高或降低说话人的个人及社会身份。比如，说话人对他人的"尊重"态度能够体现交际双方的身份关系，以及对关系建构的作用，并凸显人际身份与地位的差异（Haugh 2010b）；另一方面，语用学研究（Culpeper 2011; Garcés-Conejos Blitvich 2013）与多模态交际研究（Fisher & Adams 1994; Stets & Turner 2006）发现，身份的建构、协商与证实能够引发交际者之间的不同情感。比如，交际者的参与角色、临时性身份或地位得不到他人的认同时，可能引发不良的情感后果，如感到尴尬甚至羞辱，或感到心情不舒畅，或感到沮丧与悲伤。反过来，类似情感的出现也会驱动交际者努力去改变、重构或恢复特有的身份，从而有利于互动交际的顺利进行。

再者，选择不同的言语形式与策略建构身份，影响交际者对人际关系的评价。人际关系评价涉及交际双方或多方对彼此之间关系的评价，这会影响对彼此之间人际关系的理解与感受，有时甚至会影响交际者的行为（Kádár & Haugh 2013）。Littlejohn（1983）指出，交际中说话人需要建立与他人及外在世界之间的联系，实现途径包括类化（assimilation）与适应（accommodation）。前者指说话人改变自我对他人的评价，以适应自我对自我的评价，换言之，如果他人否定了自我身份的某些积极属性，说话人就会重新评价他人；后者指如果他人对自我身份进行不断的否定与拒绝，说话人就会改变对自我身份的评价，以适应自我对他人的评价。这一观点与 Spencer-Oatey（2008，2013）的主张一致，认为说话人选用特定的语言手段或策略建构人际关系与身份关系，会引起双方或多方对彼此言语行为的评价。如果说话人否定、拒绝或鄙视交际中所出现或建构的身份，就会引起对方对该行为的不礼貌评价；反之则会出现礼貌评价。同时，随着互动言谈交际的推进，交际者之间的地位、身份、远近亲疏等人际关系也会被重新评价，甚至发生改变。

由此可见，人际语用学视角下的身份建构涉及人际关系建构、人际情态表达、人际关系评价等多个方面，且相互影响。然而，传统的语用学研究未采用动态的建构模式分析礼貌与面子等问题。在人际语用学视角下，以上问题研究能够相互映射，揭示身份建构与维护的多元和多面的本质（Haugh, Kádár & Mills 2013）。下面我们结合人际语用学研究，归纳和总结身份建构的人际语用原则，以便深入探索身份建构的人际语用本质与理据。

3. 身份建构的分析原则

人际语用学研究语境中人们如何通过语言建立和管理人际关系（Locher & Graham 2010），为阐释人际交往与互动提供了一种语用视角。同时由于人际关系建构与管理涉及身份、面子、礼貌等方面因素，这表明人际语用学在本质上是多学科的或跨学科的。因此，研究身份与身份建构的人际语用原则也应该是多元和兼收并蓄的。根据相关文献，我们总结和归纳出了分析有关身份建构的主要原则。

3.1 社会建构主义原则

在人际语用学视角下，关系是指两个或多个交际者个体之间共同关注、彼此照顾所形成的一种社会关系，交际者个体就是体现和建构存在社会关系的自我；人际关系管理包括表现和照顾交际中的个体身份。社会建构主义原则（Hall 2000）帮助我们从社会实践与人际关系角度去分析身份建构，因为它提供了这样的认知基础：身份建构不能脱离社会实践和具体的交际语境，身份建构本质上是动态发展的、涌现的，也离不开人际协商。

具体说来，社会建构主义原则认为，身份建构是一个过程：（1）此过程发生在具体明确的互动语境中；（2）此过程产生多元的身份集合体，而非单一的、独立的个体属性；（3）此过程并非起源于单一个体，而是来自明显社会化的协商过程与具体的情景化过程；（4）此过程需要互动的交际活动（De Fina 2010）。该原则反对传统的身份观，认为身份建构不是固定不变的单一身份的自我表征，而是不同交际中多种身份特征的自我呈现（Hall 2000）。它包括三个核心准则：（1）所有的身份类别都是通过交际过程创立与协商的；（2）个体与社会不是对立存在的，而是相互依存的；（3）个体身份不能脱离社交互动与实践而抽象存在，社交互动与实践提供选择各种语言形式与策略去建构身份的框架与限制。

基于这样的视角，Bucholtz & Hall（2005）提出了涌现原则，反映了身份建构的动态性与互动性。一方面，身份不仅是说话人在社会实践中反映自我类属的心理机制，更是通过社会语言行为所建构的结果；另一方面，说话人的语言使用并非总是与常规赋予的自我社会类属相符合，这表明说话人的身份并非先存在于语言实践，而是在该实践中动态建构的。

社会建构主义原则将身份建构与人际语用问题研究紧密联系起来，该原则主张，身份建构依赖于具体的动态交际过程，是与他人在社会实践中共同实现的。这体现了人际语用学视域下身份建构的涌现性与人际协商性，为我们认识身份建构的本质提供了概念前提（De Fina 2010: 207）。

3.2 交互原则

人际语用学强调关注听话人在说话人身份建构中所起的重要作用，并从听话人理解的角度分析身份建构，以凸显身份建构的人际交互性（Joseph 2013）。人际语用学研究的重点就是身份与人际关系的建构，关注交际者在动态交际过程中如何呈现、发展、证实、协商与关照身份（Locher 2013）。这进一步说明了 Bucholtz & Hall（2005）提出的交互原则（relationality principle）的重要意义。交互原则强调身份建构的人际交互性，即身份建构不是自发的、独立的，而是在与其他社会角色的关联中获得社会意义。具体来说，身份建构是一种具有交互性特征的关系（relational）现象，说话人主要是在交际主体之间形成相似与差异、真实与虚假等对立关系，实现身份建构。

针对身份建构，我们可利用交际中形成的相似与差异的对立关系进行分析。前者指个体之间、群体之间在身份特征方面所体现出的对等性或相似性，后者则强调它们之间的身份特征差异。与此相吻合的是社会身份理论（Tajfel 1982; Tajfel & Turner 1986）所强调的群内身份与群外身份：前者指某个体所归属的群体类别，后者指不同于自我归属的他者群体类别。在互动交际中，说话人会竭力维护自我的群内身份，排斥甚至贬低群外身份。因此，相似与差异的对立关系成为探究身份建构（包括职业身份建构）以及人际关系建构的主要维度。例如：

(1)（G1：产品制造商；G2：公司经理；G3：媒体评论员；H：主持人）

01 G1：我赞成李先生的观点，我自己的标准很严。

02 G2：我认为这是中国经济的一个发展阶段。……有些小加工厂抓一把就跑。

03 G3: 对，你说的这个观点很对，就是抓一把就跑嘛，啊。
04 G2: 这是一个过程，但并不是主流。
05 G3: 我跟你说吧，现在你们三个，我今天发现了一个问题，（H：哈），除了我之外，这三个然后都是既得利益者，你没看，你请出来的都是搞外贸的。
06 H: 都是既得利益者。
07 G3: 都是赚到钱了，你知道吧，把老百姓的生命不顾，环境你吃坏了就吃坏了，该（H & 现场观众：哈哈 + 鼓掌）
08 H: 等一下，你怀疑他们三个身份都一样都是。请问现场的观众，你认为我导演的，不可能，好了，有举赞成有举反对的。

（选自《一虎一席谈：中国制造是不是面临信誉危机？》）

根据以上语境，G1 和 G2 都认为一些公司确实看重眼前利益（01，02），G3 利用信息重复手段"就是抓一把就跑嘛"（03），然后指出其他辩论者都是搞外贸的既得利益者（05）。利用对比方式，G3 建构了差异化的自我身份，即作为与商家身份相对的消费者身份。G3 进而利用修辞疑问句，强化对方的职业身份并利用讽刺的口气传达了与对方之间的身份差异和关系趋异（05）。群体归属的价值取决于与其他群体的关系，如"我们之所以是我们，因为他们不是我们"（Tajfel 1982: 124）。有别于 G1 和 G2 的商家身份，G3 的消费者身份是通过呈现对方的身份特征而建构的（Bucholtz & Hall 2005; Spencer-Oatey 2007）。在类似的交际语境中，通过这种"相似—差异"关系维度上的身份对比，说话人建构和彰显了不同于其他交际者的职业性身份特征。

在交际中形成真实与虚假的对立关系，表示说话人对特定身份的真实性和虚假性的确认。前者强调交际过程中的身份真实性，后者揭示身份及其建构的不完整性或不正当性，具体表现为虚假身份、片面身份、问题身份等。比如，说话人可以通过强化对方的身份特征，表达对所涉话题的不可靠性或虚假性，进而体现自我的权威性，这是职业性或专业性身份建构所体现的语用功能。例如：

（2）（A：博物馆馆长；B：考古学家）
01 A: 联合国教科文组织的人看到了之后感到十分的惊叹。我们文物壁画保护的技术很高。
02 B: 首先周先生是搞室内的，不是搞考古学的，应该说，你

　　　　　是搞历史学的是吧？比如从这个河北帝王墓的壁画和
　　　　　陕西的壁画来看，应该说破坏是多，保存是少的。
　03 A：这个问题啊，其实我应该把这个球踢回去，我现在反
　　　　　而要问问考古工作者他们是以什么心态工作的，说句
　　　　　很不好听的话，小农意识太浓厚了，相互封锁。为什
　　　　　么做不出来？我做的东西是我的，别人不能碰。
　04 B：我们中央考古工作组在……

根据以上会话语境，A 认为文物壁画保护的技术很高（01），但 B 没有直接否定其观点，而是指出对方是历史学而非考古学的专业背景（02），间接表达了对方的职业性或专业性的身份特征，隐含了对方不适合讨论所涉话题的含意等。同时，B 凸显了自我身份的专业性特征，进而隐含了讨论所涉话题的适切性。简言之，B 通过对比自我与对方的专业背景，隐含地否定了对方的职业身份，同时建构了自我的专家身份（Bucholtz & Hall 2005）。

　　此外，互动交际中说话人还可通过语言使用，授予或强化某人的权利，也可以解除、剥夺或有意忽略某人的权利，这同样是一种建构身份的表现，这种情况多出现在机构性交际语境。因此，人际关系管理映射了人与人之间身份关系、权利关系、地位差异等的动态建构与变化，它们之间的作用是交互的。可以说，交互原则不仅可以体现不同语境下的交际互动性及其互动的不同维度，还体现了交际者之间出现的相似与差异、真实与虚假等关系，并呈现与确认不同类型的身份属性，如真实身份、虚假身份等的相关特征，从而建构不同的身份类别与人际关系。所以，交互原则为探析身份建构与人际关系建构提供了切入点。

3.3　站位原则

　　人际语用学研究离不开人际关系建构与管理所涉及的情态、站位等信息。说话人不仅通过语言手段传递命题内容，还表达对身份信息、身份建构、人际关系等的某种态度与情感。站位原则（positionality principle）（Bucholtz & Hall 2005）为我们分析身份建构涉及的心理情态与评价提供了具体的分析路径，它指在交际中说话人通过站位表达评价、情感与认知倾向（Davies & Harré 1990; Du Bois 2004），将自我与他人定位为具有不同身份特征的群体。因此，我们可以利用互动交

际中的站位关系,分析说话人如何建构自我身份与他人身份,并探究说话人对自我与他人所属群体的趋同或趋异的情感依附。

站位原则源于站位理论(Bamberg 2004; Davies & Harré 1990)。该理论认为,站位是一种工具,可用来描述话语如何反映或建构说话人的自我心理与身份。有些身份类属(如性别)很少通过语言形式直接标示出来,而是通过交际中说话人采用的情态与评价站位来进行建构的(Du Bois 2004)。

站位成为分析身份建构与人际情态的有力工具。在临时性的交际站位中,说话人的意识形态、交际角色、情感、立场等会通过他人的回应与评价体现出来,比如被接受、被拒绝或受到赞赏等(De Fina, Schiffrin & Bamberg 2006)。说话人通过趋同站位,表达对对方的积极态度、身份认同等,由此引发交际双方之间在情感等方面的相互理解与移情,从而建构积极的人际关系(Giles & Powesland 1997; Littlejohn 1983)。此外,通过站位,说话人不仅可对自我与他人的身份关系进行评价,还可以对不在场的交际第三方进行评价,并表示站位。可见,站位原则有助于我们分析动态交际过程中的人际关系,探究站位所表达的情态与评价,深入分析身份与人际关系在情态维度上的建构。例如:

(3)(G1:期刊编辑;G2:社科院教授;H:主持人)
01 G1: 我认为诸葛亮是一条狗——一只藏獒,没有思想与灵魂的人。
02 G2: 这要娱乐名嘴再对话了的话,我是不是可以撤了。
03 G1: 你应该回去看看真正富有人性的东西。
04 G2: 我看了比你,你不用。
05 G1: 但是你很糊涂。
06 H: 等一下。
07 G2: 你没有资格说这个话。
08 H: 从现在开始不要讲伤人的话。
09 G2: 我能说你无赖吗?
10 H: 对不起,如果现在用形容词来攻击对方的话,很抱歉,我就请你走进神坛。

(选自《一虎一席谈:该不该把诸葛亮拉下神坛?》)

在以上会话语境中,G1强烈反对将诸葛亮神圣化,并对其进行贬低(01);G2没有直接反驳G1,而是通过趋异的站位(02),间接否定了对方，并隐含地表示对方不适合评论当前话题的含意。同时，G2 通过这种站位的评价，建构了具有文化素养的自我身份，即该语境下的职业身份。可见，G2 通过站位在交际中表达了一种评价、情感与认知倾向（Davies & Harré 1990; Du Bois 2004），将自我与他人定位为不同的特定群体。当然，这种趋异站位引发了对方的负面情感，拉大了双方的心理距离，进而出现了后续的冲突话语与负面情感，致使主持人 H 告诫双方不能使用攻击性话语（10）。由此可见，通过站位，说话人可以否定他人身份，建构自我（如职业）身份，甚至会影响人际交往的情感表达，疏远或拉近彼此间的社交距离。

3.4 指示原则

以上原则体现了身份建构的动态性与相互性，以及在人际关系管理方面所体现的交互性与站位，它们为语言交际中的身份建构与人际关系管理提供了解释路径。针对身份建构的实现手段，我们可以借助 Bucholtz & Hall（2005）提出的指示原则（indexicality principle）进行说明。在语言交际中，说话人可能会通过直接的方式，呈现身份类别及其相关特征，也可以通过话语所隐含的语用含意、前提信息等，间接表达身份信息，这些都被视为身份建构的方式。在某种程度上，任何语言形式的使用都可能反映与特定身份相关的意识形态、立场、态度、情感等，并指示交际者个体的群体依附关系或与该群体之间的趋同与趋异关系（De Fina 2006; De Fina, Schiffrin & Bamberg 2006）。

通过指示关系，可实现语言与超语言信息之间的相互联系。比如，通过不同的语言标记，可指向社会语境中的多方面信息，包括思想意识、群体归属、社会角色及其属性、个体与群体站位、建立组织结构等（De Fina 2010: 215）。说话人也可以通过多种语言手段或语言选择，标示与身份建构以及人际关系有关的信息，比如亲疏远近、礼貌程度等。因此，交际中说话人会通过某些语言手段（如"作为经济学教研室的主任"等之类的元话语）标记自己的群体属性及其相关特征，尤其是职业身份特征。例如：

（4）（G1：经济学教授；G2：经济学学者；H：主持人；A：某观众）
　　01 G1：我主张税收有两个功能，其中一个是节能，所以应该
　　　　　逐渐增税（省略）。

02 G2： 这位先生的这个话，我想起来关于税收的一个格言，就是 300 年前法国的一个财政部长。他说税收就是像从鹅身上拔毛，要拔得多点，但是又不让它叫得太厉害，（H：@@）现在那个就是很奇怪，现在让这帮鹅们讨论从你身上拔多少毛，非常奇怪。（H：@@）

03 G1： 所以说我觉得初期的时候要考虑可接受，当接受了以后确实要慢慢上扬。如果不这样，我们就达不到节能的效果。

04 H： 你再讲下去，这个白天鹅就在你的眼前，这个天鹅都已经毛快掉光了。（H & A：@@）

05 G1： 他说那个事情难乎其难，他要给油先降价然后定价。你定什么价？今天美国的油很低，明天很高（省略）。

（选自《一虎一席谈：燃油税现在开征可不可行？》）

以上互动语境中，G1 主张征收燃油税，因为"税收有节能的功能"（01）；但 G2 则引用一个格言，通过隐喻性类比的方式，揭示税收的本质"就像从鹅身上拔毛"，表达了一种隐含的指示信息，间接否定了对方有关征税的主张，解构了对方作为经济学教授的身份，同时建构了自己作为经济学学者的身份。随后，主持人继续使用该隐喻性类比（04），在该语境下具有幽默效果和积极的人际意义。

根据不同的交际语境，我们可以发现不同的语言指示标记，并据此分析它们所体现的身份属性、群体或个体站位等信息。同时，在交际语境下说话人利用不同的指示手段建构身份，这既反映动态语境中的话语实践，也能体现动态语境中的人际关系变化，包括人际关系的协商与维护。以上例（4）中，说话人通过隐喻性类比的指示手段，建构了一种身份关系对（relational dyads），即自我的专家身份和对方的非专家身份，这构成了临时语境下的人际关系类型，而类似关系在后续的会话互动中可能会受到挑战、证实或重构。因此，通过直接或间接的语言指示手段，我们可以从人际语用学的视角，探究语言实践中身份与人际关系的动态建构。

综上所述，以上四种原则可以成为分析身份建构与人际关系管理的指导性原则。一方面，这些原则能够帮助说明身份建构的人际语用本质，具有社会建构主义的交际涌现性、人际关系的交互性、交际情态的站位体现和语言实践的指示性；另一方面，它们体现了身份建构所涉及的人际关系、人际关系建构、人际情态与评价等维度。基于这些原则，我们还可以从人际语用学的研究视角，进一步探讨身份建构和人际关系管理的相关议题。

4. 人际语用视角下的身份建构

4.1 人际关系维度下的身份建构

语用学探究交际中话语选择、策略选择等的工作机制及语用理据。人际语用学作为近年来语用学研究的衍生分支，其目的在于揭示语言交际中人际关系的本质（O'Driscoll 2013）。如前所示，人际语用学关注的核心议题包括交际互动中的人际关系制约、人际关系建构、人际关系效果、人际关系管理等问题，还涉及交际参与者之间的亲疏、地位、角色、权利与义务等（Haugh, Kádár & Mill 2013）。另外，身份建构与人际关系建构之间存在密切联系，前者是后者的实现过程，而后者是前者的语境限制与实现目的（Locher 2013; Spencer-Oatey 2013）。然而，以往的身份研究很少从身份建构的动态角度去深入分析人际关系的变化及管理，同时，以往对人际关系的研究还缺乏对身份建构的系统考察。因此，深入挖掘身份建构与人际关系建构之间的相互联系与作用，已成为人际语用学研究的重要内容，具体包括：交际者权力、地位等的差异及其对身份建构的影响，以及所出现的指示手段；人际距离的亲疏远近、交际手段等对身份建构/解构的影响；各种交际者角色或参与者角色，如领导者—非领导者、专家—非专家、群内—群外、真实—虚假等对人际关系建构的影响；人际关系的竞争性与合作性对身份建构的影响，比如竞争性或冲突性语境下身份建构对人际关系的影响，或在合作性语境中身份建构对人际关系的积极作用。这些都属于人际关系维度下的身份建构研究。

4.2 人际情态维度下的身份建构

在交际过程中，说话人可以选择不同形式的话语或交际策略，表达对话语所涉命题内容、非命题内容（如人际关系、身份、地位等人际信息）等的情态信息和视角站位，包括与其他交际参与者之间的情感趋同和情感趋异（Giles & Powesland 1997）。前者指说话人从听话人的角度出发选择语言，减少与对方在言语等方面的差异，体现双方之间的协同，以取得对方的认可、支持和赞赏；后者指说话人选择不同于听话人的言语方式，以凸显彼此之间在认识、身份、地位等方面的差异，表达双方之间的情感差异，或传递双方之间的分歧、反感或厌恶。在人际交往中，这两种情态视角与站位的选择会增强与削减交际者之间的身份属性和身份类别的共性与差异，如个体身份、社会身份、职业身份、外行身份等。人际交往情态信息还表现为双方之间的尊重、礼貌、欣赏、同情等积极的人际信息，或辱骂、鄙视、无礼、反感等消极的人际信息，这些信息与交际互动中的身份建构密切联系，为研究身份建构提供了更广泛的探索空间，也为人际关系研究提供了理论支持。

因此，身份建构、情态表达等是人际关系管理的重要表现，是人际语用学研究的重要议题，比如交际中的移情（如同情、怜惜等）与离情（如憎恶、发怒等）（冉永平 2007）、情感趋同与情感趋异、情感强示与情感弱示、有意与无意的情感失控、虚假感情（如虚假同情、虚假赞赏等）等对身份建构以及人际关系管理的动态影响，也包括其他方面的情态与情感对身份建构的动态影响。当然，在关注身份建构与人际情态之间的相互影响时，还需要注意探究非言语行为所起的作用，因为"语言是研究人际关系的重要工具，但非言语行为作为语境的一个构成部分，也能补充语言研究及其反映或建构的人际关系研究"（O'Driscoll 2013: 174），如音律特征（如语气、语调、停顿、重音、节奏）、体态语（如目光转向、面部表情、手势）等方面的非言语行为表现与作用（Arguedas & Marco 2014; Culpeper 2011）。也就是说，身份建构涉及的多模态方式也应该引起学界对人际语用问题研究的重视（Jewitt 2013）。

4.3 人际评价维度下的身份建构

交际中，说话人选择不同形式的话语或交际策略进行人际关系管理，比如增强、维护、忽视或威胁，并会出现交际参与者对人际关系及其管理的评价。人际关系管理（Spencer-Oatey 2008）必然涉及对交际参与者的身份管理，包括对自我身份和他人身份的关照、维护、忽视、威胁等，还涉及对身份的积极评价和消极评价，比如对个人身份所涉内容（如能力、知识和外表等）评价和社会身份（如领导、雇员、盟友、客户等）评价。类似的人际评价必然对双方或多方的人际关系产生影响，进而出现交际一方对另一方的认同与否定、移情与离情、喜爱与厌恶、亲近与疏离等的人际关系表现，并导致人际关系的礼貌与不礼貌评价（Garcés-Conejos Blitvich 2013; Spencer-Oatey 2008）。

针对以上方面的人际评价，以及人际（不）礼貌评价所涉内容，我们需要从身份建构和人际关系管理出发，通过录音、调查问卷、事后访谈等多种方式收集语料，关注交际者之间的权力、地位、立场站位、亲疏关系、身份类别、语境特点等影响因素，深入分析交际互动中选择话语形式、交际策略等的人际语用理据和人际语用效果。

（5）（G1：社会学者；G2：反伪科学学者；H：主持人）
01 G1： 当年寻找彭加木，三个字：不科学；我今天寻找，两个字：科学。我今天寻找同样是发扬他这种精神，这个咱们三个都有共识，但我觉得我今天是炒作，在我脑子里面，虽然我是新闻记者出身，我从来没有觉得是炒作之嫌。
02 H： 好，谢谢唐队长。
03 G2： 对于刚才唐先生说的这段话啊，我倒是要给唐先生一点辩解。我认为唐先生是有委屈的。如果人们认为关于罗布泊寻找彭加木的炒作都是唐先生的事，我要给唐先生平反，绝对都是唐先生的事。（观众：哈哈）
04 H： 唐先生。
05 G1： 拥抱一下。
06 H： 哎呀，唐先生你现在是不是很后悔？如果当时你这个团队带上了他以后，可能这个阻力就特别小了。

以上公共语境中，根据交际参与者的身份特征和不同类别的专家身份，G1 和 G2 之间存在竞争性的对抗关系，但又需要维护彼此之间的和谐关系，避免出现话语冲突，因此 G2 采用了隐含性否定，即一种隐含性反讽。表面上，G2 的尊重与同情的情感表达促进了交际双方的身份建构，并凸显了彼此之间的身份差异，比如否定了 G1 的职业伦理，同时维护并突出了 G2 的专家身份形象。因此，人际情态表达是职业或专家身份建构的驱动因素，职业或专家身份建构也会引发其他参与者的情态变化。可见，身份建构与人际情态密不可分，情态表达不仅能够建立、维护与改变人际关系（Floyd 2006），还能凸显或弱化交际者的个人身份和社会身份（包括职业或专家身份），以达到积极的人际语用效果，如例（5）最后 G1 和 G2 双方的拥抱、观众的掌声等，都是交际互动中表现出的一种人际关系评价，即人际评价。

5. 结语

交际中影响话语选择及策略使用的身份、身份建构等是语用学的研究内容，它们更是人际语用学的重要议题，因为人际关系管理需要关注交际主体之间的身份、地位、面子、权力等因素。除了礼貌问题之外，我们还需要重视交际中的人际情态表达、人际关系评价等才能建构或维护和谐的人际关系。同时，交际会涉及与人际关系有关的不同语境类型，如人际冲突语境等，说话人也需要借助交际者的身份、地位等人际因素，运用恰当的话语策略，才能更好地管理和改善人际关系，进而顺利实现特定的交际目的。

总的来说，如何在人际语用学视域下分析身份建构，是目前人际关系研究所面临的挑战。本讲首先概述了身份建构的人际语用学研究背景，分析其涌现性、多元性与多面性特征；然后总结了身份建构分析的人际语用原则，包括社会建构主义原则、交互原则、站位原则和指示原则，以期为身份建构及人际关系管理等方面的研究提供新的分析视角与路径；最后总结了身份建构研究在人际关系、人际情态与人际关系评价等维度下的潜在研究议题，以期为身份研究提供新的问题导向，为探究身份建构的人际语用学理论体系提供理论借鉴和思考。

思考题

1. 分析人际语用学视角下的身份建构。
2. 举例说明身份建构的动态性特征。
3. 举例说明身份建构分析的主要原则。
4. 交际中的身份建构与人际关系建构之间有何联系。
5. 分析身份建构对人际关系管理的积极作用。

推荐阅读

1. Antaki, C. & S. Widdicombe. 1998. *Identities in Talk*. London: Sage.
2. Garcés-Conejos Blitvich, G. P. 2013. Introduction: Face, identity and im/politeness — Looking backward, moving forward: From Goffman to practice theory. *Journal of Politeness Research* (9/1): 1–33.
3. Locher, M. A. & S. L. Graham. 2010. *Interpersonal Pragmatics*. Berlin: Mouton de Gruyter.
4. Spencer-Oatey, H. 2007. Theories of identity and the analysis of face. *Journal of Pragmatics* (39): 639–656.

第九讲 公共话语的语用学研究

1. 引言

自日常语言哲学家 Austin（1962）提出言语行为理论以后，语言学研究不再仅探究句子内部的深层结构，而更加注重特定语境下的言语行为类型及其施事功能，以及语言使用的施为用意等；社会学家 Goffman（1959）等的研究也直接影响了人们对日常生活与交际的语言研究，包括公共话语中的社会角色、社会情境中的人类行为，以及人们在社会互动过程中的形象建构与表征等问题；以 Garfinkel（1967），Gumperz & Hymes（1972），Sacks, Scheglogg & Jefferson（1974）等为代表的社会语言学家主张分析社会活动中的语言使用。类似学者的研究可视为早期的公共话语研究。

从 20 世纪 80 年代开始，随着语用学的发展，公共语境下的话语表现、话语结构、话语策略、话语功能等逐渐得到关注，如 Brown & Yule（1983）、Labov & Labov（1986）等分析了公共交际中的言语行为及其意义生成与理解。这表明，人们从语用视角研究公共交际中的信息产生、信息理解与推导，解释公共话语的语用机制及其常见的社交语用能力。

公共话语既可以指政府、企业、医院、学校、媒体等社会团体和其他组织所发表或颁布的讲话、声明、工作报告、公示语、提示语等，也可以是公共服务中的社交言谈、媒体话语等语言使用；既包括口头话语，也包括书面话语。这说明公共话语研究涉及的范围较广，既对多人交际中信息传递、互动沟通等过程进行分析与阐释，也探讨在公共语境下如何以言行事。由于交际语境的开放性、多人性和互动性，所以公共话语同样具备互动交际的基本特征，是社会语用学、人际语用学等研究范畴下的重要议题。

本讲主要从公共话语的概念界定、社交语用的理论框架及其相关研究议题出发，解释公共话语的分析范式，以媒体话语为例，进行公共话语的语用分析。

2. 公共话语研究的语用学视角

2.1 什么是公共话语

公共话语（public discourse）指公共空间领域中书面话语（或书面语篇）或言谈话语的社会化用语，与私人话语（private discourse）相对应。从公共话语的交际方式看，它又分为书面的公共话语和口头的公共谈话。从语体风格区分，公共话语既包含正式的机构性话语，也包括非正式的日常性话语。Sarangi（2011/2014：260）认为，公共空间领域中的信息传递者主要涉及国家、企业和媒体三大公共话语主体，话语形式主要包括面向社会大众或特定群体的信息公告、法律法规的宣传语、政府新闻发言的话语、公共场所用语（如旅游景点等的介绍、方位指示语、公示语、温馨提示语等）、商店或机场等场所的服务话语、社交场所（如晚宴、集会等）的欢迎辞、广播电视节目的解说词等。简言之，公共话语是人们用于公共信息交流与沟通的社会化用语，"公共"二字既表示话语的语类特征（a feature of talk），也表示交际的语境特征（a feature of setting）（Sarangi 2011/2014: 250）。

从历时发展看，公共话语的信息传递大致经历了面对面交际、媒体中介化交际、新媒体交际等主要阶段。在广播、电视等传播媒介出现以前，公共话语主要体现为公开演讲、沙龙讨论等，公开演讲具有较强的说服性特征，在古希腊修辞学中演讲者往往被称为"雄辩家"，沙龙讨论则是一种多人参与的社交互动方式，听话人主要仅限于在场的听众，也包括旁听者、道听途说者等。随着广播、电视等媒介的发展，公共话语的参与者逐渐扩大，听话人既可包括现场的观众或听众，也可包含第三方听话人以及不在场的观众或听众。听话人范围的扩大逐渐改变公共语境下的说话方式、风格、序列结构等，体现出明显的"听众设计"（audience design）（Bell 1984, 1991）。

进入新媒体时代以后，Twitter、Facebook、微博、微信等社交媒体的发展促使传统的听说对立型交际转为互动性交际（Dynel & Chovaneck 2015），并出现了新媒体语境下的参与者角色，如网主、网民、网管、微博博主、微博客、网课主播、政府官微等。多人参与、及时性、非正式性等多样性的交际特征明显，较多私密会话中的口头表达或非正式用语逐渐进入网络等新媒体公共话语中，或出现一些所指信息模糊或用法泛指的现象。例（1）中，"亲"是电商平台中卖家对买家的新型称呼，而过去是指代关系亲密的交际对象，这表明网络语境下公共话语使用的新变化。

（1）A：我的单还没到。怎么回事？这是EMS吗？邮政小包都应该到了。

B：亲，稍等。小的帮您查下。

B：亲，EMS是不保证时效的哦，快递在路上呢，您耐心等待下的哦。

A：都要交易超时了。我还耐心等？一会直接自动付款了还收不到货我该如何？

B：亲，稍等我帮您打电话问下快递。

我们可以从语用学的视角，研究公共话语的意义及其产生、理解的语用机制。发生在公共交际语境下、以社会大众为听话人的言语方式及其话语结构、话语策略、话语效果及其生成动因都应该是语用学的研究对象，其中包括：公共话语中的人物指示语、地点指示语或话语指示语；公共话语中熟语、歇后语、反讽、双关、隐喻等隐含用法的话语取效；公共话语中交际参与者的身份角色及其礼貌、回避、幽默等表现的话语策略。比如，下面例（2）-（4）均为电视广告用语，企业或公共组织分别使用了熟语、谐音、拟人等多种非字面用法，都隐含了劝说电视观众的社会语用功能。Labov & Labov（1986：225）指出，现实生活中大部分公共话语都隐含了劝说功能，目的在于引导听话人实施某一行为。例（2）和例（3）主要是劝服消费者购买产品；例（4）则是警示语，提醒驾驶员开车注意安全。

（2）邦迪坚信，没有愈合不了的伤口。（邦迪广告）

（3）世间百事皆不同，唯有——百事可乐。（百事可乐广告）

（4）如果你的汽车会游泳的话，请照直开，不必刹车。（公路交通广告）

可见，公共话语指一种社交语境下的社会化用语，可涉及政府、地方、学校、企业等组织机构的话语。近年来，随着多模态、多媒体社交方式的变化，公共话语的信息传递和人际沟通方式也随之发生变化，人际交往中出现了较多语体混杂、指示含混、语用模糊等的公共社交用语。

2.2 公共话语的社交语用

公共话语是发生在公共语境中的一种社会交往行为，因此涉及交际参与者的公共面子、社会行为规范、道德秩序等，说明话语使用存在较强的语境限制和社交语用制约。早在 20 世纪 60 年代初，Goffman（1963）就提出了交往的社会语境制约问题，认为社会交往（social interaction）总是面向一定的社会群体（包括现场听众、旁听者、偷听者等）所进行的，并受制于特定的社会交往规约。这主要表现在两方面：一方面，交际参与者根据特定交际场所的语境制约，以恰当的、准确的表达方式陈述信息或表现自我；另一方面，参与者之间会受到交际关系的影响，并根据共同遵守的社会交往规约，管理自我在公共语境中的面子。这种涉及公共面子的话语交际使语用学研究不仅重视公共话语的语体风格、信息凸显、公共语境因素（如社会文化规约等），还突出交际参与者的群体特征等对各类公共话语生成与理解的影响，比如新闻话语中的"听话人设计"（audience design）（Bell 1984）、政治语篇中的语用含意、语用预设（Wilson 1990）、公共话语中的社会身份（Scollon 1997）等。

公共话语也是基于微观交际互动（micro-interactional activity）的社会行为（Garfinkel 1967）。微观指话语产生的交际层面，与以上宏观范畴下的社会文化、道德秩序等语境限制相对应，包括特定交际语境中的话语风格、话语结构、参与结构、话语表达方式等。根据 Hymes（1972）的交际能力观，公共话语的意义产生与理解涉及交际参与者在特定语境中的互动相关，而交际互动离不开情境、参与者、目的、行为、主旨、手段、规范、语类等多种因素。在这种交际互动观的影响下，公共话语的系统研究可以利用语用学理论，探究相关问题，比如：（1）根据合作原则和会话含意理论（Grice 1975, 1989），探究公共话语中的隐含信息，以及隐含表达的具体表现；（2）根据面子理论（Brown & Levinson 1987）或礼貌理论（Leech 1983），探究公共语境下的（不）礼貌现象及其话语表现、语用制约等，以及它们与交际参与者的身份、面子等之间的关系；（3）根据关联理论（Sperber & Wilson 1986/1995），探究公共话语中的明示信息与隐含信息、最大关联信息与最佳关联信息等信息类别及其识别,以及如何有效推导公共话语所传递的隐含信息;(4)根据顺应论(Verschueren 1999/2000),探究公共话语与社会(文化)语境限制之间的顺应关系、公共话语中的策略选择与交际目的之间的相互影响等。Sarangi(2011/2014)认为,语用学理论能够有效应用于公共话语研究,原因在于公共话语作为一种交际方式,具有人际关系特征和相互沟通取向。也就是说,公共语境下的交际参与者往往拥有特定的身份与地位,可以策略性地操控所选择的言语行为或公共话语,履行所在语境下的权利与义务,满足特定社会群体的公共需求,或达到共同目的。

2.3 公共话语的语用问题

(1)公共话语中的指示语

根据 Levinson(1983/2001),指示语分为人称指示、地点指示、时间指示、话语/语篇指示和社交指示,每一种指示语可描述交际语境中的所指信息(参见第二讲)。本节主要以公共话语中常见的人称指示语为例,简要阐释公共话语中指示语的语用功能。

在公共语境,尤其是机构性语境中,人称指示语可帮助人们有效识别交际者之间的关系和身份角色,比如餐厅服务员与顾客、银行职员与客户、商店销售员与消费者、单位领导与下属职员等。公共语境下的人称指示语常与身份、职业、职位、社会地位等之类的称谓进行搭配,如"物业主管""经理先生""金牌主持(人)""二级教授""星级职员""电器安装(工)"等,表达了指示对象在所涉领域或机构性语境中的公共信息。

在公共交际语境,人称指示语具有表达特定指示和语用功能。比如,当"今天你微笑了吗?"以海报形式挂在餐厅等公共场所时,"你"指示与相关职业有关的服务员,具有提醒服务员"顾客至上"原则的语用功能。人称指示语还可指示交际者之间的亲疏关系,拉近或增大交际者之间的社交距离。为此,公共语境下表示致谢、道歉等积极的人际语用信息,或表示反对、驳斥、责备等消极的人际语用信息时,往往出现不同类别的人称指示语,比如在应对危机的新闻发布会中,发言人经常使用指示语"我们""大家""每个人"替代"我",有助于缩短说话人与现场听众之间的社交距离,有利于缓解危机与冲突。再如例(5),发言人就马航飞机失事事件进行公开道歉,多次使用了人称指示语"us"和"our",表明自己经历着与受害者家属一样的痛苦,表达对受害者家属的同情,这是一种语用移情策略。相反,例(6)中陈道明接受记者采访时,用"我们"指代全体从艺者,而将吸毒评价为"没教养",意在分离"我们"中的"社会秩序"遵守者和违反者,体现了说话人的语用离情(冉永平 2007)。

(5) On behalf of all of us at Malaysia Airlines and all Malaysians, our prayers go out to all the loved ones of the 226 passengers and of our 13 friends and colleagues at this enormously painful time.
(Monday, March 24, 2014, 10:15 PM MYT + 0800 Malaysia Airlines MH370 Flight Incident — Media Statement 23)

(6) 我们从艺者要永远记住,无论文化水平高低,首先要有基本教养,包括家庭教养和社会教养。简单讲,在家尊老爱幼,在外遵守社会秩序。吸毒,就是没教养。
(《大连晚报》,2015-11-11,《陈道明批评吸毒艺人没教养:现代人谁没压力?》)

可见,在不同语境中,相同指示语可指示不同的交际信息,因此需要结合所在的特定语境才能正确理解;同时,听话人需根据与交际相关的社会文化语境、交际语境、背景知识等,才能准确识别公共话语中的指示信息及所传递的交际意图,包括人际语用信息。

(2) 公共话语中的修辞

修辞是公共话语中常见的语用策略,比如反讽、隐喻、对比、夸张等修辞手段,可在公共语境中传递不同的交际意图。在 Grice(1975:35)看来,修辞用法违反合作原则中的质准则,字面意义往往不是说话人等交际者传递的真实信息,而在于传递隐含信息。比如,在特定语境中,当说话人难以明确表达某一事实、意见或态度时,可借助修辞手段间接表达;或通过触发交际双方的共知信息,建立所言与所隐含之间的信息关联。比如,环境保护宣传语引用宋代叶适《留耕堂记》中的两句民谚"但存方寸地,留与子孙耕",借以说明环境保护的重要性,提醒大家保护土地资源,不要破坏生态平衡。Musolff(2017)指出,这种熟语或引语更容易引起听话人的共鸣,有助于形成交际中的同盟关系。再如,白沙牌香烟广告语"鹤舞白沙,我心飞翔"借助隐喻手段,刻意隐藏了广告的真实意图,而将吸烟的"愉悦"感受比作看到白鹤飞舞的视觉效果,在语用上这不仅淡化了香烟广告语的推销用意，减少社会大众对吸烟的反感情绪，还能体现企业作为社会成员顺应"吸烟有害健康"的公共主张，从而建构良好的企业形象。就接受效果而言，隐喻比直接说服（如以上的香烟广告语等）更容易被听话人认同（Sperber & Wilson 1987）。类似修辞策略在政府、企业、媒体等的公共话语中颇为常见。

根据 Giora（2003），公共话语中修辞的语用机制主要表现为两个阶段：（1）触发阶段，即触发公共语境中合适的被凸显意义；（2）整合阶段，即被触发的意义在公共沟通中得以进一步加工，帮助听话人重构信息，或被触发的意义受到刻意压制，从而出现信息分裂。公共话语中，说话人常常根据谈话的背景知识、双方交际立场的前预设信息、建立/远离同盟的交际意图，选择、重构或协商明示或暗示的言语方式。比如，某网络公司与政府监管机构之间就假货问题产生了纠纷，公司发言人以"官方店小二"的名义，发布了一则微博的公开声明，部分内容如下：

> （7）我们理解监管追赶创新的难度，但我们希望监管能够看到数百万年轻人的艰难创业、尝试和创新，与我们一起共同携手用互联网和大数据技术来解决问题，陈旧的思想和方法可能会扼杀创新，请不要把"孩子"和"洗澡水"一起倒掉。
>
> （《网易科技报道》，2015-01-28，"淘宝声明"）

该公开声明中，公司发言人通过"扼杀"，暗指监管机构"陈旧的思想和方法"不利于创新，用"孩子"比喻互联网的创业初期，"洗澡水"比喻互联网中经营所出现的问题，还将所指对象的官方身份转化为家庭关系中的父母身份，这一方面隐含地表达了责备或批评监管机构的交际意义；另一方面通过隐喻，重构了网络公司等创业者的弱势群体身份，目的在于唤醒监管机构对"孩子"的理解与支持，化解所出现的危机问题。

总之，隐喻等修辞手段既是传达信息的有效手段或得体的语言方式，也是实现特定交际意图的语用资源。当我们从语用的视角去观察公共话语中的修辞用法时，不能仅限于字面意义的解读，而在于分析与阐释隐含表达所体现的交际动因和语用理据。

（3）公共话语中的社交身份

公共话语不同于家庭言谈之类的私人话语，公共话语的语用分析具有社会语用价值，有助于揭示公共话语所隐含的社会关系、交际身份及交际目的。需要注意的是，语用学视角下的身份分析不同于批评话语分析，虽然两者都从语言结构的描述入手，但对交际效果的阐释截然不同。前者关注身份建构所隐含的交际动机及语用合适性，而后者主要从权力、社会结构和意识形态视角解读身份建构的意义，更多体现意义阐释的社会语言学视角。比如，在 2010 年华中科技大学毕业典礼的致辞中，校长李培根采用了混合性的语体，后被称"根叔体"，如正式与随意、严肃与幽默、高雅与通俗等方面的用词用语相结合，具有缩短与毕业学生之间社交距离的语用功能。在公共语境下，类似语体特征的话语有助于降低具有特定社交身份说话人的权威，或化解具有不同社交身份的交际者之间的对立与冲突（Weizman 2008）。这些是语用学研究关注的语用策略问题。批评话语分析则可以探究"根叔体"之类公共话语所体现的去机构化特征及教育社会化影响下的话语问题等（Fairclough 1993）。

再如，开学典礼致辞是典型的教育类公共话语，往往以表达期望、明确行为规范、指明学习目标等为主，批评话语分析可以探究话语所体现的权威性、严肃性、不可冒犯性等特征，分析教育背景下话语所体现的师生不平等关系及其社会动因。然而，从语用学的视角，我们可以研究说话人在讲话中所塑造的交际者角色及其策略性语言手段，分析隐藏的交际关系和隐含的交际意图。例如：

（8）……尽量短一点，但是知道所有的校长都喜欢唠唠叨叨，是年纪大的一个特点（观众笑）。今天呢是第三期。其实刚才我给大家授校徽的时候，我看到所有眼神里充满着期待。我们在第一期的时候，上了一天课都不知道下一课该上什么（观众笑）。前面的十年的人，你们是最倒霉的也是最幸运的，莫名其妙以为自己学到了东西。但是我认为"学"和"习"是一起的，招来的学生都要非常不错，我们就希望所有进入这个学校的人，你们就像黄埔的一期、二期一样，认认真真、脚踏实地地到这里跟我们一起建立这个学校。

（《新浪视频》，2017-03-27，《湖畔大学第三届开学典礼马云讲话》）

上例选自湖畔大学校长马云在新学期开学典礼上的致辞。他采取了一系列的自嘲性话语，如"校长都喜欢唠唠叨叨""年纪大""上了一天课都不知道下一课该上什么"等，弱化了自己权威性的社会身份，重构了现场讲话中的交际角色，通过"像黄埔的一期、二期一样"

这样的比喻，建构与学生听众之间的亲密关系，目的就在于拉近学校（"我们"）和学生（"你们"）之间的社交距离（Spencer-Oatey 2008）。

简言之，语用学视角下的公共话语研究什么人在什么公共语境下说什么话、表达什么意图以及怎么说才有效，即"到什么山上唱什么歌"（何自然 2015：13）。语言形式和交际策略的得体性与适应性影响公共话语中的信息传递和人际沟通效果。这说明公共话语的使用不是简单的信息传递过程，它涉及公共语境下的社会规约、机构规定、人际交往原则、社会道德等多方面的制约因素。分析公共话语的意义就在于重新认识、理解和评价语言与社会之间的关系，指导人们在社会交往中践行合适的、得体的言语行为或语言使用方式。

3. 媒体话语的语用问题

3.1 媒体话语的语用特征

媒体话语是一种常见的公共话语，具有很强的公开性和信息引导性，同时受机构性的语境制约，它在参与者构成、交际过程等方面不同于一般的公共话语。从传播渠道看，媒体话语主要包括广播电视类、新闻报刊类、网络新媒体类等类别；从传播形式与内容看，媒体话语又可细分为媒体发布会、媒体报道、媒体访谈、媒体真人秀、网络直播等多种模态和类别。无论媒体话语以何种方式呈现与传递，都涉及媒体交际语境下的信息传递和人际沟通，是以人主导的信息交流与接受过程。换言之，媒体话语是基于多人交际的、公共的、受机构性交际关系制约的话语互动行为。

首先，媒体话语已由传统的单向模式发展为多模态的互动模式。单向模式的媒体文本分析主要出现在 20 世纪八九十年代初期，涉及传统的新闻报纸、广播等书面或口头媒体语篇，如广播稿、新闻报道等，关注媒体语篇的意义产生，如记者、广播员等的语言风格、结构特征等（Bell 1991）。90 年代中期开始，广播、电视等的发展使媒体话语的社会性、公共性等特征更加明显，媒体话语的表达方式也出现了从机构性向日常化转变的趋势（Scannell 1991），同时媒体信息传递不再仅由记者、主持人等独自主导，而是通过说话人和听话人之间的信息交替共同完成。听话人既可以接受媒体话语传递的信息，也可以对该信息进行重构、拒绝等（Scannell 1998）。电视访谈作为一种媒体话语，其中的问答交际模式成为语用学研究的热点，如 Clayman & Heritage（2002）、Fetzer & Weizman（2006）等为代表的成果。随着新媒体的迅速发展，出现了以视觉、听觉、超文本等多模态为主的媒体话语，意义的产生与理解也发生了新变化（Bednarek & Caple 2014; van Leeuwen 2008）。比如，在新媒体语境下，多人互动等的语用能力表现更加明显（Scollon 1998），听话人的范围更广，其接收、理解和重构信息的主动性增强。

其次，媒体话语是引发社会行为（social action）的一种语用资源。机构性特征显著的媒体交际不仅制约说话方式或话语表达形式，还蓄意引导听话人的以言行事（Dynel & Chovanec 2015; Zappavigna 2012）。媒体话语对交际参与者进行机构性限制，同时又为参与者的交际实践提供资源，这是维护公共面子的一种社会实践方式（Goffman 1967; Haugh 2013b）。媒体话语是一种社会实践（social practice）（Haugh 2013b），具有人际交往的本质，制约交际参与者的言语行为，同时又受制于所涉信息、目的、参与者、规约等语境因素。这说明媒体交际具有语用特征，媒体话语需要语用学的阐释。

再者，媒体话语存在语用合适性问题。Scannell（1998）提出，媒体话语是基于一系列语用前提的规范化语言，质准则（参见第四讲）是媒体交际需要遵循的机构性交际准则：（1）不说你认为错的话；（2）不说你缺乏证据的话。为此，真实性和准确性是媒体交际中话语信息的主要特征。然而，随着新媒体的不断发展，出现了多模态的语境变化，媒体交际的合作原则及相关准则也会发生变化。媒体话语的使用不仅是真实性和准确性问题，还会涉及内容表现和话语选择的蓄意性、合理性、恰当性等；同时，媒体语境下交际参与者的社会角色（social role）、机构性交际角色（interactive role）和个人身份（self identity）等密切相关（Weizman 2008），需要建构不同的参与者角色与身份（Clayman & Heritage 2002; Fetzer & Weizman 2006）。因此，需要从媒体交际的形象建构、身份建构、面子维护等人际关系层面，解读媒体话语的语用适切性（Chovanec 2015; Maddalena & Belmonte 2011）。

媒体话语的语境因素包括社会文化语境、机构语境、情景语境等，表现为信息传递的背景知识、交际模式、参与者类型、参与者角色与身份、上下文等，即：媒体交际涵盖了一般性公共语境、机构性语境和日常交际语境。媒体话语与媒体语境互为影响、互为制约。媒体参与者可能受到背景知识、前语境知识等的限制，根据预先设置的语用前提，选择合适的语言表现。同时，他们也可能根据临时的交际需要，选择、重组或修改语境信息，形成新的"语境化框架"（contextual framework）（Morasso 2012）。媒体话语的语境动态性、选择性和可变性是媒体话语区别其他机构话语的显著性语用特征。

为此，媒体语境下的话语使用与理解需要语用学介入。从交际过程、参与者关系等出发，语用学关注影响媒体话语使用与理解的语境因素，探讨媒体话语的动态表现、策略选择、话语效果等，并从交际互动的角度揭示媒体话语的语用机制，以及媒体语境下话语使用的语用适切性，如媒体访谈中提问的（如开始、结束、插话等）方式、提问的策略性（如刻意回避、问题重述等）、提问的语用预设、提问的人际交往（不）礼貌（如冒犯、威胁等）、提问的言后取效（如接受、拒绝、对立）等，或新闻评论的说服性等。此外，媒体话语还涉及诸多的语用问题，比如：交际参与者之间的立场站位、协商过程；交际参与者的语用策略及其操控，以及引发的语境重构和听话人回应；策略操控所产生的语用效果及其合理性；等等。这些都是媒体语境下可从语用学的视角探究的研究问题。

3.2 媒体话语的语用分析

公共话语涉及的范围和类别较多，它们的使用除了受到机构性语境因素的制约外，还受到人际语用因素的影响。下面仅以媒体语境中的疑问性话语和策略性话语为例，分析它们的语用功能。

（1）媒体话语中的提问

在媒体交际中提出疑问是十分常见的。疑问句分为有疑而问和无疑而问。比如，在媒体访谈中主持人经常通过疑问句进行提问，或通过疑问句隐含地表达观点、态度、立场等（Emmertsen 2006; Jacobsen 2016; Xiang 2012）。因此，从语用学的视角，媒体语境下的疑问句不能被简单看成一种固化的、常规的语法现象，很多时候它可以表示说话人所隐含的认知态度、观点立场等；从交际目的的角度而言，疑问句可分为断言问句和信息问句，区分的标准就是说话人是否表达确定性立场（Koshik 2005）。信息问句在于探寻信息，体现的是对空缺信息的一种补充作用，而断言问句涉及说话人已有的认知立场，体现的是一种评价作用。可见,断言问句的交际目的不在于问,而在于表达个人的态度、意见或看法。例(9)中,"是否……?"(02)与"那肯定是"(03)构成了是非问答的序列关系,虽然存在有疑而问的句法特点,却具有反问的效果,评论员的蓄意打断和转折"但是"表示对被访者观点的不认同。

  (9)(语境:评论员与被访者讨论城乡结合部的危房管理)
    01 被访者:实际上除了有去年的会议,还有4月份……所以从立法方面要呈现一体化……。立法有助于把以后这个城乡一体化的安全做到一视同仁的提高……
    02 评论员:=没错,这是您的一个建议。但是现在生命给我们带来这么惨痛的代价,我们是否应该做到尽早地,不管城乡,不管出身,但是在安全面前,安全排查、一视同仁呢?
    03 被访者:那肯定是尽早地、尽快地把这些安全措施落实下来。不能再拖了。
    04 评论员:非常感谢吴教授带给我们的解析。谢谢!
(中央电视台《新闻1+1》,2016-10-11,《还要塌多少楼才能安全?》)

  提问的方式与观点、态度、情感等密切相关,具有表达说话人评价立场的语用功能。断言问句在表面上表示说话人的某种信息需求,但实则可隐含各种语用目的。媒体访谈中的断言问句尤为明显,说话人可借助问句,凸显预设信息,推进话轮;同时,说话人可通过提问,刻意引导听话人接受或拒绝某种观点、态度,或采取某种言语行为等(Fetzer 2007; Ilie 2001)。比如,主持人、记者、评论员等通过提问,促使听话人采取某种行为,以维护公共利益(Heritage & Roth 1995),包括赞同、表扬、批评、谴责等(Andone 2013; Eriksson 2011; Gerhardt et al. 2014; Ilie 1999)。

  根据 Koshik(2005)的区分标准,在形式上断言问句分为是非断言问句和特殊断言问句。"也就是……?""是否是……?""会不会……?"等是是非断言问句的主要表现,而特殊断言问句的形式更为复杂,包括"怎样""什么""哪里""何时"等多种标记。下面以电视新闻访谈中的问答为例,说明表示"断言"效果疑问句的语用功能,如加强消极评价管理,缓和人际关系冲突,建立机构权威。

（10）（语境：评论员简要介绍事故发生后政府新闻发布会的信息。）
　　01 评论员：刚才你看新闻发布会的时候说并没有纳入危房这样一种大的范畴之中。但是事后来看这个房子会说质量很差、年代久远、地基不牢。但它没纳入危房。现在应该怎样看待这样一个事情？
　　02 被访者：这样……
　　03 评论员：=［是否是危房？］
　　04 被访者：这实际上体现的我们国家房屋安全的一个管理啊，……那么作为城乡结合部，……都缺乏一种程序上的管理。没有一种控制。所以农民房在过去，……钢筋和水泥本身的质量不好啊，等等。这些都是埋下了隐患。
　　05 评论员：你看，吴教授，您提到的这个很关键，就是说，它作为一个城乡结合部，它在先天出生的时候就有缺陷，不在我们城市的这种监管范围之内是吧？
　　06 被访者：=［对……］
（中央电视台《新闻1+1》，2016-10-11，《还要塌多少楼才能安全？》）

此例中，评论员通过特殊问句（01）和是非问句（03、05），对新闻发布会的官方说辞提出质疑，目的在于表明对危房管理的不同认识与看法，但被访者拒绝就"是否是危房？"做出直接回答，试图转移话题（04），这是一种间接的回避。此时评论员凸显了对方的非官方身份（如使用"吴教授"的职业身份）和重释问句信息，意在提醒对方回答，这表明了评论员维护自我立场、建构权威身份等的语用意图。在媒体语境下，疑问句是说话人隐含地表达主观意见，尤其是不同观点或立场的一种常用语用策略。当然，这并非意味着交际中的所有问句都是断言行为，具体作用需要结合上下文语境和说话人的交际意图等进行分析。

在媒体访谈中，说话人（如访谈者）常采用提问的方式，促使听话人（如被访者）进行应答，或要求对方提供合理解释。在应答过程中，说话人通过提问，引导对方表达意见和态度，并针对应答的内容，不断进行重释提问（question reformulation），以消除听话人（包括在场观众和一般公众）的不理解或意见分歧。连贯的提问有助于增强说话人立场表现的理据性，同时促使对方做出进一步的合理解释。

（11）（语境：在中央电视新闻台节目中，评论员与被访者就"是否可以采取强制措施"进行讨论。）

评论员：事情如果是像我们想象那样的话，那么悲剧就可以避免了。为什么呢？在 27 号，也就是……（评论员列举官方预警的发出时间与结果）其实，预警发了，镇干部都已经去做第三次动员了，但是依然有人不走……。这样的事情是否经常发生？我们的解决办法又该怎样？

被访者：额……嗯……像这样的事情我们经常遇得到，这种情况是因为什么呢？我们重视地理自然灾害，重视预警预报，……所以呢，有很多的预警预报呢，最后又没有发生自然灾害，……这就是因为长期的麻痹心理……

评论员：但是在全世界，你想把这种灾害的天气预报到极其精确的话，真的是很难。怎么让大家宁可是事情没发生，最后当笑话笑一下，当成是喜剧；而不是说发生了之后，变成这么大的悲剧。

被访者：我觉得这个呢，一方面是要加强我们的科学预警预报水平，……全民的防灾动员是基础。

评论员：=［嗯……］这可能要问您一下，既然有这么大的悲剧是有可能发生的，我们是否可以采取一些接近强制性一点的措施呢？

被访者：因为我们每次啊，一有这个台风啊，尤其是……，每次来的时候都强制的话，可能也会是对老百姓心里造成一种负担。这样就给我们村干部、镇干部的防灾管理也造成了难度……所以……

评论员：=［嗯，嗯］我明白，我理解，其实强制的确是很难。但是就是说（停顿 2 秒）……比如说我们栏目今天要去呼吁，就像一个网友说的那样：宁可这个预报没准，大家笑话它一下，但还是喜剧呀。而一旦是准了，你当成"狼"来了，没当成一回事，那就是大（拖长音）悲剧！！如何避免这种情况，接下来我们继续关注。

（中央电视台《新闻 1+1》，2016-09-29，《山体滑坡无法躲，生命呢？》）

上例中,评论员进行了多次提问,隐含地表达了建议和抱怨等多方面交际信息。从互动过程看,评论员的提问体现了很强的理据性特征,其真实意图在于质问对方不采取强制措施的原因。虽然不同提问涉及不同内容,但从互动的序列结构看,它们又相互依托,每次提问都服务于下一话轮所涉问题,进而形成了一种互文效应,目的都在于支撑评论员有关"采取强制性措施"的建议。总的来说,媒体语境下访谈之类的互动交际受制于不同的交际目的或交际效果,说话人会选择不同的互动方式,以增强媒体话语的合理性和有效性(Clayman & Heritage 2002)。

(2)媒体话语中的策略

无论是在日常话语还是媒体话语等公共话语中,反讽、反问、双关、隐喻、谚语等非字面用法都很常见。根据 Austin(1962)和 Searle(1979)的言语行为理论,非字面用法传递语用含意(如以言行事用意等),并具有言后取效的语用效果。Fairclough(1995)、van Dijk(1988)等认为,新闻话语经常传递言外之意,说话人可以借此掩盖他们真实的态度、情感或看法。比如,当公众人物无法或难以明示所期待的某种公共信息时,可借用隐含表达的方式,进行间接回应。

(12)记 者:我们注意到现在外面有很多关于×××的一些消息和报道,我不知道发言人对这个事情有没有什么可以透露的?

发言人:实际上,我和你一样,从个别媒体上得到了一些信息,那么我大致上这样说一说,2013年中纪委监察部对涉嫌违法违纪的中管干部结案和处理的已经有31人,部分是部级干部。我们严肃查处一些干部(包括高级干部)严重违法违纪的问题,向全党全社会表明,我们所说的不论是什么人,不论其职位有多高,只要是触犯了党纪国法,都要受到严肃的追查和严厉的惩处,绝不是一句空话。我只能回答成这样了,你懂的。

(《腾讯新闻》,2014-03-01,《政协发言人答"最后一问"》)

此例中,"你懂的"隐含着丰富的语用信息,体现了该媒体语境下的合理用法。鉴于记者提问所涉信息的敏感性和复杂性,发言人不便直接回答或无法提供准确信息,于是采用了间接的隐含方式回应。从

Grice 提出的合作原则看，这违反了质准则，言已尽但意无穷。此外，他还刻意使用了模糊限制语（如"我和你一样""个别媒体""大致上"等），表明不能提供足量信息的合理性。在媒体语境中，评论员、记者等不同身份的交际者需选择合适的语言手段，去陈述事实或表达观点、态度，需要竭力维护媒体立场的"客观"与"中立"（Bell 1998: 64），以便拉近与媒体受众之间的社交距离。为此，媒体话语中常见模糊语、模糊限制语等（冉永平 1996）。例（13）中，《纽约时报》某篇报导使用了 half-dozen、recent 等类似用语来减弱指示信息的准确性与客观性，以此回避消极评价所需的举证责任。

（13）Taxi drivers in a half-dozen cities ... have gone on strike in recent days to protest what they say are soaring expenses, shrinking incomes and the competition presented by a spate of new ride-hailing apps.

（《纽约时报》，2015-01-15，"Strikes by Taxi Drivers Spread Across ..."）

新闻报道很难完全、客观地反映社会现实，它总是从不同程度包含并映射作者的立场（辛斌 2005）。从追求客观事实的新闻原则而言，媒体话语中的隐含表达、模糊表达等不能清楚明确地表达客观信息，因此违反交际所需的质准则（Grice 1975）和信任原则（Scannell 1998）。然而，在 Berkowitz（2009）看来，媒体话语是基于媒体主体和客体之间动态的、协商性的言语互动，隐含表达不在于发布准确的新闻信息，而在于以言行事。从媒体话语的非机构性信息表达出发，隐含表达、模糊表达等非字面用法具有特定语境下的语用功能。比如，具有遵循礼貌、维护面子等方面的人际语用功能，弱化对参与者的身份或面子威胁，从而实现交际参照者之间利益互惠的最大化；体现间接的说服功能（如借助幽默、模糊语、间接性话语等），有助于在表达批评、质疑、反对等负面信息或负面情感时，降低负面信息的语力，同时增加缓和性与说服力。

此外，为了维护媒体的权威立场，新闻媒体或网络媒体的说话人倾向于采用多变性、缓和性或协商性的中立性话语（Thornborrow 2014; Zappavigna 2012），具有人际关系的趋同效果。比如，下例中面对网民的质疑和不满，网络新闻报道组的回应则较少使用直接、语力强势的否定表达，多采用缓和性的语言形式，从而隐含地表达了否定态度。

(14) 澎湃突发新闻报道组 2015-06-02：这个需要船长亲自解释才能清楚。不过，据江西都市频道《都市现场》微信公号转引现场导游的说法，……据这艘船的导游描述，两艘船出发时间本来是一致的，但"东方之星"急于赶赴景点，船速较快，两艘船渐渐远离。……江西游船因为天气不佳，临时停靠在了湖北赤壁，而"东方之星"号为了在6月2号下午赶到湖北荆州，继续前进，不幸遇上恶劣天气。

(《澎湃问吧》，2015-06-02，《关于长江沉船事件的情况》)

此例选自《澎湃问吧》，作为一种网络新闻媒体的公共社交平台，它以解答网民的质疑为主要目的，具有网络语境下人际互动的交际特征和维护人际和谐关系的语用需求。类似的网络媒体回应采用缓和性、中立性等语用策略，有助于在维护媒体信息的可靠性或权威性的同时，减少对网络受众的面子威胁，或避免出现网络语境下的对立与冲突。根据 Clayman & Heritage（2002），回避策略要求说话人除了回答提问者的质疑外，还需要对自己所提供的信息进行阐释。前者属于最小化应答，用以填补交际者之间的信息空白；后者指应答语的明示或阐明，用以支撑所提供信息的有效性。为了遵循交际的合作原则，在很多语境下，网络评论员等媒体交际者往往会对回避行为做出更多的解释，以免引发网民或网络受众的进一步质疑，可有效避免冲突加剧，或引发新的人际冲突。采用间接拒绝等方式，隐含地表达否定立场的同时，借助转折性插入语（如"不过""但是"等），有助于引发新话题，从而避免原有话题可能引发的人际冲突。这些都是媒体语境下的语用策略。

否定是说话人表达反对、不认同等评价性立场的言语行为，有语力强弱之分，存在人际语用等社交管理功能。近年来，网络交际的快速发展带来了媒体交际的多样化、动态性、即时性等。比如，在网络新闻互动语境下，网民可以直接向媒体提问，媒体与受众之间的非面对面交际取代了单向的信息传递式交际。一方面，网络媒体可以根据网民提问即时进行回应，提供所需信息；另一方面，非面对面、媒体—网民的匿名互动等网络交际方式可能带来更多的面子威胁（Arendholz 2013; Chovanec 2015; Dayter 2014; Stromer-Galley & Martinson 2009），任何不恰当的语言表达都可能导致网民的质疑，或引发更多负面的人际语用效果，比如謾骂、威胁、冒犯、讽刺等。否定性言语的人际面子威胁风险大（Leech 1983），更容易引起网络受众或听话人的反感等负面情绪，从而影响网络交际语境下的人际和谐。这表明媒体语境中的话语选择具有多样性的语用功能。比如，含有否定结构的网络新闻标题具有警告、批评等的社会语用功能（陈新仁 2013）。根据 Leech（1983），消极性言语行为的不礼貌程度较高，容易威胁对方的正面面子。因此，媒体语境中会出现策略性的话语选择。Tang（2016）的研究发现，在媒体公共交际中表达批评时，中国人倾向于采用增强面子修护的语用策略，减少人际社交的威胁。总之，作为一种公共话语现象，媒体语境下的话语类型、策略选择等会受到机构性因素、人际因素等的影响，其媒体话语的作用不仅在于传递真实的媒体信息，或表达正确的媒体观点与立场，还具有多样性的语用功能。

3.3 媒体话语中的立场表现

在媒体交际语境中，媒体说话人等媒体交际者往往会就某事表达个人或所属机构的意见、看法或态度，这就是媒体话语的立场表现。根据 Du Bois（2007），立场是社会主体在特定的社会文化语境下所实施的一种公共行为，立场的选择与确定是通过交际双方的互动完成的。他认为，立场表现涉及三大要素，简称"立场三角"（the stance triangle）：（1）评价对象；（2）选取自我站位；（3）争取他方结盟。立场三角论立足于立场表现的互动过程，将站位（positioning）、评价（evaluation）和结盟（alignment）三者结合起来，以实现人与人之间的（不）结盟关系作为立场表现的起点和终点，即建构交际者之间互相共有的社会文化价值体系（sociocultural value）（Du Bois 2007）。从立场概念的内涵看，这体现说话人对交际双方关系的认识与评价，也表现了立场的语用功能。换言之，立场的确立与协商涉及交际语境，不同的立场表现行为产生不同的言后效果。冉永平、杨娜（2017）认为，新闻访谈中的立场不再是说话人或听话人单方面所表达的个人事实、价值或情感，而是一种交际参与者之间的主体间性活动。

（15）访谈者：其实在过去的这 15 年中，我总共见过柳总有 12 次。……（停顿 2 秒）有人说您＝最全能。我不知道您对"全能"这个词怎么理解啊？我的理解是＝您在对话的现场谈过的话题涵盖面非常广，尤其经验管理的问题，有接班人的问题，有海外并购的问题，甚至还有种柳、桃的问题。

　　　　被访者：（笑）样样通，样样松。
　　　　访谈者：[这是柳总典型的谦虚啊]，您觉得15年后的今天，我们还能看到联想和您什么样的精彩呢？
　　（中央电视台节目《对话》，2015-09-20，《〈对话〉十五年》）

　　如前所述，媒体话语主要用于建构新闻事实、表达媒体态度等。从该目的出发，我们参照Englebretson（2007：89）提出的立场预设条件，从立场表现的内容上将媒体话语的立场分为言据性立场、情感立场和评价立场。这三种立场分别对应于Ochs（1992）所归纳的三种语用功能，即立场表现的言据功能、人际功能和社会功能。

　　言据性立场表明说话人对某一信息来源的认识（Faller 2002），表示说话人对该信息来源的信任程度，如"我听说""我感到"等，在语言上体现一种确认性程度。根据Mushin（2001：58）提出的主体参与程度，言据性立场从强到弱可分为个人感知类言据、推理类言据、转述类言据、事实类言据和想象类言据。说话人对所涉信息来源的信任程度越高，对言据性立场表现的语用操控就越弱，语言表现的肯定性越强，如"根据宪法""交通法规要求"等。相反，说话人对信息来源的信任度越低，越容易出现对言据性立场表现的语用操控，如使用"从……看""我猜"等模糊性或非肯定性的语言表现。例（16）中，政府机构发言人刻意选用"我认为"和"总体上"，意在表明对指信息来源的不确定；例（17）中，"根据……的报告"则有助于增强后续信息的可靠性，"认真的答复"也表明说话人维护官方权威的意图。

　　（16）记　者：爆炸之后商品的进出口是否受到影响？
　　　　　发言人：我认为，爆炸之后的出口总体上不会受到影响。
　　（2015年8月，国家新闻办就天津港"8.12"爆炸事件新闻发布会）
　　（17）记　者：发生事故的居民区只有五六百米，这个我不知道你们是怎么看这个问题？
　　　　　发言人：关于一千米的这个问题呢，最后调查组要根据"安评""环评"的报告，根据这个来最后给予一个认真的答复。
　　（2015年8月，国家新闻办就天津港"8.12"爆炸事件新闻发布会）

　　情感立场指说话人在话语中映射的心智取向或表现的个人情感态度，如憎恶、怨恨、理解、同情等。在媒体面对面交际中，表达情感立场是较为常见的，心智或情感立场的表现往往预设一定的隐含前提（Englebretson 2007: 89），常被说话人用来增强人际关系（如出现语用移情）或缓解人际关系（如出现语用离情）。媒体交际是公共语境下的交际，通常会遵循以"我们"（we-ness）为取向的趋同原则，任何人都不可能以某部分群体的利益完全取代公共利益，否则违背公共语境下的人际交往本质，不容易被听话人所广泛接受（Scannell 1991, 1998）。据此，媒体交际中的语用离情是部分参与者的离情，离情的最终目的仍旧是取悦大众，会对大多数人产生移情效应。

（18）然而一些外国媒体开始找救援及善后工作的茬，拼凑具体的失望和抱怨，编织围绕事件的矛盾和冲突。有的外媒急不可耐地消费家属的痛苦，在他们的伤口上撒盐，引导事件中心及外围的对立，这样做真是很不厚道。

（《环球时报》，2015-06-05，《安慰不幸者亲属，莫向伤口撒盐》）

此例中，"伤口上撒盐""很不厚道"等用语明确表达了说话人对涉事记者的不满情绪，并通过"外国媒体""外媒"等建构了外国媒体的他者身份，以体现与说话人所在群体之间的趋异取向。"不能在伤口上撒盐"等的类似用语很容易引发听话人的负面情感，并唤起公共受众的共知情感，进而拉近媒体和受众之间的人际距离。Langlotza & Locher（2012）认为，在网络交际中意见分歧越大，情感立场的表现越明显。例如：

（19）我们也愿意相信长江沉船事件是天有不测风云所致，但众多无辜的生命瞬间灰飞烟灭，总要有人出来说一声道歉，给遇难者家属以抚慰，让所有人相信，责任、同情心、道义、耻感这样一些人类高贵品质，依然存在于世道人心，从而相信我们的社会是一个相互守望、不离不弃的命运共同体。这也是生者可以活下去的信心和希望所在。然而直到现在，没有任何人说一声"对不起"，长江之上，唯能听见悲风哀鸣，江水呜咽，如泣如诉。这股郁结之气何时方能消散？

（《新浪网》，2015-06-05，《长江沉船事件为何至今无人道歉？》）

此例中出现了四字排比"悲风哀鸣，江水呜咽，如泣如诉"，描述灾难后的悲凉状态，并通过拟人和排比的修辞手段增强了说话人对"无人道歉"的愤怒。媒体标题"长江沉船事件为何至今无人道歉？"

和句末的反问句"这股郁结之气何时方能消散?"均表明了说话人的不满情感。人称指示语"我们""所有人"和"有人"巧妙分化了媒体与涉事群体,有助于建构媒体与大众之间的情感同盟。

评价立场贯穿于立场表现的互动过程。言据立场和情感立场包含了说话人对信息来源和人际关系的评价。媒体的评价立场主要指说话人针对某人或某事所表现的意见,也隐含地表达了说话人基于言据和情感所采取的言语行为,有正面评价和负面评价(Bell 1991)。正面评价表示说话人的同意、赞同和支持,负面评价则体现说话人的反对、否定和驳斥。在不同的交际环境下,媒体话语的评价立场存在显性与隐性的表达差异。比如,Clayman & Heritage(2002)认为,在面向公共人物的媒体交际中,主持人的评价立场趋于中立化。交际语境的特殊性是导致交际者采用不同立场的根本诱因。评价立场也是交际参与者主动适应交际语境的一种语言表现(Verschueren 1999/2000)。根据Haddington(2006),媒体立场是说话人基于交际双方动态的、协商的社会立场。因此,评价立场是说话人根据交际需求,做出恰当评价的一种语用能力。

由上可见,媒体交际中的话语立场或媒体立场不是说话人的单一立场站位,是基于多人性、公开性和互动性等语境特征的一种顺应性语用表现。说话人会依据交际双方的立场站位不断调整话语选择,引导对方的信息理解以及情感表达、立场表现。值得注意的是,交际语用观下的媒体立场分析不同于批评话语或语篇分析:后者将立场归为意识形态范畴,认为媒体立场始终是静态、单一和政治性的;而前者将立场置放于交际过程,认为立场是可变、顺应性的。

3.4 媒体话语中的人际语用功能

媒体话语依存于语言形式、是与社会公共交往相关的开放性人际言语活动(O'Keeffe 2006),因此存在人际交往的社交语用制约与功能。从人际语用学的角度而言,媒体话语的得体性、合理性等必然影响人际关系,尤其会影响交际者之间和谐关系的建构、维护和发展,甚至对和谐关系构成威胁与破坏。因此,在媒体交际的互动中,媒体发言人与记者、主持人与被访者、评论员与观众/听众、被访者与在场观众等之间的信息交流就需要重视人际关系。总之,媒体话语的管理也是说话人基于人际关系的语用管理,而非简单的信息管理本身。

根据 Spencer-Oatey（2000），人际关系的和谐管理包含面子管理与社交权管理。也就是说，交际参与者既作为个体参与交际活动，也作为社会团体的一员与其他成员进行互动。因此，说话人需要维护个人的素质面子（quality face）、公平权（equity rights），同时还需要照应具有社交意义的身份面子（identity face）、交往权（association rights）（Spencer-Oatey 2000: 15）。在媒体语境下，这种关系管理就表现为媒体交际参与者对各种面子和交往权的管理，并会受到媒体的机构性语境、社会语境、交际语境等多重因素的制约。比如，例（20）中主持人的反问句（如07）看似提出问题，实则是对被访嘉宾所述立场的质疑，意在解决意见分歧。然而，主持人没有直接进行质疑，而是用"老百姓说"替代"我说"，这有助于维护与被访嘉宾之间的社交距离，减少对其权威面子的威胁。同时，在彼此之间的互动中主持人使用的"王老""我明白""我听出了"等，都体现了一定的人际语用目的。另一方面，代表自来水公司的嘉宾为了保证自身的机构性社交身份面子不受到威胁，同时体现自己的交往权，他不断转化问题，并主动补充相关信息（如02，04，12），目的在于纠正"自来水能直接饮用"的不当言论。

（20）01 主持人：从昨天开始是不是所有人把家里的桶装水、净化器全扔掉，这个水我们可以不加热直接饮用了？
　　02 嘉　宾：还不行，因为就是末端水达标，末端水还要经过二次供水送到各家各户。
　　03 主持人：我明白您的意思，就是从自来水厂出来的水从昨天开始就能直接饮用了吗？
　　04 嘉　宾：出厂水达标不等于用户家里面水龙头的水达标。
　　05 主持人：因为还有水箱、水管子等等。
　　06 嘉　宾：因为还要管道输送，另外还有二次供水。这样要经过水池，然后经过泵抽到高位水箱，然后再供到各家各户的。
　　07 主持人：那老百姓该说：你这不是忽悠我吗？这不是还是不能吃吗？
　　08 嘉　宾：所以有一个问题——二次供水这个问题——将来要解决，最后指定一家公司——最好就是自来水公司——负责到底，到每一个水龙头。

09 主持人：王老，现在的水龙头实行了新的标准，拧出来加热之后是不是可以放心地吃呢？
10 嘉　宾：假如你这个水是自来水管直接供应的可以。
11 主持人：真的可以？
12 嘉　宾：像北京市应该是可以的。
13 主持人：那我的老家内蒙古一个普通的城市呢？
14 嘉　宾：普通的城市不一定水质就差，就是看它管理的怎么样，所以有的城市也是应该可以的。
15 主持人：王老，还有一个问题，您看我这有一个数据，……，我们就能做到百分之百出厂就都合格了？
16 嘉　宾：不可能，是不可能，因为出厂有17%就不合格。
17 主持人：王老，我们是否可以理解，即使7月1号昨天开始实行了强制标准，也其实还没有起到强制标准应有的意义，还有人在过渡期呢？
18 嘉　宾：对，这个问题是前五年就没有好好去抓，没有一个单位认真地去按照要求去做好。
19 主持人：我听出了您这句话里头非常着急的样子，其实和您一样着急的人还有很多，接下来，还会有问题向您请教。我们接下来关注两位市民。他们也跟王老一样——当然我们也一样——高度关注着自来水饮用水的安全。

（中央电视台《新闻1+1》，2012-07-02，《你家自来水，能直接饮用吗？》）

人际交往关系的研究是媒体话语中常被忽视的议题，媒体话语的关系功能也尚未引起足够的注意（Bailenson et al. 2008）。媒体工作者应该从语言使用的社交语用功能出发，注重媒体话语潜在的交际功能，因为合适的或得体的媒体话语直接影响媒体语境下的信息传递和交际者之间的有效沟通（Weizman 2008）。这说明媒体工作者的人际语用能力也是公共语境下的语用能力。

表达社会语用功能是媒体话语的一种言后效果，表现为媒体话语所隐含的社会行为，具体包括纠正错误观念、回应社会谣言、警告不法分子、提醒社会大众、批判不良现象等。媒体话语的社会语用功能也体现了媒体作为调节、规范公共话语的积极性和正面性社会角色，媒体作为中介者可以影响、改变人们对世界的认识（Scannell 1998:

251）。准确、合适、得体的媒体话语不仅可以加强人际和谐，还能建构媒体的积极社会身份，鼓励、支持、引导广大听话人接受建议和意见等；相反，不得体的媒体话语不仅直接危害人际和谐关系，而且对听话人造成不良影响。比如，当媒体报道、访谈等涉及负面信息或不便公开的信息时，多会借助一语双关、隐喻、委婉语等修辞手法，隐含地表达说话人的负面立场和否定态度等。除了表达批评、反对、责难等外，媒体话语还可以帮助说话人实施道歉等言语行为，比如刘风光等（2016）在对中美政治道歉言语行为对比研究中，探究了不同文化语境下说话人在官方网站中公开道歉的语用策略、特征及语用适应性条件。

以上例释表明，媒体语境下的话语使用和策略选择不仅是媒体信息传播与管理的需要，也是媒体话语等公共话语表达社交语用功能、实施人际关系管理等的需要。换言之，作为一种公共话语，媒体话语的使用存在一定的语用特征和语用理据，因此我们需要重视语用学理论视角下媒体话语的功能分析，探索媒体话语中隐含信息的语言表现及其语用机制，同时努力探究媒体话语的语用学分析路径，进而从语用的角度分析媒体话语的有效性、合适性等。

4. 结语

公共话语、公共语境等涉及的范围十分广泛，政府机构和企事业单位等都是公共信息和公共话语的所涉单位，类似话语包括公告、讲话、声明、工作报告、公示语、醒示语等。公共语境下的话语使用、策略选择、交际效果等研究已引起了语用学的广泛兴趣，但与公共话语有关的语用问题研究以及语用学视角的公共话语研究等还很不足。比如，对公共话语可能涉及的语用范畴界定不够明确，现有研究多以广告语、影视话语、公开演讲等的语用分析为主，研究对象略显狭窄；理论视角的选择过于宽泛，部分研究对公共话语的社会语用分析和批评话语分析含混不清，并未厘清动态的交际语境和社会、政治、文化等宏观语境之间的区别与联系；对公共语境中具体的言语交际活动缺乏进一步划分，如媒体交际、网络交际、服务交际、政务交际等不同语境类型下的话语表现及其语用功能分析与阐释；另外，公共话语与交际参与者的社交身份、人际面子等之间的相互影响及其动态建构的语用理据等，都有待进行语用学视角下的深入探究，公共话语选择的语用动因等需要更深刻的理论阐释。类似问题的系统研究涉及公共话语的生成与理解。

基于上述方面存在的问题与不足，本讲首先从概念界定和理论来源出发，讨论了公共话语的基本内涵、相关研究的社交语用理论视角，以及公共话语的一些语用现象（如公共话语中常见的指示语现象、公共话语选择的修辞与社交身份等），从语用功能的角度简单分析了它们在动态交际中的生成机制，提出了从交际互动语境出发分析公共话语的重要性与必要性；其次，针对公共的媒体话语，借助人际语用学的相关理论视角，以新闻访谈、新闻发布、网络新闻互动等为例，分析了媒体语境下提问、策略、立场表现等方面的语用问题，旨在拓展公共话语的研究范围与分析视角。总之，公共话语的选择与其语用功能体现了公共语境下交际参与者的语用能力，尤其是人际语用能力和社交语用能力。

思考题

1. 什么是公共话语？它与日常话语之间存在哪些主要差异？
2. 分析公共话语与媒体话语之间的主要区别与联系。
3. 举例分析媒体语境等公共话语中的修辞手段及其语用功能。
4. 举例分析媒体话语中交际参与者的立场表现及其话语选择的语用特征。
5. 举例分析公共语境下话语使用的人际语用功能及其制约因素。

推荐阅读

1. Bell, A. & P. Garrett. 1998. *Approaches to Media Discourse*. Oxford: Blackwell.
2. Fairclough, N. 1992. *Discourse and Social Change*. London: Sage.
3. Fetzer, A. 2013. *The Pragmatics of Political Discourse*. Amsterdam: John Benjamins.
4. Wodak, R. & V. Koller. 2008. *Handbook of Communication in the Public Sphere*. Berlin and New York: Mouton de Gruyter.
5. Zappavigna, M. 2012. *Discourse of Twitter and Social Media*. London: Bloomsbury Academic.

第十讲　跨文化语用学与交互文化语用学

1. 引言

20世纪80年代出现了跨文化语用学研究，它基于传统语用学和跨文化交际学理论，主要致力于对比各种言语行为在不同文化中的实现方式，以及文化差异所导致的交际问题，如冲突、误解、语用失误等方面的异同。近些年来，随着全球化趋势的发展，越来越多母语和不同文化的交际者选择英语通用语进行交流，传统的英语单语（monolingual）模式逐渐转向为多语（multilingual）及多文化（multicultural）相融与并存的复合范式，为此诞生了"交互文化语用学"这一新兴的语用学分支（Kecskes 2013）。

较多研究并未对"cross-cultural"和"intercultural"进行区分，如Huang（2012：14）把跨文化语用学和交互文化语用学笼统地界定为"从跨越文化和语言的角度系统研究交际中的语言使用"。国内不少研究者也把"cross-cultural"和"intercultural"都译为"跨文化"（贾玉新2006；朱武汉2016），我们认为这是不恰当的，因为后者所涉及的交际群体来自不同的语言文化背景，他们在一起使用共同的语言（如英语）进行交际，这体现的是一种交互文化语境，而不是各种独立的、单向的文化语境。这显然不同于跨文化交际，因此我们把"intercultural pragmatics"译为"交互文化语用学"，旨在将其与跨文化语用学区别开来，因为跨文化语用学强调文化的差异与不同，文化因素被视为影响交际成功的障碍，而交互文化语用学探究来自不同文化背景的交际者在一起互动时的语言使用，关注不同语言文化的交融以及涌现因素，文化差异被视为一种可用资源。

可见，交互文化语用学不同于跨文化语用学。跨文化语用学属于两种或多种语言之间的跨面研究，是将文化因素引入跨文化交际中意义研究的一种宽泛语用学（冉永平2004），涉及不同文化背景的交际者对意义建构的不同期待（Yule 1996）。然而，交互文化语用学主要研究来自不同母语或第一语言的交际者使用某种通用语或共同语时的言语互动，体现为多元文化的交际语境，类似情况主要包括（Kecskes 2013）：（1）某种语言的母语者与非母语者之间的交际互动，比如以汉语为母语的中国人和英语本族语者之间的英语交流；（2）不同母语的说话人利用某种通用语进行的交际互动，比如以德语为母语的德国人和以汉语为母语的中国人使用英语通用语进行交流；（3）多种语言使用者之间的多语交际互动；（4）掌握多门语言的个体学习者的语言使用与发展。

总体而言，交互文化语用学在三个方面不同于跨文化语用学（Kecskes 2013: 18-19）：（1）理论基础不同（前者基于社会—文化认知框架，后者基于传统的语用学理论，如言语行为理论、面子理论、礼貌理论等）；（2）研究的焦点内容不同（前者关注交际中的临时涌现现象以及交互文化的共建，后者关注交际者之间母语文化的异同）；（3）研究重点不同（前者探究动态语境中的语言使用，后者研究语用迁移、语言习得或不同文化中言语行为实现方式的异同）。

2. 跨文化语用学

2.1 跨文化语用学的发展

跨文化语用学关注不同文化语境中交际者的各种语用表现，致力于探究语用原则在多大程度上具有普遍性以及它们在不同文化中的实际表现。这些研究大多以传统的语用学理论为基础，如言语行为理论（Austin 1962; Searle 1969, 1979）、合作原则（Grice 1967）、面子理论（Brown & Levinson 1978, 1987）和礼貌原则（Gu 1990, 1998; Leech 1983, 2005），探究不同文化背景的交际者在言语行为、面子维护或威胁、礼貌策略等方面存在的差异。

早在20世纪80年代和90年代，Wierzbicka、Blum-Kulka等学者围绕多种言语行为和交际策略等，探讨了不同文化语境下的礼貌问题，以及相关语用现象的文化差异。例如Wierzbicka（1985，1991，2003）发现，因受不同文化价值观的影响，英语和波兰语中的建议、请求、感叹、附加疑问等存在一定的使用差异，为此她主张建立一种既能独立于任何语言或文化，又能够通过任何语言进行阐释的"自然语义元语言"（natural semantic metalanguage），用来比较不同文化中同一语言现象的异同，进而揭示文化差异对语言使用的影响。

　　Blum-Kulk 等（1989）针对言语行为的实现模式，进行了系统的跨文化研究，即"Cross-Cultural Study of Speech Act Realization Patterns"（简称 CCSSARP）的研究项目，较系统地比较了多种语言（如英语、希伯来语、德语等）之间道歉与请求言语行为的异同。他们将跨文化语用学的研究范围大致划分为相互关联的四个方面：（1）言语行为的语用研究，即言语行为语用学（speech act pragmatics），主要涉及跨文化交际中如何利用第二语言正确表达或理解某些言语行为；（2）社会文化的语用研究，即社会文化语用学（sociocultural pragmatics），聚焦于跨文化交际过程中所出现的社交语用现象，如语用失误；（3）对比语用研究，即对比语用学（contrastive pragmatics），主要比较不同语言之间语用策略、交际功能、文化内涵等方面的异同；（4）语际语或中介语的语用研究，即语际语用学（interlanguage pragmatics），主要研究第二语言习得者的语用行为与其母语或第二语言之间的关系。

　　何兆熊（2000：245）认为，"跨文化语用学是对不同文化背景的人之间的交际进行的研究，其重点是对不同文化的语言活动进行跨文化对比研究"，并将其分为跨文化语用语言学研究、跨文化社会语用学研究和语际语用学研究三个方面。王建华（2003）指出，跨文化语用学研究的核心是语用意义的建构和理解，可以分为三个层面，即文化载体—语用手段层面、文化蕴含—语用环境层面、文化策略—语用主体层面。何自然（1997）、何自然和冉永平（2002）等讨论了语际语语用学和社交文化语用学。语际语用学是"从语用学的角度去研究第二语言习得或学习中的语际语"（何自然、冉永平 2002：333-335），涉及以言行事行为和礼貌策略等的理解和运用，其主要内容包括：（1）通过语际语的表现研究第二语言中的语用习得；（2）从言语行为的角度分析语际语中的言语行为；（3）从话语综观的角度考察语际语的可接受性和容忍度等。社交文化语用学主要研究话语意义的社会特征及研究语言的社会成分，涉及范围包括语言作为交际工具在各种具体语境下运用的原则和规律，以及英汉语用差异等，如社交场合下如何做到语言的得体、不同文化背景下交际者的语言习惯与特点、使用第二语言或外语交际时因文化差异而导致的语用失误等（何自然、冉永平 2002：341）。

　　Spencer-Oatey（2000，2003，2008）进一步扩大了跨文化语用学的研究范围，提出通过"和谐管理模式"（rapport-management model）阐

释人际交往中语言选择的动机及其语用原则。该模式既包含信息传递，又包含人际关系建构，同时揭示文化和语境对言语行为及关系管理的影响。近来，Zhu（2015）探究和比较了中英言语社区成员在电子邮件中所使用的和谐管理语用策略的异同，以及影响这些语用表征的国家及社区文化主导下的社会心理因素，类似研究将和谐管理理论与人际关系问题结合起来，旨在拓展以电子邮件为媒介的人际礼貌研究，揭示和谐关系管理的复杂与动态因素，为相关问题的跨文化语用研究提供一个可行的思路。

2.2 跨文化语用学研究

（1）言语行为对比研究

跨文化语用学研究以相关的语用学理论为框架和理论模型，着眼于不同文化中言语行为、语用原则、话语意义等的比较，试图验证语用学理论在不同文化中的普遍性。在早期，探究同一言语行为的跨语言差异似乎是跨文化语用学研究的主要议题（Wierzbicka 1991, 2003），其中最具影响的就是 Blum-Kulka 等（1989）围绕言语行为实现模式所进行的跨文化研究，他们调查了多种不同语言文化中（如英语、希伯来语、德语等）"请求"和"道歉"言语行为的不同表现，并于 1989 年出版了《跨文化语用现象：请求与道歉》（*Cross-Cultural Pragmatics: Requests and Apologies*）的研究成果，它是跨文化语用学研究的代表性成果，内容主要涉及规约性与非规约性间接策略以及文化和语境对请求、道歉等行为的影响。

跨文化语用学研究的语料收集方法主要包括话语补全法（discourse compeletion test）、角色扮演法（role play）和自然语料录音法。Blum-Kulka 等（1989）研究言语行为实现模式所采用的主要是话语补全法的语料收集方法，即通过限定语境参数，收集不同语言文化中的言语策略，比如：

（1）(At the university)

Ann missed a lecture yesterday and would like to borrow Judith's notes.

Ann:（要求受试填写）

Judith: Sure, but let me have them back before the lecture next week.

（2）(At the college teacher's office)
A student has borrowed a book from her teacher, which she promised to return today. When meeting her teacher, she realizes she forgot to bring it along.
Teacher: Miriam, I hope you brought the book I lent you.
Miriam:（要求受试填写）
Teacher: OK, but please remember it next week.

（Blum-Kulka et al 1989: 14）

采用话语补全法的语料收集方法，对权势关系、社会距离、强加程度（参见 Brown & Levinson 1978, 1987）等语境因素进行限定，可以收集到不同条件下的语言形式和策略，帮助分析具体的言语行为和言语事件。该方法受到的主要质疑是缺乏真实性和有效性，正如 Kasper（2000/2008）指出，在跨文化语用学和语际语用学领域中，话语补全法是一种使用较多，但同时也是受到质疑与批评最多的语料收集方法。

鉴于话语补全法是一种笔试问卷，收集的语料很难带有自然言语交际中的话轮、重复、情感等自然语言特色。为此，有学者建议采用角色扮演的方法收集语料，以克服话语补全法的缺陷。采用角色扮演法，就是向被调查者发出一些角色扮演的指令，要他们根据指令的要求进行对话，据此收集语料，得出数据。例如：

（3）You are going to move into a new apartment on Sunday. It is Thursday today, and you have just received a call from a friend of yours who was supposed to help you move house, saying that he is unable to help you move after all. You don't have a car or a driver's licence, so you depend on the help of somebody who does. You decide to ask B, your next door neighbour. The two of you are friends, and you have helped each other out before. You go to see B.

（4）It is Thursday. You have just made arrangements with some friends to spend the weekend in the country. You and your friends are planning to go in your car, leaving Saturday morning and coming back Sunday night. You are at home, watching TV, when the door rings. You can see through the peephole that it is your friend and neighbour, A.

（Kasper 2008: 323）

当前的跨文化语用学研究普遍重视语料收集的自然方法，比如提倡自然录音法，因为通过话语补全法和角色扮演法等引发式语料收集方法所采集的语料无法贴近生活或接近自然，不是真实的话语，唯有自然语料才是真实生活和交际现实的再现。通过录音获取自然发生的语料，能够真实地再现交际的情景和言语行为的实施过程，但这种方法也要避免Labov所指出的"观察者困境"，因为该方法在操作中会给研究者带来一定的实际困难，比如被调查者的社会特征经常具有不可知性或不被告知，研究人员进入现场进行录音或录像可能遇阻等。

（2）语用失误研究

著名的英国语用学者Thomas（1983）在 *Applied Linguistics*（《应用语言学》）期刊上发表了题为"跨文化语用失误"（"Cross-Cultural Pragmatic Failure"）的研究成果。她提出了"语用失误"（pragmatic failure）的概念，以区别于一般性的语法错误（error），对语用失误进行了界定，并探讨了语用失误的一些原因。为此，语用失误成为跨文化语用学研究的一个重要议题，受到广泛关注。

Thomas（1983: 677-683）认为，语用失误是跨文化交际失误的重要方面和源头，是"没能理解话语含意"的表现。她进一步解释说，语用失误并不是听话人因不能在语言层面上理解说话人话语的含意所引起的误解，而是听话人不能按照说话人的意图辨识话语的言外之力（即语力）或言外之意。换言之，当听话人从说话人的话语里所感受的语力与说话人本来的意图不同时，就可能出现语用失误。进而，Thomas将语用失误分为语用语言（pragmalinguistics）失误和社交语用（sociopragmatics）失误两类。语用语言失误指对语言的错用，包括错误地使用目标语或根据母语的语义或结构使用目标语。当说话人对特定话语的使用不同于母语者通常所表达的语用信息而出现用法不当，或将母语中的会话策略、交际方式等不恰当地迁移到目标语的使用中，就会产生语用语言失误（何自然1997）。比如，在英语使用中中国学生可能会出现言外之意表达不清楚的语用失误。例如：

（5）A: Is this a good restaurant?
　　　B: Of course. (Yes, it certainly is.)

（6）A: Is it open on Sundays?
　　　B: Of course.

（7）A: Are you coming to my party?

B: Of course.(Yes, indeed. /Yes, certainly. /It goes without saying.)

通常"of course"表示理所当然，并表示对对方询问的肯定回答，但并非在任何语境中它都等同于"Yes, indeed"之类的用法。例（5）中，B 回答"of course"可能隐含了"What a stupid question!"的意思；例（6）的回答可能隐含"Only an idiot would ask such a stupid question!"的意思；例（7）的不同回答可以表示不同的隐含信息。因此，如果滥用"of course"，就会出现字面意义与其用法之间的不等同，其言外之意可能让听话人觉得说话人出言不逊，没有礼貌。这说明我们需要注意外语或二语交际中的语用失误。

社交语用失误是违反某些文化规约和社交语用原则的言语行为，往往是因为某一母语背景的说话人对其他文化语境下的相关规约或原则的不同感知所造成的。实际上，英汉语中的问候语系统并不完全一样，甚至存在某些显著差异。例如：

（8）A: How are you doing?
    B: Fine, thanks! And you?
（9）A: Where are you going?
    B: It's none of your business.

例（8）中，A 与 B 的问候和应答是得体的，符合英美文化中人际关系的社交规约；例（9）中，如果说英语的中国人 A 向一位认识不久的英国邻居 B 表示问候，就是不得体的，违反了英美文化中的社交规约，这就是一种社交语用失误。相比之下，社交语用失误更为复杂，因为它涉及的社会文化规约可能是隐性的，为此需要交际双方相互了解各自不同的文化习俗、社交礼仪、文化差异等，才能避免交际中的社交语用失误。Thomas 对语用失误的二分法思路清晰，能够对较多的语用失误现象进行解释，并为探究跨文化交际失误的本质和归因提供新视角，引导人们重视跨文化交际中的语言习惯和社会文化规约。

Thomas 所区分的两类语用失误在理论上似乎可以清楚地区分开，但在实际的语言使用中有时并不容易。有些语用失误虽然表面上是语言形式使用或理解不当所造成的，而实际上则可能是由于缺乏有关目标语的文化知识。虽然言语行为的跨文化比较研究可以在一定程度上帮助大家了解跨文化语用失误现象，但该方法不能进一步剖析造成语用失误的深层社会文化原因，比如：为什么在有些文化中请求言语行为更直接或更间接？为什么请求行为之前通常出现支持性语步（supportive moves）？等等。在跨文化交际中，类似方面的用法差异可能导致语用失误，进而出现交际障碍或引发交际失败。

就跨文化语用现象研究，Wierzbicka（1994）还提出了"文化脚本"（cultural scripts）的研究视角，即通过元语言把不同的文化规范、价值和话语实践等解释出来的一种模式化方式（Goddard & Wierzbicka 2004: 153）。该文化脚本模式被逐步应用到跨文化语用学研究，并取得了一定的相关成果，比如 2004 年国际学术期刊 *Intercultural Pragmatics*（《交互文化语用学》）第 2 期介绍了这方面的专题研究。其中，Goddard & Wierzbicka（2004）通过具有普遍意义的客观的、中性语言去描述不同的文化特质，并对文化现象进行阐释，进而促进了人们对文化局内人（insider）与文化局外人（outsider）的区别和理解（Wierzbicka 2003）。

3. 交互文化语用学

3.1 交互文化语用学的发展

国际化与全球化趋势使得具有不同语言与文化背景的交际者在一起进行交际与交流的机会增多。为此，来自不同母语与文化背景的交际者会选择某种通用语作为一种共同语，如英语通用语、汉语通用语（Chinese as a lingua franca）等，作为交流与交际的公共语言。这就是一种融汇了多种语言与文化的交互文化交际（intercultural communication）。在此过程中，交际者不可避免会将各自的母语文化影响带入其中，进而影响交际过程，甚至交际效果，必然会出现有别于单语与单文化背景下的交际问题和语用问题。类似多语和多元文化背景中所出现的语用问题就是交互文化语用学所讨论的内容。

传统的语用学研究或语用学理论主要采用单语与单文化的分析视角，对话语的产出与理解进行描写和阐释，这忽视了交际的多元文化性和多元文化交互对交际的影响。出现于 20 世纪 80 年代的跨文化语用学，也主要基于传统语用学和跨文化交际学理论，致力于对比在不同文化中言语行为的实现方式及文化差异，以及这些差异所造成的交际问题与障碍，如语用失误、语用差异等。然而，类似的研究主要基于不同语言与文化背景下的言语行为、交际策略、社交规约、交际范式等方面的差异，未考虑具有不同语言与文化群体的交际者在一起进行交际的语用表现及所引发的语用问题，即针对单语和单文化背景的语用学研究不能说明交际者个体之间语言文化差异对交际过程的影响，也不能有效揭示多元文化背景下交际互动的机制。为此，出现了"交互文化语用学"这一新兴的研究领域（Kecskes 2013）。

交互文化语用学探究来自不同文化背景的交际者如何通过多元化的语言文化资源，寻求和建构互动交际所需的共知基础（common ground），调节和协商意义的产出与理解，以克服因语言文化差异所导致的互动交际问题（如交际障碍、缺少共知等），进而完成交际任务，为此交互文化语用学强调交际者如何成功实现交际目标的过程。鉴于跨文化语用研究的主要议题（如言语行为差异、目标语使用的文化标准等）越来越受到质疑与批评，交互文化语用学最终从语际语用学和跨文化语用学中分离出来，成为语用学研究的一个新兴领域（Kecskes 2013）。2004 年，由美国学者 Istvan Kecskes 主编、Mouton de Gruyter 国际出版社推出的学术期刊 *Intercultural Pragamtics* 就是一个重要标志，并已登载这一领域很多研究成果。2013 年，英国牛津大学出版社出版了 Istvan Kecskes 的专著《交互文化语用学》(*Intercultural Pragamtics*)，系统地阐述了语用学研究的社会—认知视角（socio-cognitive approach，简称 SCA），涉及交互文化交际的诸多语用问题。

交互文化语用学研究多元文化语境下的口语、书面语、计算机辅助交际、网络交际等，也关注交际中语篇或语段的选择与互动过程，而非静态的单个话语，从更宽广的视角看待语言使用与理解，不再仅关注单语及单文化语境下的研究议题，如交际策略、言语行为、预设、含意、误解等，更加重视研究双语或多语语境下的交互文化性（interculturality）、共知基础、信息凸显（salience）等，试图整合交际所涉及的个体认知因素和社会文化因素，阐释话语的产出和理解。文化被视为可供交际者个体利用的或所建构的各种知识，包括信念、常规、价值、行为和其他相关信息（Kecskes 2013: 4）。交互文化交际中的语境信息具有历时性和共时性，既包含相对静止或固定的前知识、前经验等，也包含特定条件下临时建构的涌现知识。

3.2　社会—认知视角下的交互文化语用学

如前所述，交互文化语用学不同于跨文化语用学，多元文化语境下的言语互动及其语用问题存在不同于单语及单文化语境下的交际现象和交际问题。美国学者 Kecskes（2008，2013，2014）提出了社会—认知视角的语用学理论框架，并据此阐释了交互文化语境下的多种语用问题。语用学研究涉及较多的理论视角，如社会—认知视角（Kecskes 2008, 2013, 2017）、关联理论视角（Sperber & Wilson 1986/1995）、变异语用学视角（Schneider & Barron 2008）以及人际和谐关系管理视角（Spencer-Oatey 2000, 2008）等，其中 SCA 可以较全面、系统地用于探究交互文化交际的动态语境特征。SCA 体现了语用学研究的跨学科性，强调语用与认知、个体因素与社会因素等的结合，这是语用学研究的趋势之一，也契合交互文化语用学的研究目的。更为重要的是，SCA 自身具有交互文化视野，适用于考察双语或多语背景下的语境动态性，如合作与自我中心主义的互动与转化、涌现共知的寻求与建构，以及集体凸显与涌现情景凸显的相互作用等。交际者既表现出合作意图，同时又表现出较强的自我中心主义，因为交际不仅受普适性的原则与规则的制约，还受语言文化特有的规则与原则以及个体认知背景、意愿等因素的制约，因此交互文化语用研究主张观察注意与意图如何引导交际中前语境与现实语境的互动，从而描述与阐释互动中所涌现的交互文化性和交互文化（Kecskes 2008, 2013, 2017），以此揭示来自不同文化背景的交际者如何利用已存的语用常规与现实语境，寻求和建构多元语境下交际所需的共知信息，进而实现成功交际。

（1）SCA 的交际观

Grice 提出的合作原则把交际视为受意图驱使、相互识别意图，并合作完成交际任务的过程（Clark 1996）。然而，一些有关交际的认知研究表明（Barr & Keysar 2005; Giora 2003; Keysar & Bly 1999），现实的交际过程并非交际双方所期待的那样合作，而是具有交际者个体的自我中心倾向。Kecskes（2008，2013）认为交际是"尝试—错误—再尝试"（trial-and-error, try-again）的动态过程，主张采用社会—认知视角分析交际中的语言使用，揭示来自不同文化背景的交际者在互动过程中的语用特征。

SCA 提倡兼顾说话人和听话人的语用模式，从社会因素和个体因素来解释话语的生成与理解。交际过程体现为个体特征（individual traits）和社会特征（social traits）之间的相互影响与相互作用。前者包括交际者个体的前经验、前知识、凸显信息、自我中心、注意（力）

等；后者包括现实情境语境、关联信息、相互合作、(共同的)意图等。它强调合作和自我中心在交际过程中不同阶段的体现，是意图和注意之间互动的结果。注意是交际者可利用的认知资源，体现了交际行为的意识性(Kecskes & Zhang 2009)。交际者通过形成与当前情景语境相关的意图以示合作，合作也就是对他人的意图加以关注，同时表现出自我中心，即激活大脑中最凸显的知识或信息，以产出和理解话语。意图是会话的主要驱动要素，不仅具有个体性与预制性，还具有涌现性与社会性。意图包括预先意图和临时的涌现意图，它们在交际的不同阶段会受到不同程度的关注。在交际的起始阶段，预先意图可能占主导地位，但在交际进行中涌现意图也可能会更加明显，意图的涌现性体现了交际者双方对意图的共同建构。

在交互文化交际中，交际者的涌现意图很常见。交际意图的识别可以促进交际的顺利进行，因而是SCA探究的焦点问题之一。当交际中的意图通过语言进行表达，交际者会在不同阶段进行不同程度的注意或关注。影响注意程度存在三方面的因素：(1)交际者的前经验或前知识；(2)与现实情景语境相关的知识的出现频率、熟悉度或常规性；(3)交际者的认知状态及注意资源的可及性。这三个要素的互动导致在交际的任何阶段都会出现对于交际者最为凸显的信息或知识。因此，交际者会根据特定的交际语境，调用与之相关的最凸显或最可及的知识或信息，并进行话语的产出和理解，这就是交际中自我中心的体现。说话人与听话人的认知资源不同，或者知识的凸显度不同，所以会根据自己的认知状态，结合现实情景语境进行注意资源的处理与调用。总之，SCA契合了交互文化语用学的研究目的，融合了基于意图的语用观和基于注意或自我中心的认知观，关注交际的涌现特征，有助于揭示交互文化的复杂性和动态性。

(2) SCA的语境观

前语境与现实情境语境

传统的语境观把语境分为外部语境(external context)和内部语境(internal context)。前者认为语境有选择词汇特征的功能，可以决定词汇意义及话语意义，这是语境的选择性特征；后者认为词汇创造语境，语言表达的意义能够反映情景语境。SCA突破了长期争论的语境问题，认为语言表达和语境之间是双向互动的，交际者所选择的词汇和话语既可以创造语境，同时语境又使词汇意义和话语意义具体化。来自不同母语文化背景的交际者之间的前语境差异大，缺少共有基础，为此借助通用语或共同语的交际会受到限制，因此需要根据现实情境语境，发挥语境的选择作用，在两种语境的互动中交际者不断调整与相互适应（包括意图的表达与涌现意图的识别）才能完成意义的表达与理解。基于此，Kecskes 整合了内外语境观，将语境划分为前语境（prior context）和现实情景语境（actual situational context）。前者存在于交际者的大脑中，后者是有关进行中的交际活动。前语境又分为个体前语境和集体前语境：前者体现交际的个体化特征；后者属于共有知识，是同一语言社区成员的共享信息，包括百科知识、社会文化规约、语言习俗等信息（如"早生贵子""百年好合""恭喜发财""您贵姓""吃了吗""you are all set""have a nice day""what can I do for you?"等），它们都是英、汉语中的一些情景限制语（situation-bound utterances）。交际者的前语境与现实情景语境共同作用，产生话语意义。例如：

（10） Sam: Coming for a drink?
　　　 Andy: Sorry, I can't. My doctor won't let me.
　　　 Sam: What's wrong with you?
（11） Sam: Coming for a drink?
　　　 Andy: Sorry, I can't. My mother-in-law (my wife) won't let me.
　　　 Sam: What's wrong with you?

(Kecskes 2013: 134)

以上两例中情景限制语"what's wrong with you?"具有不同的交际意义，不是因为现实情景语境的作用，而是"my doctor"换为"mother-in-law"之后会传递不同的隐含意义，因为在不同的文化语境中"mother-in-law"可能隐含不同意义，甚至是负面的。因此，在多元文化语境中类似的情景限制语可能给来自不同文化背景的交际者带来理解方面的问题。如果例（11）中使用词汇"my wife"，情景限制语"what's wrong with you?"的理解则会依赖于现实情景语境，即夫妻关系是否出现了问题。又如：

（12） Son: I met someone today.
　　　 Mother: Good. Oh, you got the broccolini? Thank you.
　　　 Son: She is a woman.
　　　 Mother: You did not have to tackle her too, did you?

Son: She is a police officer.
Mother: Are you in trouble?
Son: I don't think so.

(Kecskes 2013: 48)

此例中儿子的话语"I met someone today"引发了交际，构成了部分的现实情景语境，他想谈论自己的经历，然而他母亲的注意力则聚焦在他买的东西上。当儿子告诉母亲，自己见的是位女士时，她表现了一定的兴趣，但仍没有完全注意该信息，而是开始调侃儿子。但当听儿子说见到的女士是位"警察"时，她才全神贯注，想知道儿子是否遇到了麻烦，因为根据她的前语境，"警察"这一概念的内涵是负面的。然而，因为儿子有和"警察"交往的积极经历，所以他的个体前语境就消除了"警察"这一概念的消极意义。可见，前语境的差异会导致对同一概念（如此例的"警察"）的不同理解，来自不同语言文化背景的交际者在一起进行言语互动时，就更容易出现类似的理解问题。总之，交际过程中的意义建构是动态的，因为交际者的前语境和现实情景语境的不断变化、相互影响，意义建构依赖于相对确定的文化模式或规约，但又离不开现实情景语境的涌现性特征。交际者的前语境体现为特定的文化模式或规约，并与现实情景语境相互作用，共同推进交际。

涌现共知信息的建构

来自不同语言文化背景的交际者往往缺乏核心的共知基础，为此交际中需要根据语境需要，建构临时的、涌现的共知信息。Kecskes 认为，共知基础"指人们所共享的信息总和，包括世界观、价值观、信仰、情景语境等在内的信息"（Kecskes 2013: 151）。一直以来，对共知基础持有两种观点：一种是语用观，认为共知基础是一种预先存在的思维状态或已有的知识信息，是交际进行的基础；另一种是认知观，认为共知基础是一种后发现象，是在交际过程中交际双方或多方动态建构的结果。SCA 结合这两种观点，认为共知基础既是交际的前提，是预先存在的，又是临时涌现和共建的，进而区别了"核心共知基础"（core common ground）和"涌现共知基础"（emergent common ground）两类。前者是相对静态的、普遍的、共有的知识，针对某语言社区而言；后者是由现实情景语境触发的、相对动态的、特殊的知识，针对具体交际而言。

SCA 对核心共知基础和涌现共知基础进行了细分。核心共知基础具有历时性，包括常识、文化意义和形式意义（Kecskes & Zhang 2009）。其中，常识是关于世界的一般性知识；文化意义指某国家或言语社区的文化规约、信仰、价值观等；形式意义指语言系统知识。涌现共知基础对现实情景语境更为敏感，具有共时性，因情景因素的变化而变化，它的建构依赖于共享意义和当前意义的两种意义。共享意义是交际者之间（不是语言社区）所共享的个人经历，当前意义是交际者对所在现实情景语境的看法或认识。在交互文化交际中，由于交际者之间缺乏核心共知基础，交际者难以激活共知基础，为此需要在互动过程中寻求和创造共知基础。

交互文化交际者共享的核心共知基础非常有限，但在交际过程中并非像以往研究所认为的"充满了交际障碍"，而是与其他任何形式的交际一样，有成功也有失败。在以下会话中，三个女孩讨论在美国开车的经历，她们分别来自中国（CN）、哥伦比亚（CB）和巴西（BR）。

(13) CN: Errh. I remember when I first came to this country, first thing I did ... second day ... errh ... is to buy a car.
(All giggle.)
CN: I came here on Friday. I bought a car on Saturday. (Giggle a little.) Just look around, you know ...
CB: But ... how about your license, driving license?
CN: I have the international ...
CB: Oh. The international license will work here.
CN: Errh ... of course after a time, you can get a US license.
BR: It is really easy.
CN: It is not a big deal ... It is very easy.
CN: You want to say something.
BR: I just wanted to say I don't have a car. That's kind of ... not so nice taking the bus, all the time, going shopping by bus, so whatever, so ...

(Kecskes 2013: 166–167)

在以上互动中，来自不同文化背景的三人对美国社会文化并不了解，于是共同建构了核心共知基础，即关于美国驾照与美国驾驶的知识。对于在美国可以使用哪种驾照以及如何获得美国驾照，则属于临时建构的涌现共知信息。此例说明了共知基础的动态建构性。

此外，在社会文化背景、语言水平和对现实情境语境的理解等方面，由于交际者之间缺乏核心共知基础，所以容易出现说话人对另一方（如不同本族语者）交际期待的不确定性，从而导致交际会以一种"不确定"方式（"Not Sure" Approach）（Kecskes 2013）进行，如例（14），该过程需要交际双方或多方之间的互动建构，并通过更加明确的意义表达，调控话语的产出与理解，有意识地进行合作并预测相互之间的交际问题或困难，以及尽量向对方多提供更多信息等，从而建构涌现的共知基础或共知信息，避免出现交际信息的不确定性或对交际期待的无把握性，为此交互文化交际中经常出现支持性行为、重述或重复、背景信息提供和"随它"（let-it-go）策略等。

（14）Korean: And then language problem. Sometimes I obviously look like a foreign ... foreign person ... foreigner here ... so they assume I don't speak English so they sometimes ... I don't know ... they sometimes don't understand what I'm saying ... even though I'm speaking English. It hurts me a lot ... I don't know.

Chinese: Could you follow them?

Korean: Of course.

Chinese: But they find it hard to follow you?

Korean: Mhmm. I don't know why. I think it's because of my ... how I look like, you know. I don't know it hurts me a lot.

Chinese: I don't think it matters very much because just for your physical appearance. Did you try slowing down your space?

Korean: *Yes eventually they understand I can speak English but still in their mind they have strong strategy ... I mean ... I'm sorry ... stereotypes prejudice like ... you look foreign.*

Chinese: Foreigner.

Korean: And you probably don't speak English so they don't even bother themselves to speak to me.

(Kecskes 2013: 168)

凸显信息

"凸显"是语言学中的一个重要概念。作为一个符号学概念,凸显指符号的相对重要性或突出性(Kecskes 2013: 176)。就某个符号而言,在其可能表示的所有信息性中相对最可能的那个信息就是凸显信息或凸显意义。交际者个体往往会注意那些最重要或相对最可能的凸显信息。根据 SCA 理论框架及其交际思想,对相同概念、相同话题、相同词语等的意义表达与理解,来自不同语言文化背景的说话人之间可能存在一定差异,这种差异可能是凸显信息的不同表现,或是由凸显信息所引发的不同。为此,在 SCA 看来,语言的凸显信息或凸显意义是具有文化特性的。SCA 把凸显看作交际的引导机制,从交际过程看,与交际有关的前语境知识或前语境信息对交际意图和信息注意的互动影响很大(Kecskes & Zhang 2009),前语境知识驱动说话人对交际意图的表达和听话人的注意,所以与意图有关。只有注意可及性高的凸显信息,才能促进交际成功。凸显信息在交互文化交际中显得十分重要(Kecskes 2013: 57),例如:

(15) Korean: Jill, do you want me to help you with your essay?
American: Don't patronize me, please.
Korean: You say, you don't want support?
American: Please just don't ... Okay?

上例中,来自美国和韩国的语言学专业学生谈话有关论文写作,但由于各自母语文化背景的差异,双方出现了对"patronize"的不同解读。在美国文化中,"patronize"具有消极或负面的意义,而在韩国文化中它则具有积极或正面的意义,正是该词在两国文化中不同的凸显信息导致了交际过程的曲折与误解。再如:

(16) Alan: Morning.
Berta: What is so good about it?
Alan: I did not say "good".

上例说明凸显在意义产出和理解中的作用。英语问候语"morning"的集体凸显意义是"good morning",即使说话人使用了缩略形式"morning",仍然隐含了"good morning"的人际社交意思。根据 SCA,说话人可以通过话语的语言形式,激活听话人大脑中最熟悉或最惯常的凸显意义,去产出话语或理解话语,从而促进交际的顺利进行。总体而言，交互文化语用学认为凸显对话语的产出与理解一样重要，且受特定语言文化因素的影响。

3.3 交互文化语用学研究

来自不同语言文化背景的交际者在一起借助通用语或共同语，如英语通用语或汉语通用语等，所进行的互动交际就是一种交互文化交际。交互文化语境下的语言交际涉及多元文化因素的融汇与交叉，为此，类似语境下的互动交际存在大量有别于单一语言文化语境下的语用现象、语用能力表现等，这无疑丰富并拓展了语用学的研究视域，随之出现了新的研究议题和关注点。

（1）英语通用语中的相关问题

全球化趋势使英语由一门外语变成了一种普遍使用的通用语，其变化引发了不同于英语本族语单向语境下的使用范式，也改变了英语的交际属性，即：传统的英语单语模式逐渐转为多语及多文化相融与并存的复合范式，并成为当代英语使用语境的一种新常态（冉永平、杨青 2016）。英语通用语研究始于 20 世纪 80 年代，通过 Jenkins 等学者的研究，通用语及其相关问题研究逐渐成为热点话题（文秋芳 2014），也是当代应用语言学研究的重要议题（冉永平 2013）。

英语通用语研究关注的焦点是不同母语文化背景的交际者如何与英语本族语者一样创造性地运用各种话语策略来实现交际目标，比如如何使用明示意图的标记语、如何协同地共建话语、如何创造涌现情景中的凸显信息等（House 2012; Jenkins 2011; Kecskes 2013; Seidlhofer 2011, 2016）。目前，人们普遍认为英语通用语交际也是一种语言实践活动，具有一定的交际模式（Kecskes 2008; Mackenzie 2014；冉永平 2013），为此，重视探究交际中的功能性、多元互动性及多维性等特征（Cogo & Dewey 2012）。同时，有效性和得体性是衡量英语通用语的交际能力的主要指标（Kecskes 2013；冉永平、杨青 2015），因为"英语通用语语境的多元性和动态性已成为一种交际资源，为来自不同语言文化背景的英语使用者呈现或凸显自我文化提供了新的语境空间"（冉永平、杨青 2016：289）。

英语通用语研究的主要领域包括外语教学（Jenkins 2000; Kirkpatrick 2011；文秋芳 2015）和机构语境下的英语通用语，如学术英语通用语和商务英语通用语（Ehrenreich 2016; Mauranen 2012），针对亚裔和欧洲人的英语通用语使用是当前该方面研究的主流（Murata 2016）。从研究视角与对象看，从语言学习、会话分析、语篇等视角，研究英语通用语交际中的策略使用（Björkman 2014; Firth 1996; House 1996; Kecskes 2013, 2014）、话语标记语和元话语功能（Gotti 2014; Kaur 2011），以及交际者的态度、信念、身份意识等（Jenkins 2007; Walker 2010）。类似问题已成为英语通用语背景下交互文化语用学的相关内容和议题。

（2）信息建构的多元文化交融

交互文化语用学认为，交际中意义的表达与理解不是话语等成分的累积与组合，而是它们之间的互动与融合。交互文化交际涉及至少两种不同的语言文化背景，因此 Kecskes（2013：5）提出了类似语境下的"第三文化"（a third culture）、"交互文化性"和"交互文化"等的相关概念，并描述了多元文化互动与融合过程中的涌现特征。Bhabha（1994）率先使用"第三空间"（a third space），用以描写交际者对文化身份的协商与重塑。他认为交际中身份建构与重构所在的空间是动态的，第三空间为开放和扩大视野提供了机会，交际者的身份不再是非黑即白的两极区分，而是在第三空间中动态重塑的。第三文化是相对于不同本族语交际者的母语文化而言，即交际中创造的文化知识很可能不属于交际者的任何一方，是在多元文化交互中涌现出的第三类文化。交互文化性是涉及相对固定的文化信息与涌现信息的临时系统，交际互动中的信息建构离不开交际者所在言语社区中相对固定的文化模式或常规。交互文化交际强调不同语言文化之间的融合与互动，基于固定的文化背景信息和临时涌现的情景信息，共建临时性的交互信息。无论是跨文化的语言能力，还是交互文化语用能力，我们都需关注非单一语言文化语境下所出现的"第三空间"或"第三文化"问题（杨郁梅 2016）。

交互文化不是某个言语社区中语言文化知识的单向传播，不是不同文化背景知识（如交际范式、社交规则等）的简单组合与呈现，而是在实施交际过程中的相互协调、相互竞争、调整和再协调，涌现为各种动态表现和多元化的融合现象（Baker 2015），是在文化接触中建构的文化（Koole & ten Thije 1994: 69）。为此，多元文化情景下的语言使用更多体现为自下而上的多元文化互融性（Kecskes 2013），这种互融性成为一种交际资源，为来自不同语言文化背景的通用语使用者呈现或凸显自我文化提供了新的语境空间（冉永平、杨青 2016），不再是跨文化语用所假定的那样成为交际的障碍。以下是一位巴西学生（B）和一位波兰女士（P）的对话，体现了不同文化背景交际者之间的交互文化性（Kecskes 2013: 15）。

（17）B: And what do you do?
P: I work at the university as a cleaner.
B: As a janitor?
P: No, not yet. Janitor is after the cleaner.
B: You want to be janitor?
P: Of course.

两位非英语母语者使用英语通用语进行交际，分别代表两种不同的文化，即巴西文化和波兰文化。在交际互动中，她们把各自的前知识和前经验带入其中，形成了交互文化。在交谈中，两者都没有找到合适的英语词汇来描述波兰女士（P）的工作，当她说自己的工作是"cleaner"时，巴西学生（B）纠正为"janior"，此时波兰女士进行了否定，因为她认为"janior"的工作等级要高于"cleaner"。这种区别在英国文化或美国文化中是不存在的，而是在交际中临时创造出来的涌现信息，即一种交互文化。交互文化的涌现体现了信息建构的多元文化交融，是交互文化背景下交际者的语用能力特征。

（3）多元文化的交互语用能力

交互文化语用学关注二语或多语使用者的语用能力表现及其发展，强调所在社会文化语境、交际者的个体意愿、个体偏好等对语用能力的影响，研究多语交际者之间的交互文化语用能力（intercultural pragmatic competence）。语言使用同样会涉及语用语言知识（pragmalinguistic knowledge）和社交语用知识（sociopragmatic knowledge）（Leech 1983; Thomas 1983），前者指语言形式方面的用法知识，后者指社会文化方面的语境知识。交际者既要掌握语言形式，又要了解合适的使用语境，尤其是社会文化语境知识。交互文化语境中的交际者是具有"多元背景的复合体"（Mauranen 2007: 244），其语用能力表现不同于单一语言文化语境下的能力表现，交际互动过程中涌现性特征较为明显。换言之，交互文化语用能力研究重视多元文化之间的交融，即交互文化性（Kecskes 2013）、语言使用形式及语用策略的特点及表现（Cogo & Dewey 2012; Jenkins 2007, 2011; Seidlhofer 2011）、交际者的调解能力与协同能力（Baker 2011; Pennycook 2010），以及多元文化语境下的人际关系建构与管理（Spencer-Oatey 2008）等。

在交互文化交际中，由于交际者来自不同的语言文化背景，他们之间缺少交际所需的某些共知基础或共享信息，类似语境下的语用能力自然不同于单一语言文化背景下的语用能力及其表现。为此，交互文化交际不能过多依赖语言表达的字面意思，具有语义不透明的规约性或程式化的语言结构可能带来交际障碍。另外，在语言使用所涉及的前语境、前经验等方面，交际者之间也会存在较多差异，比如缺乏或不熟悉某些文化特有的、高度规约化的语言知识，如习语、谚语、情景限定语等，就会出现对现实情境语境中意义表达与理解的差异。因此，在交互文化交际中如果使用较多语义不透明，以及出现承载较多的特定社会文化信息，或使用受特定情景语境限定的结构、话语等，如汉语中的"纸老虎""东施效颦"等以及英语中的"my cup of tea""You are all set"等，就会加重交际者的认知负担和理解障碍，容易导致交际困难。如果过多依靠交际中话语的字面意义，也会出现误解或完全不明白的情况。例如：

（18） Gertrud: Here is the door.
　　　 Xiaolu:　Who should go in first?
　　　 Gertrud: Be my guest.
　　　 Xiaolu:　We are not guests here.

此例中 Gertrud 和 Xiaolu 具有不同的语言文化背景。以上他们在人力资源部门前的对话显示，Xiaolu 完全不知道"Be my guest"的意思，缺乏理解该表达式的前语境知识，没有把它当成情景限定语，而是直接根据字面意义将 guest 理解为了"客人"，因此出现了交互文化语境下的交际误解。类似问题是交互文化语境下的语用能力问题。

另外，交互文化语用能力还体现为交际者可能创造性地使用语言资源，以及对相互之间在通用语互动中的容忍与理解。由于来自不同语言文化背景的交际者之间缺乏核心的共知基础或共享信息，以及受制于通用语的语言能力和相互之间的不了解，也可能为了让对方更好地理解信息，他们可能会在交际中创造性地使用语言资源，寻求与建构特定语境下的共知基础，进而推动交际，传递交际信息。例如：

（19）以下是韩国学生 K 和土耳其学生 T 的聊天。
　　　　　T: I like but ... they like but they haven't time. I see in Albany

too many people like sport. And they run and fitness.
K: Yeah.
T: They fitness. Too many people play tennis. So I think they sport. They, they keep yourselves healthy ... They keep healthy yourselves ...
K: Healthy.
T: Yes.
K: I agree with you.

在以上互动言谈中，土耳其学生 T 把"fitness"和"sport"用作了动词，并使用"keep oneself healthy"的程式化表达，且错将反身代词"themselves"说成"yourselves"，自己却没有意识到这些问题，而韩国学生 K 则没有刻意进行纠正。类似的"创造性"或不符合语法规则的用法并没有影响到彼此之间的信息交流。这表明，交互文化语境下交际者更倾向于关注所传递的信息本身，尤其是共知信息的表达与理解，如该例中双方对"healthy"信息的关注与合作共建。

此外，在交互文化交际中，由于交际者存在不同的语言文化背景，也缺少更多的共知基础或共享信息，因此容易从各自的本族语文化出发，尤其是在交际初期，去进行话语选择与信息理解，进而体现为一种自我中心。例如：

（20）以下是巴西女士 BIF 和波兰女士 PAF 的聊天：
BIF: Errh ... Are your husband American or ...?
PAF: Errh ... Actually he is ... he is Polish. He is American but ...
BIF: Ok.
PAF: ... because he came into the United States when he was a child.
HKM: Hmm.
PAF: He was something like twelve.
BIF: All right.
PAF: So ... you know ... but he ... he speaks Polish, yeah.
（选自 *Albany Corpus of Intercultural Communication*）

在以上对话中，BIF 询问 PAF 的丈夫是否美国人。刚开始，PAF 滔滔不绝地谈论自己丈夫的经历，也不管对方是否对这些信息感兴趣，尽管对方并没有问关于她丈夫的其他问题，即交际的现实情境语境没有要求或触及该行为，但 PAF 根据自我意愿，不断谈论自己的丈夫。这是交际中的一种自我中心表现。不过，在交互文化交际中，即使一方表现出较大程度的自我中心，对方也会表现出一定的配合或容忍，所以 BIF 一直用"OK""Hmm"和"All right"之类的简短标记语进行回应，以保持会话畅通。这体现了多元文化语境下的一种他者关照，也是一种人际语用能力。

4. 结语

本讲讨论了跨文化语用学和交互文化语用学的区别，介绍了两者的形成、发展、理论基础以及研究内容和相关议题。跨文化语用学以传统语用学理论和跨文化交际理论为理论基础，致力于比较言语行为在不同文化中的实现方式以及文化差异造成的交际问题和障碍（如语用失误、交际失败、交际冲突等），多采用话语补全法、角色扮演法和自然录音法等语料收集方法。交互文化语用学研究以 SCA 理论为框架，探究来自不同文化背景的交际者在一起互动时的语言使用，以及双语或多语背景下的语境动态性，如合作与自我中心主义的转化、涌现共知的寻求与建构以及集体凸显与涌现情景凸显的相互作用等。

思考题

1. 跨文化语用学和交互文化语用学之间的主要区别什么？
2. 多语文化语境下的语用能力和单语文化语境下的语用能力之间是否存在差异？举例说明。
3. 分析社会—认知理论视角下的语境观。
4. 分别收集 10 个英语和汉语的情景限制语，并分析它们的用法。
5. 举例说明英语通用语（English as a lingua franca）背景下共知基础或共享信息对交际成功的影响。

推荐阅读

1. Kecskes, I. 2013. A cognitive-pragmatic approach to situation-bound utterances. *Journal of Pragmatics* 32(6): 605–625.
2. Kecskes, I. 2014. *Intercultural Pragmatics*. Oxford: Oxford University Press.
3. Kirkpatrick, A. 2011. English as an Asian lingua franca and the multicultural model of ELT. *Language Teaching* 44(2): 212–224.
4. Seidlhofer, I. 2011. *Understanding English as a Lingua Franca*. Oxford: Oxford University Press.
5. Thomas, J. 1983. Cross-cultural pragmatic failure. *Applied Linguistics* 4: 91–112.
6. Wierzbicka, A. 2003. *Cross-Cultural Pragmatics: The Semantics of Human Interaction* (2nd edition). Berlin: Mouton de Gruyter.

参考文献

Aijmer, K. & C. Rühlemann. 2015. *Corpus Pragmatics: A Handbook*. Cambridge: Cambridge University Press.

Andone, C. 2013. Strategic maneuvering in a political interview: The case of responding to an accusation of inconsistency. In A. Fetzer (ed.) *The Pragmatics of Political Discourse*. Amsterdam: John Benjamins, 103–124.

Antaki, C. & S. Widdicombe. 1998. Identity as an achievement and as a tool. In C. Antaki & S. Widdicombe (eds.) *Identities in Talk*. London: Sage, 1–15.

Archer, D. 2008. Verbal aggression and impoliteness: Related or synonymous? *Language Power and Social Process* 21: 181–208.

Archer, D. 2011. Facework and im/politeness across legal contexts: An introduction. *Journal of Politeness Research* 7(1): 1–19.

Archer, D., K. Aijmer & A. Wichmann. 2012. *Pragmatics: An Advanced Resource Book for Students*. London: Routledge.

Arendholz, J. 2013. *(In)Appropriate Online Behavior: A Pragmatic Analysis of Message Board Relations*. Amsterdam: John Benjamins.

Arguedas, M. E. & M. A. Marco. 2014. Evidentials, politeness and prosody in Spanish: A corpus analysis. *Journal of Politeness Research* 10(1): 29–62.

Ariel, M. 2008. *Pragmatics and Grammar*. Cambridge: Cambridge University Press.

Arundale, R. B. 1999. An alternative model and ideology of communication for an alternative to politeness theory. *Pragmatics* 9: 119–154.

Arundale, R. B. 2006. Face as relational and interactional: A communication framework for research on face, facework, and politeness. *Journal of Politeness Research* (2): 193–216.

Arundale, R. B. 2009. Face as emergent in interpersonal communication: An alternative to Goffman. In F. Bargiela-Chiappini & M. Haugh (eds.) *Face, Communication and Social Interaction*. London: Equinox, 33–54.

Arundale, R. B. 2010. Constituting face in conversation: Face, facework and interactional achievement. *Journal of Pragmatics* 42: 2078–2105.

Arundale, R. B. 2013. Face as a research focus in interpersonal pragmatics: Relational and emic perspectives. *Journal of Pragmatics* 58: 108–120.

Austin, J. L. 1962. *How to Do Things with Words*. Oxford: Oxford University Press.

Bach, K. & R. Harnish. 1979. *Linguistic Communication and Speech Acts*. Cambridge: MIA Press.

Bailenson, J., N. Yee, J. Blascovich & R. Guadagno. 2008. Transformed social interaction in mediated interpersonal communication. In E. Konijn, S. Utz, M. Tanis & S. Barnes (eds.) *Mediated Interpersonal Communication*. New York: Routledge, 77–99.
Baker, W. 2011. Intercultural awareness. *Language and Intercultural Communication* 11: 197–214.
Baker, W. 2015. *Culture and Identity through Engish as a Lingua Franca*. Berlin: Mouton de Gruyter.
Bamberg, M. 2004. Narrative discourse and identities. In J. C. Meister, T. Kindt, W. Schernus & M. Stein (eds.) *Narratology beyond Literary Criticism*. Berlin: Mouton de Gruyter, 213–237.
Barr, D. J. & B. Keysar. 2005. Making sense of how we make sense: The paradox of egocentrism in language use. In H. L. Colston & A. N. Katz (eds.) *Figurative Language Comprehension: Social and Cultural Influences*. Mahwah, NJ: Lawrence Erlbaum, 21–43.
Baxter, L. A. & B. M. Montgomery. 1996. *Relating: Dialogues and Dialectics*. New York: Guilford Press.
Bayraktaroglu, A. & M. Sifianou. 2012. The iron fist in a velvet glove: How politeness can contribute to impoliteness. *Journal of Politeness Research* 8: 143–160.
Bednarek, M. & H. Caple. 2014. Why do news values matter? *Discourse & Society* 25(2): 135–158.
Beebe, L. M. 1995. Polite fictions: Instrumental rudeness as pragmatic competence. In J. E. Alatis, C. A. Straehle, B. Gallenberger & M. Ronkin (eds.) *Georgetown University Round Table on Language Teachers: Ethnolinguistic, Psycholinguistic, and Sociolinguistic Aspects*. Washington, DC: Georgetown University Press, 154–168.
Bell, A. 1984. Language style as audience design. In N. Coupland & A. Jaworski (eds.) *Sociolinguistics: A Reader and Coursebook*. New York: St Mattin's Press Inc, 240–250.
Bell, A. 1991. *The Language of News Media*. Oxford: Blackwell.
Bell, A. 1998. The discourse structure of news stories. In A. Bell & P. Garrett (eds.) *Approaches to Media Discourse*. Oxford: Blackwell, 64–104.
Berkowitz, D. 2009. Reporters and their sources. In K. Wahl-Jorgensen & T. Hanitzsch (eds.) *The Handbook of Journalism Studies*. New York: Routledge, 102–115.
Bhabha, H. K. 1994. *Location of Culture*. London: Routledge.
Björkman, B. 2014. An analysis of polyadic English as a lingua franca (ELF) speech: A communicative strategies framework. *Journal of Pragmatics* 66: 122–138.
Blum-Kulka, S., B. Danet. & R. Gerson. 1985. The language of requesting in Israeli society. In J. Forgas (ed.) *Language and Social Situation*. Berlin: Springer, 113–139.
Blum-Kulka, S., J. House & G. Kasper. 1989. *Cross-Cultural Pragmatics: Requests and Apologies*. New Jersey: Ablex.
Bolander, B. 2012. Disagreements and agreements in personal/diary blogs: A closer look

at responsiveness. *Journal of Pragmatics* 44(12): 1607−1622.

Bou-Franch, P. & P. Garcés-Conejos Blitvich. 2014. Conflict management in massive polylogues: A case study from YouTube. *Journal of Pragmatics* 73: 19−36.

Bousfield, D. 2008. *Impoliteness in Interaction*. Amsterdam/Philadelphia: John Benjamins.

Boufield, D. & M. A. Locher. 2008. *Impoliteness in Language*. Berlin: Mouton de Gruyter.

Brewer, M. B. & W. Gardner. 1996. Who is this "We"? Levels of collective identity and self representations. *Journal of Personality and Social Psychology* 71(1): 83.

Brown, P. 2001. Politeness and language. In N. Smelser & P. Baltes (eds.) *International Encyclopedia of the Social and Behavioral Sciences*. Oxford: Elsevier Sciences, 11620−11624.

Brown, P. & S. C. Levinson. 1978. Universals in language usage: Politeness phenomena. In E. N. Goody (ed.) *Questions and Politeness: Strategies in Social Interaction*. Cambridge: Cambridge University Press, 56−310.

Brown, P. & S. Levinson. 1987. *Politeness: Some Universals in Language Usage*. Cambridge: Cambridge University Press.

Brown, P. & G. Yule. 1983. *Discourse Analysis*. Cambridge: Cambridge University Press.

Bucholtz, M. & K. Hall. 2005. Identity and interaction: A sociocultural linguistic approach. *Discourse Studies* 7(4/5): 585−614.

Cameron, D. 1985. *Feminism and Linguistic Theory*. New York: St. Martins.

Chang W. -L. & M. Haugh. 2011. Strategic embarrassment and face threatening in business interactions. *Journal of Pragmatics* 43: 2948−2963.

Chovanec, J. 2015. Participant roles and embedded interactions in online sports broadcasts. In M. Dynel & J. Chovanec (eds.) *Participation in Public and Social Media Interactions*. Amsterdam: John Benjamins, 67−98.

Clark, H. H. 1996. *Using Language*. Cambridge: Cambridge University Press.

Clayman, S. E. & J. Heritage. 2002. *The News Interview: Journalists and Public Figures on the Air*. Cambridge: Cambridge University Press.

Cocking, D. 2008. Plural selves and relational identity: Intimacy and privacy online. In J. van den Hoven & J. Weckert (eds.) *Information Technology and Moral Philosophy*. New York: Cambridge University Press, 123−141.

Cogo. A. & M. Dewey. 2012. Analyzing English as a lingua franca: A corpus-driven investigation. London & New York: Continuum.

Couper-Kuhlen, E. 2014. What does grammar tell us about action? *Pragmatics* 14(3): 623−647.

Culpeper, J. 1996. Towards an anatomy of impoliteness. *Journal of Pragmatics* 25(3): 349−367.

Culpeper, J. 2005. Impoliteness and entertainment in the television quiz show: The Weakest Link. *Journal of Politeness Research* 1(1): 35−72.

Culpeper, J. 2011. *Impoliteness: Using Language to Cause Offence*. Cambrige: Cambridge University Press.

Culpeper, J., D. Bousfield & A. Wichmann. 2003. Impoliteness revisited: With special reference to dynamic and prosodic aspects. *Journal of Pragmatics* 35(10): 1545–1579.

Culpeper, J. & M. Haugh. 2014. *Pragmatics and the English Language*. London: Palgrave Macmillan.

Culpeper, J., M. Haugh & D. Kádár. 2017. *The Palgrave Handbook of Linguistic (Im)politeness*. London: Palgrave Macmillan.

Cummings, L. 2009. *Clinical Pragmatics*. Cambridge: Cambridge University Press.

Davies, B. & R. Harré. 1990. Positioning: the discursive construction of selves. *Journal for the Theory of Social Behaviour* 20(1): 40–63.

Davis, B. 2010. Interpersonal issues in health discourse. In M. A. Locher, S. L. Graham (eds.) *Interpersonal Pragmatics*. Berlin: Mouton de Gruyter, 381–404.

Dayter, D. 2014. Self-praise in microblogging. *Journal of Pragmatics* 61: 91–102.

De Fina, A. 2006. Group identities, narrative and self-representation. In A. De Fina, D. Schiffrin & M. Bamberg (eds.) *Discourse and Identity*. Cambridge: Cambridge University Press, 351–375.

De Fina, A. 2010. The negotiations of identities. In M. A. Locher & S. L. Graham (eds.) *Interpersonal Pragmatics*. Berlin: Mouton de Gruyter, 205–224.

De Fina, A., D. Schiffrin & M. Bamberg. 2006. Introduction. In A. De Fina, D. Schiffrin & M. Bamberg (eds.) *Discourse and Identity: Studies in Interactional Sociolinguistics*. Cambridge: Cambridge University Press, 1–23.

Diani, G. 2015. Politeness. In K. Aijmer & C. Rühlemann (eds.) Corpus *Pragmatics: A Handbook*. Cambridge: Cambridge University Press, 169–194.

Draucker, F. 2015. Participation structures in Twitter interaction: Arguing for the broadcaster role. In M. Dynel & J. Chovanec (eds.) *Participation in Public and Social Media Interactions*. Amsterdam: John Benjamins, 49–66.

Drew, P. 2018. The interface between pragmatics and conversation analysis. In C. Illie & N. Norrick (eds.) *Pragmatics and Its Interface*. Amsterdam: John Benjamins.

Du Bois, J. W. 2004. The stance triangle. In R. Englebretson (ed.) *Stancetaking in Discourse: Subjectivity, Evaluation, Interaction*. Amsterdam/Philadelphia: John Benjamins, 139–182.

Du Bois, J. W., S. Schuetze-Coburn, S. Cumming & D. Paolino. 1993. Outline of discourse transcription. In J. A. Edwards & M. D. Lampert (eds.) *Talking Data: Transcription and Coding in Discourse Research*. Mahwah, NJ: Lawrence Erlbaum, 45–89.

Du Bois, J. W. 2007. The stance triangle. In R. Englebreston (ed.) *Stancetaking in Discourse*. Amsterdam: John Benjamins, 139–182.

Dynel, M. 2012. Swearing methodologically: The (im)politeness of expletives in

anonymous commentaries on YouTube. *Journal of English Studies* 10: 25-50.
Dynel, M. & J. Chovanec. 2015. *Participation in Public and Social Media Interactions*. Amsterdam: John Benjamins.
Eelen, G. 2001. *A Critique of Politeness Theories*. Manchester: St. Jerome.
Egbert, M., M. Yufu & F. Hirataka. 2016. An investigation of how 100 articles in the *Journal of Pragmatics* treat transcripts of English and non-English languages. *Journal of Pragmatics* 94: 98-111.
Ehlich, K. 1992. On the historicity of politeness. In R. Watts, S. Ide & K. Ehlich (eds.) *Politeness in Language: Studies in Its History, Theory and Practice*. Berlin and New York: Mouton de Gruyter, 71-108.
Ehrenreich. S. 2016. English as a lingua franca (ELF) in international business contexts: Key issues and future perspectives. In K. Murata (ed.) *Exploring ELF in Japanese Academic and Business Contexts*. London and New York: Routedge, 135-155.
Emmertsen, S. 2006. Interviewers' challenging questions in British debate interviews. *Journal of Pragmatics* 39: 570-591.
Englebreston, R. 2007. *Stancetaking in Discourse*. Amsterdam: John Benjamins.
Eriksson, G. 2011. Follow-up questions in political press conferences. *Journal of Pragmatics* 43: 3331-3344.
Fairclough, N. 1993. Critical discourse analysis and the marketisation of public discourse: The universities. *Discourse and Society* 4(2): 133-168.
Fairclough. N. 1995. *Media Discourse*. London: Arnold.
Faller, M. 2002. *Semantics and Pragmatics of Evidentials in Cuzco Quechua*. California: Stanford University.
Farina, M. 2015. Facebook first post telling. *Journal of Pragmatics* 90: 1-11.
Ferenčik, M. 2017. I'm not Charlie: (Im)politeness evaluations of the Charlie Heddo attack in an internet discussion forum. *Journal of Pragmatics* 111: 54-71.
Fetzer, A. 2007. Well if that had been true, that would have been perfectly reasonable: Appeals to reasonableness in political interviews. *Journal of Pragmatics* 39: 1342-1359.
Fetzer, A. & E. Weizman. 2006. Political discourse as mediated and public discourse. *Journal of Pragmatics* 38: 143-153.
Firth, A. 1996. The discursive accomplishment of normality: On "lingua franca" English and conversation analysis. *Journal of Pragmatics* 26: 237-259.
Fisher, B. A. & K. L. Adams. 1994. *Interpersonal Communication: Pragmatics of Human Relationships*. New York: McGraw-Hill, Inc.
Floyd, K. 2006. *Communicating Affection-Interpersonal Behaviour and Social Context*. Cambridge: Cambridge University Press.
Fraser, B. 1990. Perspectives on politeness. *Journal of Pragmatics* 14(2): 219-236.
Fracchiolla, B. 2011. Politeness as a strategy of attack in a gendered political debate. *Journal of Pragmatics* 43: 2480-2488.

Garcés-Conejos Blitvich, G. 2009. Impoliteness and identity in the American news media: The "Culture Wars". *Journal of Politeness Research* 5(2): 273–303.

Garcés-Conejos Blitvich, G. 2013. Introduction: Face, identity and im/politeness — Looking backward, moving forward: From Goffman to practice theory. *Journal of Politeness Research* 9(1): 1–33.

Garcés-Conejos Blitvich, G., P. Bou-Franch & N. Lorenzo-Dus. 2013. Identity and impoliteness: The expert in the talent show *Idol. Journal of Politeness Research* 9(1): 97–121.

Garcés-Conejos Blitvich, G., N. Lorenzo-Dus & P. Bou-Franch. 2010. A genre approach to impoliteness in a Spanish television talk show: Evidence from corpus-based analysis, questionnaires and focus groups. *Intercultural Pragmatics* (7/4): 689–723.

Garfinkel, H. 1967. *Studies in Ethnomethodology*. Englewood Cliffs and NJ: Prentice-Hall.

Gerhardt, C., V. Eisenlauer, & M. Frobenius. 2014. Participation framework revisited: (New) media and their audiences/users. *Journal of Pragmatics* 72: 1–4.

Giles, H. & P. Powesland. 1997. Accommodation theory. In N. Coupland & A. Jaworski (eds.) *Sociolinguistics: A Reader and Coursebook*. London: Macmillan, 232–239.

Giora, R. 2003. *On Our Mind: Salience, Context and Figurative Language*. Cambridge: Cambridge University Press.

Glucksberg, S. 1995. Commentary on nonliteral language: Processing and use. *Metaphor and Symbolic Activity* 10(1): 47–57.

Goddard, C. & A. Wierzbicka. 2004. Cultural scripts: What are they and what are they good for? *Intercultural Pragmatics* 1: 153–166.

Goffman, E. 1955. On face-work: An analysis of ritual elements in social interaction. *Psychiatry: Journal for the Study of Interpersonal Processes* 18: 213–231.

Goffman, E. 1959. *The Presentation of Self in Everyday Life*. Garden City and New York: Doubleday.

Goffman, E. 1963. *Stigma: Notes on the Management of Spoiled Identity*. London: Penguin.

Goffman, E. 1967. *Interaction Ritual: Essays on Face-to-Face Behaviour*. New York: Pantheon Books.

Goffman, E. 1981. *Forms of Talk*. Philadelphia: University of Pennsylvania Press.

Gotti, M. 2014. Explanatory strategies in university courses taught in ELF. *JELF* 3(2): 337–361.

Gray, B., & D. Biber. 2015. Stance markers. In K. Aijmer & C. Rühlemann (eds.) *Corpus Pragmatics: A Handbook*. Cambridge: Cambridge University Press, 219–248.

Grice, H. P. 1957. Meaning. *Philosophical Review* 66: 377–378.

Grice, H. P. 1967. Logic and Conversation. In P. Grice(1989) *Studies in the Way of Words*. Cambridge: Harvard University Press, 22–40.

Grice, H. P. 1975. Logic and conversation. In P. Cole & J. Morgan (eds.) *Syntax and

Semantics, Vol.3: Speech Acts. New York: Academic Press, 41–58.

Grice, H. P. 1989. *Studies in the Way of Words*. Cambridge: Harvard University Press.

Grice, H. P. 1991. Logic and conversation. In S. Davis (ed.) *Pragmatics: A Reader*. Oxford: Oxford University Press, 305–315.

Group, L. P. R. 2011. *Discursive Approaches to Politeness*. Berlin: Mouton De Gruyter.

Grundy, P. 2008. *Doing Pragmatics* (3rd edition). London: Hodder Education.

Gu, Y. G. 1990. Politeness phenomena in modern Chinese. *Journal of Pragmatics* 14(2): 237–257.

Gu, Y. G. 1998. Politeness and Chinese face. Lecture given in the Department of Linguistics, University of Luton.

Gumperz, J. & D. Hymes. 1972. *Directions in Sociolinguistics: The Ethnography of Communication*. New York: Holt, Rinehart and Winston Press.

Hackl, M. 2013. The semantics-pragmatics interface. *Lingua* 130: 66–87.

Haddington, P. 2006. The organization of gaze and assessments as resources for stance taking. *Text and Talk* 26(3): 281–328.

Hall, S. 2000. Who needs identity? In P. Du Gay, J. Evans & P. Redman (eds.). *Identity: A Reader*. London: Sage Publications, 15–30.

Halliday, M. A. K. & R. Hasan. 1976. *Cohesion in English*. London: Longman.

Hardaker, C. 2010. Trolling in asynchronous computer-mediated communication: From user discussions to academic definitions. *Journal of Politeness Research* 6: 215–242.

Haugh, M. 2007a. Emic conceptualisations of (im)politeness and face in Japanese: Implications for the discursive negotiation of second language learner identities. *Journal of Pragmatics* 39: 657–680.

Haugh, M. 2007b. The discursive challenge to politeness research: An interactional alternative. *Journal of Politeness Research* 3: 295–317.

Haugh, M. 2010a. When is an email really offensive? Argumentativity and variability in evaluations of impoliteness. *Journal of Politeness Research* 6(1): 7–31.

Haugh, M. 2010b. Respect and deference. In M. A. Locher & S. L. Graham (eds.) *Interpersonal Pragmatics*. Berlin: Mouton de Gruyter, 271–288.

Haugh, M. 2013a. Disentangling face, facework and im/politeness. *Sociocultural Pragmatics* 1(1): 46–73.

Haugh, M. 2013b. Im/politeness, social practice and the participation order. *Journal of Pragmatics* 58: 52–72.

Haugh, M. 2015. *Im/politeness Implicatures*. Berlin: Mouton De Gruyter.

Haugh, M. & F. Bargiela-Chiappini. 2010. Face in interaction. *Journal of Pragmatics* 42(8): 2073–2077.

Haugh, M. & D. Bousfield. 2012. Mock impoliteness, jocular mockery and jocular abuse in Australian and British English. *Journal of Pragmatics* 44: 1099–1114.

Haugh, M., W. -L. M. Chang & D. Z. Kádár. 2015. "Doing deference": Identities and relational practices in Chinese online discussion boards. *Pragmatics* 25(1): 73–98.

Haugh, M., Z. Kádár & S. Mills. 2013. Interpersonal pragmatics: Issues and debates. *Journal of Pragmatics* 58: 1-11.

Heritage, J. & A. Roth. 1995. Grammar and institution: Questions and questioning in the broadcast news interview. *Research on Language and Social Interaction* (1): 1-60.

Higgins, C. 2007. Constructing membership in the in-group: Affiliation and resistance among Urban Tanzanians. *Pragmatics* (1): 41-50.

Hoppe-Graff, S., T. Herrmann., P. Winterhoff-Spurk. & R. Mangold. 1985. Speech and situation: A general model for the process of speech production. In J. P. Forgas (ed.) *Language and Social Situations*. Berlin: Springer, 81-95.

Horn, L. R. 1972. *On the Semantic Properties of Logical Operators in English*. Unpublished Ph. D. dissertation, University of California Los Angeles.

Horn, L. R. 1984. Toward a new taxonomy for pragmatic inference: Q-based and R-based implicature. In D. Schiffrin (ed.) *Meaning, Form and Use in Context: Linguistic Applications*. Washington, D. C. : Georgetown University Press, 11-42.

Horn, L. R. 2001. *A Natural History of Negation*. Chicago: University of Chicago Press.

Horn, L. R. 2004. Implicature. In Horn L. R. & G. Ward (eds.) *The Handbook of Pragmatics*. Oxford: Blackwell, 3-28.

House, J. 1996. Developing pragmatic fluency in English as a foreign language. *Studies in Second Language Acquisition* 18 (2): 225-252.

House, J. 2012. (Im)politeness in cross-cultural encounters. *Language and Intercultural Communication* 12 (4): 284-301.

Huang, Y. 2004. Neo-gricean pragmatic theory.《外国语》(1): 2-25.

Huang, Y. 2007. *Pragmatics*. Oxford: Oxford University Press.

Huang, Y. 2009. *Pragmatics*. Beijing: Foreign Language Teaching and Research Press.

Huang, Y. 2012. *The Oxford Dictionary of Pragmatics*. Oxford: Oxford University Press.

Hymes, D. 1972. On communicative competence. In J. Pride & J. Holmes (eds.) *Sociolinguistics*. Harmondsworth: Penguin, 269-28.

Ilie, C. 1999. Question-response argumentation in talk shows. *Journal of Pragmatics* 31: 975-999.

Ilie, C. 2001. Semi-institutional discourse: The case of talk shows. *Journal of Pragmatics* 33: 209-254.

Jacobsen, R. 2016. Reformulating the question in US presidential debates: A device for adjusting the question and the subsequent answer to one's audience. *Pragmatics & Society* 7(3): 391-412.

Jenkins, J. & A. Cogo & M. Dewey. 2011. Review of developments in research into English as a lingua franca. *Language Teaching* 44: 281-315.

Jenkins, J. 2000. *The Phonology of English as an International Language*. Oxford: Oxford University Press.

Jenkins, J. 2007. *English as a Lingua Franca: Attitude and Identity*. Shanghai: Shanghai Foreign Language Education Press.

Jenkins, J. 2011. Accommodating (to) ELF in the international university. *Journal of Pragmatics* 43(4): 926–36.

Jewitt, C. 2013. *Routledge Handbook of Multimodal Analysis*. London & New York: Routledge.

Joseph, J. 2013. Identity work and facework across linguistic and cultural boundaries. *Journal of Politeness Research* 9(1): 61–75.

Kádár, D. Z. 2017. *Politeness, Impoliteness and Ritual*. Cambridge: Cambridge Univesity Press.

Kádár, D. Z. & M. Haugh. 2013. *Understanding Politeness*. Cambridge: Cambridge University Press.

Kasper, G. 1990. Linguistic politeness: Current research issues. *Journal of Pragmatics* 14(2): 193–218.

Kasper, G. 1998. Politeness. In J. L. Mey (ed.) *Concise Encyclopaedia of Pragmatics*. Oxford: Elsevier, 677–684.

Kasper, G. 2000/2008. Data collection in pragamtics research. In Spencer-Oatey (ed.) *Culturally Speaking: Managing Rapport through Talk across Cultures*. London and New York: Continuum: 316–341.

Kaur, J. 2011. Intercultural communication in English as a lingua franca: Some sources of misunderstanding. *Intercultural Pragmatics* 8 (1): 93–116.

Kecskes, I. 2008. Dueling contexts: A dynamic model of meaning. *Journal of Pragmatics* 40(3): 385–406.

Kecskes, I. 2013. *Intercultural Pragmatics*. Oxford: Oxford University Press.

Kecskes, I. 2014. About bilingual pragmatic competence.《现代外语》(1): 1–22.

Kecskes, I. 2015. Intercultural impoliteness. *Journal of Pragmatics* (86): 43–47.

Kecskes, I. 2017. The interplay of recipient design and salience in shaping speaker's utterance. In M. de Ponte & K. Korta (eds.) *Reference and Representation in Thought and Language*. Oxford: Oxford University Press, 238–273.

Kecskes, I. & F. Zhang. 2009. Activating, seeking and creating common ground: A socio-cognitive approach. *Pragmatics and Cognition* 17(2): 331–355.

Keysar, B. & B. Bly. 1999. Swimming against the current: Do idioms reflect conceptual structure? *Journal of Pragmatics* 31: 1559–1579.

Kienpointner, M. 1997. Varieties of rudeness. *Functions of Language* 4(2): 251–287.

Kirkpatrick, A. 2011. English as an Asian lingua franca and the multicultural model of ELT. *Language Teaching* 44(2): 212–224.

Kohnen, T. 2015. Speech acts: A diachronic perspective. In K. Aijmer & C. Rühlemann (eds.) *Corpus Pragmatics: A Handbook*. Cambridge: Cambridge University Press, 52–83.

Koole, T. & J. D. ten Thije. 1994. *The Construction of Intercultural Discourse: Team Discussions of Educational Advisers*. Amsterdam/Atlanta: Rodopi.

Koshik, I. 2005. *Beyond Rhetorical Questions: Assertive Questions in Everyday*

Interaction. Amsterdam: John Benjamins.

Koyama, W. 1997. Desemanticizing pragmatics. *Journal of Pragmatics* 28: 1-28.

Labov, W. & T. Labov. 1986. Public discourse and the problem of social order. In T. Ensink et al. (eds.) *Discourse Analysis and Public Life*. Dordrecht: Foris Publications, 225-243.

Lachenicht, L. G. 1980. Aggravating language: A study of abusive and insulting language. *Research on Language & Social Interaction* 13(4): 607-687.

Lakoff, R. 1973. The logic of politeness; or, minding your Ps and Qs. In *Papers from the Ninth Regional Meeting of the Chicago Linguistic Society*. Chicago: Chicago Linguistic Society, 292-305.

Lakoff, R. 1989. The limits of politeness: Therapeutic and courtroom discourse. *Multilingua* 8(2/3): 101-129.

Lakoff, R & S. Ide. 2006. *Broadening the Horizon of Linguistic Politeness*. Amsterdam: John Benjamins.

Langlotza, A. & M. A. Locher. 2012. Ways of communicating emotional stance in online disagreements. *Journal of Pragmatics* 44: 1591-1606.

Langlotz, A. & M. A. Locher. 2013. The role of emotions in relational work. *Journal of Pragmatics* 58: 87-107.

Lea, M., & R. Spears. 1991. Computer-mediated communication, de-individuation and group decision-making. *International Journal of Man-Machine Studies* 34(2): 283-301.

Lee, E. J. 2007. Deindividuation effects on group polarization in computer-mediated communication: The role of group identification, public self-awareness and perceived argument quality. *Journal of Communication* 57(2): 385-403.

Leech, G. 1977. *Language and Tact*, Series A, Paper No. 46. Trier: Linguistic Agency, University of Trier.

Leech, G. 1983. *Principles of Pragmatics*. London: Longman.

Leech, G. 2005. Politeness: Is there an east-west divide? 外国语 (6): 1-29.

Leech, G. 2007. Politeness: Is there an East West divide. *Journal of Politeness Research* 3(2): 167-206.

Leech, G. 2014. *The Pragmatics of Politeness*. Oxford: Oxford University Press.

Levinson, S. C. 1983/2001. *Pragmatics*. Cambridge: Cambridge University Press; Beijing: Beijing Foreign Language Teaching and Research Press.

Levinson, S. C. 1987. Pragmatics and the grammar of anaphora. *Journal of Linguistics* 23: 379-434.

Levinson, S. C. 1995. Three levels of meaning. In F. Palmer (ed.) *Grammar and Meaning: Essays in Honor of Sir John Lyons*. Cambridge: Cambridge University Press, 90-115.

Levinson, S. C. 2000. *Presumptive Meanings: The Theory of Generalized Conversational Implicature*. Cambridge: The MIT Press.

Littlejohn, S. W. 1983. *Theories of Human Communication*. California: Wadsworth Publishing Company.

Locher, M. A. 2008. Relational work, politeness, and identity construction. In G. Antos & E. Ventola (eds.) *Handbook of Interpersonal Communication*. Berlin: Mouton de Gruyter, 509−540.

Locher, M. A. 2013. Relational work and interpersonal pragmatics. *Journal of Pragmatics* 58: 138−151.

Locher, M. A. 2015. Interpersonal pragmatics and its link to (im)politeness research. *Journal of Pragmatics* 86: 5−10.

Locher, M. A. & B. Bolander. 2015. Humour in microblogging: Exploiting linguistic humour strategies for identity construction in two Facebook focus groups. In M. Dynel & J. Chovanec (eds.) *Participation in Public and Social Media Interactions*. Amsterdam: John Benjamins, 135−156.

Locher, M. A. & S. L. Graham. 2010. Introduction to interpersonal pragmatics. In M. A. Locher & S. L. Graham (eds.) *Interpersonal Pragmatics*. Berlin: Mouton de Gruyter, 1−13.

Locher, M. A. & R. J. Watts. 2005. Politeness theory and relational work. *Journal of Politeness Research* 1(1): 9−33.

Locher, M. A. & R. J. Watts. 2008. Relational work and impoliteness: Negotiating norms of linguistic behaviour. In D. Bousfield and M. A. Locher (eds.) *Impoliteness in Language: Studies on Its Interplay with Power in Theory and Practice*. Berlin: Mouton de Gruyter, 77−99.

Lorenzo-Dus, N. 2005. A rapport and impression management approach to public figures' performance of talk. *Journal of Pragmatics* (37/5): 611−631.

Lorenzo-Dus, N. 2009. "You're barking mad — I'm out": Impoliteness and broadcast talk. *Journal of Politeness Research* 5(2): 159−187.

Lorenzo-Dus, N., P. Garcés-Conejos Blitvich & P. Bou-Franch. 2011. On-line polylogues and impoliteness: The case of postings sent in response to the Obama Reggaeton YouTube video. *Journal of Pragmatics* 43: 2578−2593.

Macaulay, K. S. 2009. *Extremely Common Eloquence: Constructing Scottish Identity through Narrative*. Amsterdam: Rodopi.

Mackenzie, I. 2014. *English as a Lingua Franca: Theorizing and Teaching English*. New York: Routledge.

Maddalena, A. & I. Belmonte. 2011. Unveiling the writer-reader interaction in Peninsular Spanish and American English newspaper editorials: A cross-linguistic study. *Journal of Pragmatics* 43(3): 891−903.

Marmaridou, S. S. A. 2000. *Pragmatic Meaning and Cognition*. Amsterdam: John Benjamins.

Mauranen, A. 2007. Hybrid voices: English as the lingua Franca of academics. In K. Flottum (ed.) *Language and Discipline Perspectives on Academic Discourse*.

Newcastle: Cambridge Scholars Publishing, 244−259.
Mauranen, A. 2012. *Exploring ELF: Academic English Shaped by Non-native Speakers*. Cambridge: Cambridge University Press.
McAllister, G. P. 2015. Speech acts: A synchronic perspective. In K. Aijmer & C. Rühlemann (eds.) *Corpus Pragmatics: A Handbook*. Cambridge: Cambridge University Press, 29−51.
Mey, J. L. 1993. *Pragmatics: An Introduction*. Oxford: Wiley-Blackwell.
Mey, J. L. 2001. *Pragmatics: An Introduction* (2nd edition). Oxford: Wiley-Blackwell.
Mills, S. 2003. *Gender and Politeness*. Cambridge: Cambridge University Press.
Mills, S. 2011. Discursive approaches to politeness and impoliteness. In L. P. R. Group (ed.) *Discursive Approaches to Politeness*. Berlin: Mouton De Gruyter, 19−56.
Mitchell, N. & M. Haugh. 2015. Agency, accountability and evaluations of impoliteness. *Journal of Politeness Research* 11: 207−238.
Morasso, S. G. 2012. Contextual frames and their argumentative implications: A case study in media argumentation. *Discourse Studies* 14(2): 197−216.
Murata, K. 2016. Introduction: Research ELF in academic and business contexts. In K. Murata (ed.) *Exploring ELF in Japanese Academic and Business Contexts: Conceptualisation, Research and Pedagogic Implications*. London and New York: Routedge Taylor & Francis Group, 1−13.
Mushin, I. 2001. *Evidentiality and Epistemological Stance: Narrative Retelling*. Amsterdam: John Benjamins.
Musolff, A. 2017. Metaphor, irony and sarcasm in public discourse. *Journal of Pragmatics* 109: 95−104.
O'Driscoll, J. 2013. The role of language in interpersonal pragmatics. *Journal of Pragmatics* 58: 170−181.
O'Keeffe, A. 2006. *Investigating Media Discourse*. London: Routledge.
Ochs, E. 1992. Indexing gender. In A. Duranti & C. Goodwin (eds.) *Rethinking Context: Language as an Interactive Phenomenon*. New York: Cambridge University Press, 335−358.
Pennycook, A.2010. *Language as a Local Practice*. London: Routledge.
Rosaldo, M. Z. 1982. The things we do with words: Ilongot speech acts and speech act theory in philosophy. *Language in Society* 11: 203−237.
Sacks, H., E. A. Scheglogg & G. Jefferson. 1974. A simplest systematics for the organization of turntaking for conversation. *Language* 50(4): 696−735.
Sarangi, S. 2011/2014. Public Discourse. In J. Zienkowski (ed.) *Discursive Pragmatics*. Amsterdam: Johen Benjamins; Shanghai: Shanghai Foreign Language Education Press, 248−265.
Scannell, P. 1991. *Broadcast Talk*. London: Sage.
Scannell, P. 1998. Media-language-world. In A. Bell & P. Garrett (eds.) *Approaches to Media Discourse*. Oxford: Blackwell, 252−267.

Schneider, K. P. & A. Barron. 2008. *Variational Pragmatics: A Focus on Regional Varieties in Pluricentric Languages*. Amsterdam: John Benjamins.

Scollon, R. 1997. Handbills, tissues, and condoms: A site of engagement for the construction of identity in public discourse. *Journal of Sociolinguistics* 1(1): 39−62.

Scollon, R. 1998. *Mediated Discourse as Social Interaction*. London: Longman.

Scollon, R. & S. W. Scollon. 1995. *Intercultural Communication: A Discourse Analysis*. Oxford: Blackwell.

Searle, J. 1969. *Speech Acts: An Essay in the Philosophy of Language*. Cambridge: Cambridge University Press.

Searle, J. R. 1975. Indirect speech acts. In P. Cole & J. L. Morgan (eds.) *Speech Acts: Syntax and Semantics* Vol.3. New York: Academic Press, 59−82.

Searle, J. R. 1979. *Expression and Meaning: Studies in the Theory of Speech Acts*. Cambridge: Cambridge University Press.

Seidlhofer, B. 2011. *Understanding English as a Lingua Franca*. Oxford: Oxford University Press.

Seidlhofer, B. 2016. ELF: English in a global context. In K. Murata (ed.) *Exploring ELF in Japanese Academic and Business Contexts: Conceptualisation, Research and Pedagogic Implications*. London/New York: Routledge Taylor & Francis Group, 17−28.

Sell, R. 1992. Literary texts and diachronic aspects of politeness. In R. Watts, S. Ide & K. Ehlich (eds.) *Politeness in Language: Studies in Its History, Theory and Practice*. Berlin and New York: Mouton de Gruyter, 109−130.

Simon, B. 2004. *Identity in Modern Society: A Social Psychological Perspective*. Oxford: Blackwell.

Skewis, M. 2003. Mitigated directness in *Honglou Meng*: Directive speech acts and politeness in eighteenth century Chinese. *Journal of Pragmatics* 35: 161−189.

Spencer-Oatey, H. 2000. *Culturally Speaking: Managing Rapport Through Talk across Cultures*. London: Continuum.

Spencer-Oatey, H. 2002. Managing rapport in talk: Using rapport sensitive incidents to explore the motivational concerns underlying the management of relations. *Journal of Pragmatics* 34: 529−545.

Spencer-Oatey, H. 2003. Explaining cross-cultural pragmatic findings: Moving from politeness maxims to sociopragmatic interactional principles. *Journal of Pragmatics* 35: 1633−1650.

Spencer-Oatey, H. 2005a. (Im)politeness, face and perceptions of rapport: Unpackaging their bases and interrelationships. *Journal of Politeness Research* 1: 113−137.

Spencer-Oatey, H. 2005b. Rapport management theory and culture. *Intercultural Pragmatics* 2−3: 335−346.

Spencer-Oatey, H. 2007. Theories of identity and the analysis of face. *Journal of Pragmatics* 39: 639−656.

Spencer-Oatey, H. 2008. *Culturally Speaking: Culture, Communication and Politeness Theory*. London: Continuum International Publishing Group.

Spencer-Oatey, H. 2011. Conceptualising "the relational" in pragmatics: Insights from metapragmatic emotion and (im)politeness comments. *Journal of Pragmatics* 43: 3565−3578.

Spencer-Oatey, H. 2013. Relating at work: Facets, dialectics and face. *Journal of Pragmatics* 58: 121−137.

Spencer-Oatey, H. & Ş. Ruhi. 2007. Identity, face and (im)politeness. *Journal of Pragmatics* 39(4): 635−638.

Sperber, D. & D. Wilson. 1986/1995. *Relevance: Communication and Cognition*. Oxford: Blackwell.

Sperber, D. & D. Wilson. 1987. Precise of *Relevance: Communication and Cognition*. *Behavioural and Brain Sciences* 10: 697−754.

Sproull, L. & S. Kiesler. 1986. Reducing social context cues: Electronic mail in organizational communication. *Management Science* 32(11): 1492−1512.

Stets, J. E. & J. H. Turner. 2006. *Handbook of the Sociology of Emotions*. New York: Springer.

Stromer-Galley, J. & A. Martinson. 2009. Coherence in political computer-mediated communication: Analyzing topic relevance and drift in chat. *Discourse & Communication* 3(2): 195−216.

Tajfel, H. & J. C. Turner. 1986. The social identity theory of inter-group behavior. In S. Worchel & L. W. Austin (eds.) *Psychology of Intergroup Relations*. Chicago: Nelson-Hall, 65−80.

Tajfel, H. 1982. *Human Groups and Social Categories: Studies in Social Psychology*. Cambridge: Cambridge University Press.

Tang, C. 2016. Managing criticisms in US-based and Taiwan (China)-based reality talent contests: A cross-linguistic comparison. *Pragmatics* 26: 111−136.

Tannen, D. 1986. *That's Not What I Meant: How Conversational Style Makes or Breaks Your Relations with Others*. New York: Ballantine.

Terkourafi, M. 2001. *Politeness in Cypriot Greek: A Frame-Based Approach*. Cambridge University, unpublished Ph. D. dissertation.

Terkourafi, M. 2005. Beyond the micro-level in politeness research. *Journal of Politeness Research* 1(2): 237−262.

Terkourafi, M. 2011. From Politeness 1 to Politeness 2: Tracking norms of im/politeness across time and space. *Journal of Politeness Research* 7: 159−185.

Thomas, J. 1983. Cross-cultural pragmatic failure. *Applied Linguistics* 4: 91−112.

Thomas, J. 1995. *Meaning in Interaction*. London and New York: Longman.

Thornborrow, J. 2014. *The Discourse of Public Participation Media: From Talk Show to Twitter*. London: Routledge.

Ting-Toomey, S. 1994. *The Challenge of Facework: Cross-Cultural and Interpersonal*

Issues. Albany, NY: State University of New York Press.

Trosborg, A. 1995. *Interlanguage Pragmatics: Requests, Complaints and Apologies.* Berlin: Mouton Gruyter.

Turner, K. 1996. The principal principles of pragmatic inference: politeness. *Language Teaching*: 291–313.

van De Mieroop, D. 2007. The complementarity of two identities and two approaches: Quantitative and qualitative analysis of institutional and professional identity. *Journal of Pragmatics* (39): 1120–1142.

van der Bom, I. & S. Mills. 2015. A discursive approach to the analysis of politeness data. *Journal of Politeness Research* 11(2): 179–206.

van Dijk, T. A. 1988. *News Analysis: Case Studies of International and National News in the Press.* Hillsdale and NJ: Erlbaum.

van Leeuwen, T. 2008. *Discourse and Practice: New Tools for Critical Discourse Analysis.* Oxford: Oxford University Press.

Verschueren, J. 1999/2000. *Understanding Pragmatics.* London: Edward Arnold; Beijing: Foreign Language Teaching and Research Press.

Walker, R. 2010. *Teaching the Pronunciation of English as a Lingua Franca.* Oxford: Oxford University Press.

Walkinshaw, I. & A. Kirkpatrick. 2014. Mutual face preservation among Asian speakers of English as a Lingua Franca. *Journal of English as a Lingua Franca* (3): 269–291.

Watts, R. J. 1992. Linguistic politeness and politic verbal behaviour: Reconsidering claims for universality. In R. J. Watts, S. Ide & K. Ehlich (eds.) *Politeness in Language: Studies in Its History, Theory and Practice.* Berlin: Mouton de Gruyter, 43–69.

Watts, R. J. 2003. *Politeness.* Cambridge: Cambridge University Press.

Watts, R. J., S. Ide & E. Konrad. 1992. *Politeness in Language: Studies in Its History, Theory and Practice.* Mouton: The Hague.

Weber, H. L. 2011. Missed cues: How disputes can socialize virtual newcomers. Language@Internet 8, http: //www. languageatinternet. org/articles/2011/Weber.

Weizman, E. 2006. Roles and identities in news interviews: The Israeli context. *Journal of Pragmatics* 38: 154–179.

Weizman, E. 2008. *Positioning in Media Dialogue: Negotiating Roles in the News Interview.* Amsterdam: John Benjamins.

Widdowson, H. G. 1979. *Explorations in Applied Linguistics.* Oxford: Oxford University Press.

Wierzbicka, A. 1985. Different cultures, different languages, different speech acts: Polish vs. English. *Journal of Pragmatics* 9: 145–178.

Wierzbicka, A. 1991. *Cross-Cultural Pragmatics: The Semantics of Human Interaction.* Berlin: Mouton de Gruyter.

Wierzbicka, A. 1994. Cultural scripts: A semantic approach to cultural analysis and cross-cultural communication. In L. Bouton & Y. Kachru (eds.) *Pragmatics and Language Learning*. Urbana-Champaign: University of Illinois, 1-24.

Wierzbicka, A. 2003. *Cross-Cultural Pragmatics: The Semantics of Human Interaction* (2nd edition). Berlin: Mouton de Gruyter.

Wilcox, M. J. & G. A. Davis. 2005. Speech act analysis of aphasic communication in individual and group settings. *Aphasiology* 19(7): 683-690.

Wilkinson, S. & C. Kitzinger. 2003. Constructing identities: A feminist conversation analytic approach to positioning in action. In R. Harré & F. Moghaddam (eds.) *The Self and Others: Positioning Individuals and Groups in Personal, Political, and Cultural Contexts*. Westpoint, CT: Praeger, 157-180.

Wilson, J. 1990. *Politically Speaking: The Pragmatic Analysis of Political Language*. Oxford: Blackwell.

Xiang, X. H. 2012. Statements as questions in interviews with celebrities: A Mandarin Chinese and American English comparative perspective on a questioning strategy. *Discourse, Context & Media* 1: 160-172.

Xie, C. Q. 2003. Review of *A Critique of Politeness Theory* by Gino Eelen(2001). *Journal of Pragmatics* 35: 811-818.

Yule, G. 1996. *Pragmatics*. Oxford: Oxford University Press.

Yus, F. 2011/2019. *Cyberpragmatics: Internet-Mediated Communication in Context*. Amsterdam: John Benjamins; Shanghai: Shanghai Foreign Language Education Press.

Zappavigna, M. 2012. *Discourse of Twitter and Social Media*. London: Bloomsbury Academic.

Zhu, H. 2015. Negotiation as the way of engagement in intercultural and lingua franca communication: Frames of reference and interculturality. *JELF* 4(1): 63-90.

Zipf, G. K. 1949. *Human Behavior and the Principle of Least Effort: An Introduction to Human Ecology*. Cambridge: Addison-Wesley.

艾琳，2010，言语行为理论与英汉双关翻译，《上海翻译》（1）：33-36。

陈成辉、刘绍忠，2002，言语行为理论对外语教学的启示，《四川外语学院学报》（2）：143-146。

陈海庆、张绍杰，2004，语篇连贯——言语行为理论视角，《外语教学与研究》（6）：22-426。

陈新仁，2013，批评语用学视角下的社会用语研究，上海：上海外语教育出版社。

顾曰国，1989，奥斯汀的言语行为理论：诠释与批判，《外语教学与研究》（1）：30-39。

顾曰国，1994，John Searle 的言语行为理论：评判与借鉴，《国外语言学》（3）：10-16。

何兆熊，2000，新编语用学概要，上海：上海外语教育出版社。

何自然，1997，语用学与英语学习，上海：上海外语教育出版社。

何自然，2015，什么山上唱什么歌——社会语用身份建构与认同，《外国语文研究》（1）：12-18。

何自然，2018，人际语用学：使用语言处理人际关系的学问，《外语教学》(6)：1-6。

何自然、冉永平，2001，*Relevance: Communication and Cognition* 导读，北京：外语教学与研究出版社。

何自然、冉永平，2002，《语用学概论》，长沙：湖南教育出版社。

何自然、冉永平，2009/2013，《新编语用学概论》，北京：北京大学出版社。

贾玉新，2006，*Culturally Speaking: Managing Rapport Through Talk across Cultures* 导论，上海：上海外语教育出版社。

姜海清，2004，言语行为理论与翻译，《苏州大学学报》(9)：77-80。

姜望琪，2016，新格赖斯理论的成就与失误，《天津外国语大学学报》(1)：13-18。

赖小玉，2014，家庭冲突中强势反对的不礼貌研究，《现代外语》(1)：42-51。

李成团、冉永平，2012，他人身份的隐含否定及其人际和谐维护的语用分析，《中国外语》(5)：34-40。

李成团、冉永平，2014，虚假礼貌的实现方式及语用特征分析，《外国语》(2)：43-52。

李成团、冉永平，2015，身份建构的人际语用学研究：现状、原则与议题，《中国外语》(2)：47-54.

李成团、冉永平，2017，人际语用学视域下争辩会话中的身份构建研究，《外国语》(6)：2-11。

刘风光、邓耀臣、肇迎如，2016，中美政治道歉言语行为对比研究，《外语与外语教学》(6)：42-55。

苗兴伟，1999，言语行为理论与语篇分析，《外语学刊》(1)：25-29。

牛保义，2002，会话含意理论研究回顾与展望，《外语研究》(1)：6-13。

冉永平，1996，英语新闻报道中语言模糊性初探，《福建外语》(1)：8-12。

冉永平，1998，语用意义的动态研究，《外国语》(6)：71-75。

冉永平，2000，语用过程中的认知语境及其语用制约，《外语与外语教学》(8)：28-31。

冉永平，2004，*Semantics and Pragmatics: Meaning in Language and Discourse* 导读，北京：北京大学出版社。

冉永平，2006，《语用学：现象与分析》，北京：北京大学出版社。

冉永平，2007，指示语选择的语用视点、语用移情与离情，《外语教学与研究》(5)：331-337。

冉永平，2013，多元语境下英语研究的语用关注，《外语教学与研究》(5)：669-678。

冉永平，2019，《网络语用学：网络语境中的交际》导读，上海：上海外语教育出版社。

冉永平、宫丽丽、杨青，2018，从"现实世界中的语用学"看研究的前沿态势，《外语教学与研究》(1)：133-141。

冉永平、黄旭，2019，人际关系的语用学研究，《外语教学》(2)：19-25。

冉永平、刘平，2015，人际语用学视角下的关系研究，《外语教学》（4）：1-7。

冉永平、杨娜，2017，新闻访谈话语中立场表述的语用分析，《外语教学》（1）：43-48。

冉永平、杨青，2015，英语国际通用语背景下的语用能力思想新探，《外语界》（5）：10-17。

冉永平、杨青，2016，英语国际通用语背景下的语用能力及其重构，《外语教学与研究》（2）：287-299。

司显柱，2005，言语行为框架理论与译文质量评估，《外语研究》（5）：54-58。

司显柱，2007，言语行为框架·翻译过程·文学翻译，《外语教学》（4）：83-87。

王建华，1998，礼貌的相对性，《外国语》（3）：18-22。

王建华，2003，跨文化语用学刍论，《浙江教育学院学报》（6）：55-61。

文秋芳，2014，英语通用语是什么："实体论"与"非实体论"之争，《中国外语》（3）：4-7。

文秋芳，2015，Teaching culture(s) in ELF: Current dilemma and possible solutions，第八届英语作为通用语国际研讨会大会发言，2015年8月25-27日，北京：北京外国语大学。

吴勇，1998，论言语行为理论在翻译实践中的作用，《上海交通大学学报》（社科版）（1）：73-78。

西槙光正，1992，《语境研究论文集》，北京：北京语言大学出版社。

辛斌，1995，言语行为理论与外语教学，《山东外语教学》（1）：60-65。

辛斌，2005，批评语言学：理论与应用，上海：上海外语教育出版社。

徐盛桓，1993，会话含意理论的新发展，《现代外语》（2）：7-15。

杨郁梅，2016，第三空间视域下跨文化交际能力与英语水平的关系，《现代外语》（3）：418-428。

朱慧敏，2009，语言哲学视野中的言语行为理论发展评述，《山东社会科学》（3）：151-153。

朱武汉，2016，跨文化语用学研究范式之检讨及变革刍议，《外国语》（2）：48-59。